KB275151

내 뜻인가, 하나님 뜻인가

믿음이란
한 알의 밀알이 땅에 떨어져 죽음으로 많은 열매를 맺음과 같이
진리의 열매를 위하여 스스로 죽는 것을 뜻합니다.
눈으로 볼 수는 없으나 영원히 살아 있는 진리와
목숨을 맞바꾸는 자들을 우리는 믿는 이라고 부릅니다.
「믿음의 글들」은 평생, 혹은 가장 귀한 순간에
진리를 위하여 죽거나 죽기를 결단하는
참 믿는 이들의, 참 믿는 이들을 위한, 참 믿음의 글들입니다.

내 뜻인가, 하나님 뜻인가

정요석 지음

내 안에 왜곡된 하나님의 뜻을 바로 알아, 올바른 인생 행로를 찾아가는 길

홍성사

　세무서에 근무하는 후배가 해 준 이야기입니다. 어느 날 세무서에 한 무속인 부부가 세금 문제에 대해 상담하러 왔습니다. 무속 일은 종교 행위에 속하므로 면세 업종이지만 무속인 부부가 번 소득에 대해서만은 개인 소득세를 내야 했습니다. 후배는 그 부부에게 소득이 얼마나 되느냐고 물었습니다. 그랬더니 신용카드 결제 소득만 2003년 1월부터 같은 해 10월까지 8천만 원이라고 대답했습니다. 만천하에 드러나는 신용카드 결제 금액이 그 정도이니 그들이 현금으로 벌어들인 실질 소득은 아마 이것의 몇 배일 것입니다. 무당이 일년에 얼마 정도 벌 것 같으냐고 후배가 물었을 때 많아야 5천만 원 정도일 거라고 짐작했는데 막상 답을 듣고 나니 놀라지 않을 수 없었습니다. 그렇게도 많은 사람들이 굿과 점에 빠져 있다니 과학성과 합리성 면에서 국가 장래까지 걱정되었습니다.

　우리나라 과학자들은 무궁화 위성을 발사하면서 돼지 머리를 올리고 고사를 지냅니다. 한국의 대기업은 공장을 가동하기 전에 돼지를 잡아 머리를 상에 올리고 입에 돈을 집어넣고 고사를 지냅니다. 프로야구 구단들도 시즌을 시작하기 바로 전에 고사를 지내고, 국가 대표 축구팀도 새 버스를 구입하면 고사를 지냅니다. 한국인들의 마음 깊은 곳에는 이런 샤머니즘이 자리하고 있습니다. 첨단 과학을 다루거나 국가 주요 산업을 맡은 엘리트들의 마음속에도 이런 비과학성과 비합리성이 자리하고 있습니다. 심지어 어느 야당 지도자는 '적장의 목을 베게 될 운수'라는 신년 운수를 믿고 대통령 탄핵에 앞장섰다고 하니, 어느 정도로 영향을 미치고 있는지 잘 말해 줍니다.

지식인들이 이 정도이니 대중들이야 두말할 나위가 없습니다. 중요한 일을 앞두고는 너나없이 점쟁이들을 찾아갑니다. 정말 놀라운 일은 그리스도인들의 30퍼센트가 점을 보러 다닌다는 사실입니다. 궁합 보는 것과 일년의 신수 보는 것까지 합하면 그 비율은 훨씬 더 높다고 합니다. 한 르포 기자가 직접 점술가들을 방문해 얻은 통계라고 합니다. 그 30퍼센트는 참된 그리스도인이 아닌 명목상의 그리스도인이라는 생각을 하면서도, 한편으로는 교인들이 갖고 있는 하나님의 뜻에 대한 오해와 엉성한 신앙을 우려하지 않을 수 없습니다. 이런 교인들은 하나님의 뜻도 점쟁이와 무당처럼 한순간에 계시를 받아서 그 즉시 아는 것으로 생각하거나, 원할 때 신에게 직통으로 계시를 받는 것이 정상이라고 생각하고, 또 그런 것을 잘하는 사람을 신앙이 좋은 사람이라고 생각합니다. 따라서 목사와 장로, 권사를 교회 점쟁이나 무속인쯤으로 여깁니다. 한술 더 떠서 교회의 직분을 가진 자들은 교인들의 이런 심리를 이용하여 짐짓 하나님의 뜻을 받은 것처럼 행세하면서 성도들 위에 군림하거나 지나친 행동을 하기도 합니다.

성경에는 하나님의 뜻을 구하는 것에 관한 여러 가지 언급이 있습니다. 이 언급된 내용을 볼 때 우리나라 교인들은 성경이 말하는 것을 그대로 듣기보다는 샤머니즘의 관점으로 들여다봅니다. 성경이 결코 그렇게 말한 것이 아닌데도, 성경 구절을 자신의 사고를 보증해 주는 것으로 해석해 잘못된 생각을 더욱 굳히는 것입니다. 그들은 자신의 생각이 성경의 든든한 지지를 받는다고 생각하고, 그것을 거침없이 주장하고 생활에 적용합니다.

또 교회 생활을 하다 보면 함부로 "하나님의 뜻이다"라고 표현하는 것을 쉽게 경험할 수 있습니다. 한 교회는 강남의 어느 지역에 땅을 매입하면서 그곳에 교회당을 짓는 것이 "하나님의 뜻이다"라고 공식적으로 말했습니다. 하나님으로부터 목회자가 그런 계시를 직접 받았는지 그렇게 단정적으로 표현했습니다. 하지만 주변 주민들이 대형 교회가 들어서는 것을 반대하여 무산되고 다른 지역에 교회를 마련했을 때 그는 또 이렇게 하는 것이 "하나님의 뜻이다"라고 말하였습니다. 변하시지 않는 하나님을 자신들의 필요에 따라 변하는 분으로 만들어 버린 것입니다.

몇 분의 목사님을 두고 교회 후임자를 결정할 때도 자신이 선호하는 목사님을 하나님께서 교회에 주신 분이라고 표현하는 성도들이 있습니다. 이렇게 되면 어느 한쪽은 인간의 뜻을 하나님의 뜻이라고 신성모독한 자들이 되어 버립니다. 얼마 전에 똑같은 사안에 대하여 한 노회는 불법이라고 규정을 하고, 다른 노회는 적법하다고 허락을 해 주는 것을 보고 한 성도가 몹시 괴로워하는 것을 보았습니다. 노회가 하나님의 뜻을 찾으려는 진지한 자세로 결정한 것이 아니라 정치적인 목적과 관계에 의해 결정한 것처럼 보였기 때문입니다. 이처럼 교회에서 하나님의 뜻이라는 말이 남용되고 오용되고 있습니다.

하나님은 한 분인데 어떻게 그 뜻은 이렇게 성도들마다 달라지는 것입니까? 어떻게 각자가 서로 하나님의 뜻을 받았다고 주장할 수 있습니까? "하나님의 뜻이다"라고 말하며 결혼에 이른 커플은 왜 이혼을 하는 것입니까? 기쁜 일로 다가와 "하나님의 뜻이다"라고 말하며 기뻐한 일이 왜 후에는 불행한 일로 변하는 것입니까? 우리는 이 모든 일에 대하여 성경으로 돌아가 살펴볼 필요가 있습니다. 어떤 개그맨이 유행시킨 말처럼 편견을 버리고, 성경이 무엇이라고 말하는지 살펴보아야 합니다. 하나님의 뜻을 분별한다며 그간 남용하고 오용한 것이 무엇인지를 진지하게 살펴보아야 합니다.

이 책은 이러한 문제들을 다루며, '하나님의 뜻' 에 있어서 중요한 것은 무엇보다 하나님임을 강조하고 있습니다. 하나님이 어떤 분이시고 어떻게 세상을 이끄시는지 알면 그분의 뜻에 대해서도 자연스럽게 알 수 있기 때문입니다. 많은 경우 하나님의 뜻을 구한다고 하지만 실은 본인의 뜻을 구하는 사람이 많고, 하나님에 대하여 잘 알지 못하기 때문에 엉뚱한 것을 하나님의 뜻이라고 말합니다. 따라서 이 책은 단순히 하나님의 뜻을 분별하는 법에 대해서만 다루는 것이 아니라 우리 신앙 전반에 대해서도 다루게 될 것입니다. 이 책을 읽는 분들이 하나님을 알아 가는 지식에서 자라기를 기도합니다.

각 장마다 그 장의 내용을 정리하고 더 생각해 보도록 토론 문제를 두었습니다. 토론 문제가 없다면 각 장을 읽고 나서 토론할 때 막연할 것이기 때문입니다. 교회의 소모임 같은 곳에서 한두 시간 정도 성경 공부를 하는 것으로 생각하고 문제를 만들었지만, 구성원의 수준과 공부 시간에 맞춰 문제를 선택해도 될 것입니다.

많은 분들의 도움이 없었다면 이 책이 나올 수 없었을 것입니다. 특히 중학교 때 따뜻한 사랑으로 돌봐 주셔서 교회를 떠나 있을 때도 교회는 사랑이 있는 곳이라는 느낌을 주셨던 김상현 목사님께 감사의 마음을 전합니다. 목사님은 그 후에도 저의 어머니를 교회로 인도하시고 자상하게 상담도 해 주셨습니다. 또 청년 시절 큰 아픔을 당하여 우왕좌왕할 때 생각을 정리하여 주시고 복음을 전해 주신, 지금은 하늘나라에 계신 김형희 권사님께도 감사드립니다. 하나님과 사람에 대한 그분의 자세는 제 신앙생활에 큰 지표가 되고 있습니다.

청년 시절 출석한 서울영동교회는 말씀 속에서 성장하고 성도의 기쁜 교제를 나누는 데 큰 역할을 했습니다. 좋은 말씀을 전해 주신 교역자 분들과 교제의 즐거움을 주신 주일학교 중고등부 교사분들께 감사를 드립니다. 청년회는 많은 추억이 있는 곳입니다. 제 젊음을 보낸 곳이기에, 고만고만한 수준의 청년들이 올바른 신앙을 진지하게 고민하며 놀이와 삶과 교제(와 연애)를 나눈 곳이기에 잊을 수 없고, 결국은 그것이 저에게 보다 좋은 인격과 성품과 사고를 갖도록 했기에 잊을 수 없습니다. 그곳에서 만난 신재구 목사님은 제가 신학과 목회의 길을 결정하는 데 큰 도움을 주셨습니다. 목회가 얼마나 신나고 보람 있는 길인지를 배웠고, 성경을 깊이 들여다보는 눈도 생겼습니다.

죠이선교회의 목요일 직장인 제자 양육도 빼놓을 수 없습니다. 1년 6개월의 과정을 통해 신앙 생활 초기에 많은 도움을 받았는데, 아무 대가도 받지 않고 강사와 조교로 섬겨 주신 분들께 감사드립니다. 합동신학교와 개혁주의성경연구소의 교수님들에게도 고마움을 전합니다. 적은 수의 정원을 유지하는 신학교의 고집 때문에 교수님들로부터 개혁신학만이 아니라 인격과 품격도 배웠고, 그 신학을 아무 대가도 받지 않고 오직 순수한 신앙의 보존을 위해 애쓰는 연구소의 교수님을 통해 더 가다듬을 수 있었습니다. 누구에게든 추천할 수 있는 신학교와 연구소에서 신학 수련을 받았다는 것은 참 감사한 일입니다.

따스한 여러 손길들은 물론 한점의 바람, 한 방울의 비까지도 한 사람이 성장하는 데 없어서는 안 될 중요한 요소입니다. 감사의 마음을 전하고 싶은 분들이 많지만, 일일이 열거하지 않는 것은 그 도움이 작아서가 아니라 받은 그 도움이 바람과 비처럼 너무나 제게 자연스러웠기 때문입니다. 하나님이 인생에서 만난 많은 사람과 일들을 통해 저를 선하게 인도하셨기에 지금의 제가 있음을 압니다. 그러므로 궁극적인 감사와 찬양은 오직 하나님만이 받으셔야 합니다.

자식에 대한 사랑과 정이 풍성해 평범한 저를 항상 격려해 주시고 자신감을 심어 주신 부모님을 만난 것은 큰 복입니다. 부모님이 보여 주신 사랑과 오랜 기다림을 자식들과 성도들에게 베풀 수만 있다면 저는 훌륭한 부모요 목회자로 기억될 것입니다. 부모님은 자식들에게 올바른 가치관을 심어 주셨고 성실히 사심으로써 본보기를 보여 주셨습니다. 따라서 그분들의 삶과 영향, 가르침이 곳곳에 배어 있는 이 책을 부모님께 기쁜 마음으로 바칩니다.

또한 기도에 관한 책을 책임지고 편집해 주신 이경희 선생님께도 감사드립니다. 그분과 대화하며 책을 교정하는 동안 저의 글쓰기가 향상되는 것을 느낄 수 있었고, 글을 통해 독자는 저자의 양심까지도 들여다볼 수 있음을 깨달았습니다. 따스한 격려가 얼마나 큰 성장을 가져다 주는지를 깨닫게 한, 이 책의 책임 편집자 김혜수 선생님께도 감사드립니다. 마지막으로 자식 세 명 잘 키우는 것, 시부모님 잘 모시는 것을 하나님의 뜻으로 알고 묵묵히 집안 일과 사모 일을 감당하며 늘 무던한 모습으로 있어 주는 한결같은 아내에게 고맙다는 말을 전합니다. 표나지 않게 그 자리에 늘 있어 주어 고마움을 표하는 데 자주 늦곤 합니다.

내 뜻인가, 하나님 뜻인가

차례

하나님의 뜻 바로 알기 ^{1부}

1
내 뜻인가, 하나님 뜻인가

내가 아니라 하나님에게 집중을

어디 간단한 방법은 없나요

1988년 서울 올림픽, 남자 100미터 결승전을 기억하시는 분들이 많이 있을 것입니다. 캐나다의 벤 존슨은 출발 총성이 울리자마자 '인간탄환'이란 별명에 걸맞게 제일 먼저 뛰쳐나가더니 폭발적인 질주로 끝까지 선두를 빼앗기지 않고 1등을 차지했습니다. 그 뒤에 달려온 미국 선수 칼 루이스는 벤 존슨의 질주가 믿어지지 않았는지 조금은 멍하고 민망한 표정으로 그에게 축하의 몸짓을 보냈습니다. 사람들은 칼 루이스를 누르고 새로 탄생한 단거리 왕자에게 아낌없는 축하와 찬사를 보냈습니다. 하지만 며칠 후 도핑 테스트 결과 그가 금지된 약물을 복용했다는 사실이 드러났습니다. 우승은 그의 능력에서 나온 것이 아니라 약에서 나온 힘이었던 것입니다.

분석 기술의 꽃이라고 불리는 도핑 테스트를 통해 수만 가지 화합물이 섞여 있는 선수들의 혈액이나 소변에서 금지된 약물들을 10억 분의 1그램까지 잡아 낼 수 있다고 합니다. 사람은 1그램 정도의 무게 차이는 느끼지도 못한다는 걸 생각해 보면 도핑 테스트가 얼마나 정확한지 알 수 있습니다. 우리가 하나님의 뜻인지 아닌지를 분별하기 어려울 때 그 내용을 분석기에 집어넣어 즉시 알려주는 도핑 테스트 같은 것이 있다면 얼마나 좋겠습니까? 적어도 수학에서 2차 방정식의 근이 몇 개인지를 쉽게 알려 주는 판별식 같은, 아주 간단한 공식이나 법칙 같은 게 있다면 참 좋겠습니다.

그래서 어떤 사람은 성경을 펼쳐 하나님의 뜻을 구하기도 합니다. 성경을 집어 들고 아무 곳이나 펼쳐서 맨 처음 눈에 들어오는 구절로 하나님의 뜻을 정하는 것입니다. 어떤 사람은 성경을 펼치자마자 "유다가 은을 성소에 던져 넣고 물러가서 스스로 목매어 죽은지라"는 마태복음 27장 5절의 말씀이 나왔다고 합니다. 그러자 그 사람은 자신도 유다처럼 모든 재산을 어딘가에 기증하고 목매어 죽어야 하는지 의아해했습니다. 그래서 그는 다시 한 번 성경을 펼쳤습니다. 그랬더니 "가서 너도 이와 같이 하라"는 누가복음 10장 37절의 말씀이 펼쳐졌습니다. 당황한 그는 삼세 번이라는 생각으로 다시 성경을 펼쳤습니다. 그러자 이번에는 "네 하는 일을 속히 하라"는 요한복음 13장 27절의 말씀이 펼쳐졌습니다.

저는 건강을 위해 규칙적으로 탁구를 칩니다. 고수들과 가끔 시합을 하는데, 이럴 때마다 하수들이 하는 말이 있습니다. 고수들의 서브만 잘 받을 수 있다면 한번 붙어 볼 만하다는 것입니다. 이론상 서브받는 방법은 밑을 깎은 볼은 가라앉는 성질이 있으므로 위로 올려 받아 넘기고, 옆을 회전시킨 볼은 튀는 성질이 있으므로 눌러서 받아 넘기는 것입니다. 하지만 하수들은 상대방이 볼을 깎았는지, 돌렸는지, 아니면 깎은 볼에 회전까지 주었는지를 그 짧은 순간 판단할 능력이 없습니다. 고수들은 거의 같은 자세로 돌리는 서브와 깎는 서브를 하기 때문입니다. 유승민이 아테네 올림픽 탁구 단식에서 금메달을 딸 수 있었던 것도 서브와 리시브가 좋았기 때문입니다. 준결승에 올라온 스웨덴의 탁구 영웅 발트너는 유승민의 서브를 많이 놓치거나, 받았다 해도 유승민 선수가 공격하기에 좋도록 받아 넘겼습니다. 결승전에 올라온 중국의 왕하오도 이와 비슷했습니다. 그간 한국 선수들이 중국의 벽을 넘지 못했던 것은 그들의 서브를 잘 구별하지 못했기 때문입니다. 이론적으로 서브받는 법은 간단하지만 실제로는 많은 연습과 연구를 필요로 합니다.

야구에서 투수가 던지는 공을 치는 기술도 이론적으로는 간단합니다. 직구인지 커브인지를 구분한 다음에 커브는 변화가 이루어진 후에 치고, 직구는 커브보다 공이 빠르므로 빠른 스윙으로 쳐야 합니다. 먼 쪽으로 오는 공은 밀어 치고, 몸 쪽으로 오는 공은 잡아당겨 칩니다. 하지만 실제로는 투수가 던지는 공이 타자에게 오는 데 일 초도 걸리지 않기 때문에 직구인지 커브인지, 바깥쪽인지 몸 쪽인지, 높은지 낮은지를 쉽게 구별하기 힘듭니다. 우리는 어이없이 높은 공에 헛스윙을 해대는 타자를 이해하지 못하지만, 우리가 타석에 들어서면 아마 그보다 훨씬 심할 겁니다. 공을 구별하는 일도 부단한 훈련과 실전을 통하여 실력을 쌓아야 가능한 일입니다.

하나님의 뜻도 마찬가지입니다. 하나님의 뜻을 분별하는 법도 이론적으로는 간단하게 존재할 수 있습니다. 기드온의 양털 뭉치를 사용한다든지, 열린 문과 닫힌 문같이 현재 순조롭게 진행되는 방향을 택한다든지, 아니면 기도를 하면 알 수 있다고 믿는다든지, 주변에서 우연히 들은 것이 하나님의 뜻이라든지 하는 식입니다. 하지만 이것들은 어떤 경우에는 적합할지 모르지만 모든 경우에 일률적으로 적용할 수 없는 막연한 내용임을 알아야 합니다. 우리는 현실적으로 한두 가지 조건만으로 하나님의 뜻을 알 수가 없습니다. 무엇보다 성경에 대한 올바른 지식이 있어야 하고, 현실을 파악하는 능력이 있어야 하며, 미래를 내다보는 깊이가 있어야 하고, 인생을 바라보는 가치관이 성숙되어야 하며, 궁극적으로는 하나님과 사람에 대한 생각이 깊어야만 합니다. 이것들을 종합해 그때 그때 상황에 따라 판단하는 것입니다.

이 책은 바로 이것을 말하려고 합니다. 도핑 테스트처럼 간단한 것이 아니라 복잡한 상황을 분별할 수 있는 선구안에 대해 말하려고 합니다. 여러분은 지금 당장 결정해야 할 중요한 문제를 앞두고 어떻게 하는 것이 하나님의 뜻인지 알고 싶어 이 책을 읽고 있을지도 모릅니다. "어느 날부터 공이 수박만하게 보이더라. 이제는 감을 잡았다"라고 말하는 야구 선수들이 있습니다. 이 책을 읽는 독자들에게도 이런 은혜가 있기를 바랍니다. 하나님을 영화롭게 하고 영원토록 즐거워하려는 자세를 가진 사람에게는 언젠가 자연스럽게 하나님의 뜻에 대해 알게 되는 계기가 오리라는 것이 하나님의 뜻이기 때문입니다. 특히 마음을 비우고, 하나님의 뜻에 관해 성경이 말하고자 하는 바를 들으려고 노력하는 사람일수록 하나님의 뜻을 파악하는 통찰력을 갖게 될 것입니다.

숨겨진 두 가지 비밀

하나님의 뜻은 감추어져 있습니다. 우리에게는 비밀입니다. 그런데 이 비밀이라는 말에는 두 가지 의미가 있습니다. 첫 번째는 "이 문서는 국가의 일급 비밀(top secret)이다"라고 할 때의 비밀입니다. 몇몇 사람만이 내용을 아는 경우가 이에 해당합니다. 하지만 이 비밀은 누구든지 접근하여 보게 되면 즉시 그 내용을 이해할 수 있습니다. 그래서 일급 비밀에 속하는 기밀들은 일반인의 접근이 어려운 곳에 보관되어 있습니다. 두 번째는 "자연에는 하나님의 많은 비밀(mystery)이 담겨 있다"라고 할 때의 비밀입니다. 이 비밀은 공개되어 만인이 다 아는 듯하지만 깨닫는 자만이 알게 됩니다. 두 눈으로 분명히 보면서도 너무나 신비하고 오묘하여 그 깊은 원리를 보통 사람들은 깨닫지 못하는 경우입니다.

하나님의 뜻은 바로 후자에 속합니다. 하나님은 당신의 뜻을 아무도 모르는 깊은 곳에 감추어 두시고, 우리에게 보물찾기하듯 찾게 하는 분이 아닙니다. 최대한 감추어 두고 우리를 골탕 먹이다가 우리의 태도나 정성을 본 후 마음에 드는 자에게만 찔끔 알려 주시는 분이 아닙니다. 지성이면 감천이라고 정성으로 새벽 기도를 하며 간구하면 꿈이나 환상으로 나타나 누구와 결혼하는 것이 내 뜻이고,

진학 대신 취직을 하는 것이 내 뜻이라고 말씀하시는 분이 아닙니다. 설령 하나님이 이런 방식으로 알려 주신다고 할지라도 우리는 알려주신 것만 알게 되는 것이지, 이를 통해 하나님과 사람과 사회를 깊이 이해하는 통찰력을 지니게 되는 것이 아닙니다.

하지만 무속인과 점쟁이와 사주쟁이들은 그 비밀을 풀 수 있다고 말하고, 또한 그에 대한 답을 얼마나 쉽게 찾아내는지 모릅니다. 무속인은 자신이 섬기는 신이 임해 알려 준다면서 잡신의 목소리로 말합니다. 점쟁이는 동전이나 쌀 등 점을 보는 도구를 통해 그 자리에서 점괘를 말해 줍니다. 사주쟁이는 그 사람의 생년월일과 시(時)라는 네 가지 기둥과 여덟 개의 문자[四柱八字]라고 하는 공식을 가지고 모든 문제에 대한 답을 빼내듯 말합니다. 요즘은 전화와 인터넷으로도 점을 볼 수 있습니다. 신문 광고란에 실린 무속인과 점쟁이와 사주쟁이들의 사진을 보고 마음에 드는 사람에게 전화하면 즉시 답을 알려 줍니다. 그들에게는 간단한 공식과 도구가 있기 때문에 얼굴을 마주 보며 깊이 알아 가는 인격적 교제가 없어도 즉시 점괘가 나오는 것입니다. 재미있는 것은 그 점괘라고 하는 것이 전화를 받는 점쟁이마다 다르다는 것입니다.

하지만 우리는 두 번째 비밀에 관심이 있습니다. 하나님 자체에 대해 관심이 있기 때문이고, 그러한 지식만이 인생을 살아가면서 겪게 되는 여러 중대사를 올바른 통찰력으로 결정할 수 있기 때문입니다. 하나님의 뜻을 전자처럼 이해해 무속인과 점쟁이와 사주쟁이에게 의존하는 자는 시간이 지나면 지날수록 작은 일에도 스스로 판단을 내리지 못하고 이들을 찾아갑니다. 매사 두려움과 염려에 빠져 자유를 누리지 못하는 노예처럼 되어 버립니다. 하지만 후자에 관심이 있는 성도들은 시간이 흐를수록 자연과 역사와 양심에 대해 많은 것을 알게 되고, 하나님의 뜻을 더욱 잘 분별해 더 많은 것을 누리고 감사하고 기뻐하게 됩니다.

야구에서 투수와 포수는 공 하나를 던질 때마다 사인을 주고받습니다. 지금 던지는 공이 어떤 종류이며 어떤 코스로 들어갈지를 사인으로 알려 주는 것입니다. 상대 선수가 이 사인을 알면 투수의 공을 공략할 수 있습니다. 그래서 상대편 선수의 사인을 몰래 훔쳐보기도 합니다. 하지만 이러한 행위는 금지되어 있습니다. 정정당당하게 실력으로 맞서야지, 스파이와 망원경을 동원해 상대 투수의 공을 미리 알고 대처하는 것은 옳지 않은 일이기 때문입니다.

사람들도 무속인과 점쟁이를 통해 사인을 훔쳐보고 싶어합니다. 스스로 상황에 대처하지 않고 천기(天機)를 훔쳐보고 싶은 것입니다. 1천만 원이 넘는 굿도 마다하지 않습니다. 그런데 성도들마저 이와 같은 목적으로 하나님의 뜻을 구하고 있습니다. 무속인과 점쟁이 대신 목사나 권사를 찾는 것뿐이지 속마음은 무속인을 찾는 사람들과 크게 다르지 않습니다. 말로만 하나님의 뜻이지, 실은 자기의 욕심을 추구하는 것입니다. 결국 그들에게는 하나님보다 자기 자신이 먼저입니다.

우물가에서 숭늉을 찾지 말라

무리 중에 한 사람이 이르되 선생님 내 형을 명하여 유업을 나와 나누게 하소서 하니 이르시되 이 사람아 누가 나를 너희의 재판장이나 물건 나누는 자로 세웠느냐 하시고 저희에게 이르시되 삼가 모든 탐심을 물리치라 사람의 생명이 그 소유의 넉넉한 데 있지 아니하니라 하시고 또 비유로 저희에게 일러 가라사대 한 부자가 그 밭에 소출이 풍성하매 심중에 생각하여 가로되 내가 곡식 쌓아 둘 곳이 없으니 어찌할꼬 하고 또 가로되 내가 이렇게 하리라 내 곳간을 헐고 더 크게 짓고 내 모든 곡식과 물건을 거기 쌓아 두리라 또 내가 내 영혼에게 이르되 영혼아 여러 해 쓸 물건을 많이 쌓아 두었으니 평안히 쉬고 먹고 마시고 즐거워하자 하리라 하되 하나님은 이르시되 어리석은 자여 오늘밤에 네 영혼을 도로 찾으리니 그러면 네 예비한 것이 뉘 것이 되겠느냐 하셨으니 자기를 위하여 재물을 쌓아 두고 하나님께 대하여 부요하지 못한 자가 이와 같으니라(눅 12:13-21).

무리 중에 한 사람은 형이 자기에게 유업을 나누어 주는 것이 하나님의 뜻이라고 생각했습니다. 그래서 예수님께 이러한 하나님의 뜻을 형에게 알려 하나님의 뜻이 집행되게 해 달라고 부탁했습니다. 하지만 예수님은 이런 일을 하기 위해 이 땅에 온 것이 아니며, 이것은 하나님의 뜻이 아니라고 말씀하셨습니다. 그러면서 예수님은 모든 탐심을 물리치라고 말씀하셨습니다. 이것이 바로 하나님의 뜻이고, 이것을 위해 왔다고 말씀하셨습니다. 사람의 생명은 그가 가진 것이 넉넉한 데 있지 않기 때문입니다. 이것을 아는 것이 바로 하나님의 뜻입니다. 그런데 많은 사람들은 많이 가진 것을 중요하게 여기고 더 많은 부를 갖게 해 달라고 간구합니다. 오늘날 하나님의 뜻을 알기 원하는 대부분의 경우는 여기에 속한다고 볼 수 있습니다. 이것만 봐도 얼마나 많은 사람들이 하나님의 뜻을 왜곡하는지 알 수 있습니다. 고민하고 기도하며 하나님의 뜻을 알기 원하는 것처럼 보이지만 사실은 자기의 뜻을 구하는 것이어서 포기하는 것이 오히려 하나님의 뜻이 됩니다.

그 다음 이야기에 나오는 부자는 곡식을 쌓아 둘 곳이 없을 정도로 밭에 소출이 풍성했습니다. 그 부자는 이 단계에서 어떻게 행동하는 것이 하나님의 뜻일까 하고 생각했습니다. 그러고는 곡간을 더 크게 지어 모든 곡식과 여러 해 동안 쓸 물건을 많이 쌓아 두었으므로 평안히 쉬고 먹고 마시고 즐거워하는 것이 하나님의 뜻일 거라고 생각했습니다. 하지만 예수님은 그 부자를 어리석은 부자라고 하셨습니다. 바로 그날 밤에 하나님이 그의 영혼을 도로 찾으셨기 때문입니다. 성경은 부자의 부지런함과 미래를 대비하는 예비성을 두고 어리석다고 하는 것이 아닙니다. 눈에 보이는 것으로만 인생을 준비했기 때문에 어리석은 것입니다. 죽음 이후를 준비하지 않은 것과 눈에 보이지 않는 세계를 보지 못한 것에 그의 어리석음이 있습니다. 살아 있는 동안 아무리 준비를 잘해도, 사람은 언제 어디서 죽을지 모른다는 사실과 죽음 이후에 또 다른 세계가 존재한다는 사실을 모른다면 그는 어리석고 빈곤한 자에 불과합니다.

그러므로 우리가 아무리 부지런히 일하고, 여러 지식의 도움을 받아 경영을 잘하며, 미래를 대비한다 해도 그 일이 하나님의 뜻과는 거리가 멀 수 있습니다. 사업을 확장할 것인가, 어떤 종목으로 진출할 것인가, 어떤 사람과 합작을 할 것인가, 누구를 임원으로 승진시킬 것인가에 관해서는 옳은 판단을 내릴지 몰라도 그렇게 해서 얻은 결과가 죽어서 하나도 가져가지 못하는 재물만을 쌓는 것이라면 하나님의 뜻과는 거리가 먼 것입니다. 하나님의 뜻을 알기 원하는 사람은 먼저 하나님에 대해 부요해야 합니다. 하나님이 어떤 분이신지, 세상을 향해 어떤 뜻을 갖고 계시고 어떻게 운행하시는지를 알아야 합니다. 이 순서가 바뀌면 그 사람은 아무리 소유한 것이 많더라도 하나님의 뜻에 대해서는 전혀 배우지 못한 자입니다. 그러므로 진정 하나님의 뜻을 알고 싶다면 지금 닥친 일들이 아무리 중요하고 시급하더라도 하나님에 대한 것을 먼저 알아야 합니다. 하나님을 알기 전에 먼저 어떤 일에 대해 하나님의 뜻을 알려고 하는 자는 우물가에서 숭늉을 찾는 자로 절대로 온전한 하나님의 뜻을 알 수 없습니다. 하나님에 대해 바르게 아는 자만이 그 일에 대한 하나님의 뜻을 알 수 있고, 동시에 다른 일들에 대한 하나님의 뜻도 자연스럽게 알 수 있습니다.

∷ 곰곰이 생각해 봅시다

1. 점 혹은 사주팔자, 궁합, 토정비결 등을 통해 일년 신수를 본 적이 있습니까? 직·간접의 경험을 나누어 보기 바랍니다.

2. 점쟁이나 무속인이 맞추는 확률이 낮은데도 불구하고 사람들은 왜 이들을 계속해 찾는 것일까요?

3. 최근 하나님의 뜻을 구한 적이 있습니까? 혹시 내 뜻을 이루는 효과적인 방법을 구하고 있지는 않습니까?

4. 누가복음 12장 13-15절에서 예수님은 유업을 공평하게 나누어 달라는 사람의 청에 대하여 왜 동문서답하셨습니까?

5. '하나님에 대하여 부요한 자' 란 어떤 사람입니까?

2
역사의 주체

하나님을 아는 지식이 현재의 행동을 결정

우연을 통하여 필연적으로 역사하시는 하나님

이스라엘 왕과 유다 왕 여호사밧이 길르앗 라못으로 올라가니라 이스라엘 왕이 여호사밧에게 이르되 나는 변장하고 군중으로 들어가려 하노니 당신은 왕복을 입으소서 하고 이스라엘 왕이 변장하고 군중으로 들어가니라 아람 왕이 그 병거의 장관 삼십이 인에게 명하여 이르기를 너희는 작은 자나 큰 자나 더불어 싸우지 말고 오직 이스라엘 왕과 싸우라 한지라 병거의 장관들이 여호사밧을 보고 이르되 이가 필연 이스라엘 왕이라 하고 돌이켜 저와 싸우려 한즉 여호사밧이 소리지르는지라 병거의 장관들이 저가 이스라엘 왕이 아님을 보고 쫓기를 그치고 돌이켰더라 한 사람이 우연히 활을 당기어 이스라엘 왕의 갑옷 솔기를 쏜지라 왕이 그 병거 모는 자에게 이르되 내가 부상하였으니 네 손을 돌이켜 나로 군중에서 나가게 하라 하였으나 이 날에 전쟁이 맹렬하였으므로 왕이 병거 가운데 붙들려 서서 아람 사람을 막다가 저녁에 이르러 죽었는데 상처의 피가 흘러 병거 바닥에 고였더라 해가 질 즈음에 군중에서 외치는 소리 있어 가로되 각기 성읍으로, 각기 본향으로 하더라 왕이 이미 죽으매 그 시체를 메어 사마리아에 이르러 거기 장사하니라 그 병거를 사마리아 못에 씻으매 개들이 그 피를 핥았으니 여호와의 하신 말씀과 같이 되었더라(왕상 22:29-38).

한완상 전 교육인적자원부 장관을 아십니까? 그는 2001년 1월 29일에서 2002년 1월 29일까지 부총리 겸 교육인적자원부 장관을 역임했습니다. 그때 그는 우리나라 교육의 목표로 창발성이란 단어를 언급했습니다. 그러자 한국교원단체총연합회에서 이 단어는 남한에서 쓰이지 않고 북한에서 널리 쓰이는 용어이니 취소하라고 요구했습니다. 그러자 교육인적자원부는 국어사전을 모두 뒤적여 창발이란 단어는 국어사전에 엄연히 있는 단어라고 항변하며, 그 뜻은 '창의적'이라는 단어와 비슷한 것으로 보다 진취적인 뜻을 담고 있다고 해명했습니다.

또한 이 논쟁을 지켜본 자연과학계는 이 단어는 이미 오래 전부터 사용되어 자리잡힌 단어라고 설명하였습니다.

개미의 예를 들어 보겠습니다. 개미는 일개미, 숫개미, 여왕개미, 병정개미 등으로 나뉘어 각자 맡은 일만 열심히 합니다. 개미집은 매우 세분화되어 음식을 저장하는 방, 알을 놓아 두는 방, 부화한 애벌레를 두는 방, 이들을 먹일 버섯을 기르는 방 등이 있고, 온도를 조절하는 냉난방까지 된 방이 있습니다. 어떻게 이들은 이런 정교한 집을 지을 수 있을까요? 개미 한 마리 한 마리를 살펴보면 도저히 이러한 사회 구조와 집을 지을 수 있을 것 같지 않는데, 개미 사회는 이런 일을 훌륭히 해냅니다.

이처럼 각 구성 요소로 볼 때는 생각지 못했던 기능이나 현상이 전체적인 구조를 통해 돌연히 출현하는 현상을 창발성(emergence)이라고 합니다. 하나님을 믿지 않는 과학자들은 이렇게 갑자기 튀어나오는 특성을 이용해 갑자기 생명이 튀어나왔고, 이것이 어떤 시점에 이르면 갑자기 진화해 고등 동물이 되었으며, 인간의 역사에서 일어난 다음 단계로의 발전도 이와 같다고 설명합니다. 하지만 개미들 각자는 볼품 없지만, 우리는 전체로서는 이렇게 멋진 집과 틀이 잡힌 사회 조직을 유지하는 창발성이 바로 하나님으로부터 온다는 것을 확신합니다. 개미만이 아니라 모든 사회는 각 구성 요소에 있어서 별 볼일 없고 별 의미도 없지만, 그 전체로 어떤 기능과 방향성을 갖는 것은 하나님이 그렇게 작동시키시기 때문입니다.

앞의 성경을 보십시오. 북 이스라엘이 남 유다와 연합해 아람과 전쟁을 벌였습니다. 원래 이스라엘은 한 나라인데 솔로몬이 죄를 범하자 그에 대한 벌로 그의 아들대에 두 나라로 나누어졌습니다. 이 두 나라는 서로 반목하며 전쟁을 하기도 하고 평화롭게 지내기도 했습니다. 아합이 북 이스라엘의 왕이었을 때 그는 남 유다의 왕인 여호사밧에게 자신들의 영토를 빼앗아 간 아람 왕을 무찔러 영토를 되찾자는 제안을 했습니다. 그래서 전쟁이 일어났습니다.

아람 왕은 이 전쟁의 주동자가 아합 왕이라는 것을 알고 무엇보다 그를 죽이는 일에 신경을 썼습니다. 그래서 용감한 병거 장관 서른두 명에게 가장 먼저 아합 왕을 죽이라는 특별한 지침을 내렸습니다. 그런데 아람 왕이 이런 명령을 내릴 거라고 짐작한 아합 왕은 왕복을 벗고 일반 군인처럼 행세했습니다. 남 유다의 여호사밧 왕에게는 왕복을 입으라고 권하고 자신은 일반 군인처럼 변장을 한 것입니다.

드디어 전쟁이 시작되자 아람의 병거 장관 서른두 명은 왕복을 입은 자부터 찾기 시작했습니다. 왕복을 입은 자를 발견하고 쫓아가 자세히 보니 아합 왕이 아니었습니다. 아합 왕은 아람 군사들로부터 목숨을 구했다고 생각하며 안심했습니다. 그런데 바로 그때 한 병사가 특별히 누구를 맞히겠다는 생각도 없이 적을 향해 시위를 당겼습니다. 그 화살은 '우연히' 아합 왕이 입고 있던 갑옷 솔기를 맞혔습니다. 아합 왕은 병거를 모는 자에기 이 싸움터에서 빠져 나가자고 말했지만 그러기엔 전쟁이 너무 맹렬했습니다. 결국 부상을 당한 채 아람 병사들을 막던 그는 저녁이 되자 피를 너무 많이 흘려 죽고 말았습니다.

해가 질 즈음에 군중 속에서 싸움이 끝났다는 소식과 함께 각자 고향으로 돌아가라는 소리가 들려 왔습니다. 부하들은 왕의 시체를 북 이스라엘의 수도인 사마리아까지 옮겨 장사를 치렀습니다. 그리고 병거 바닥에 괸 피는 사마리아 못에 가져가 씻었습니다. 그때 개들이 그 피를 핥았는데, 성경은 이를 표현하기를 "그 병거를 사마리아 못에 씻으매 개들이 그 피를 핥았으니 여호와의 하신 말씀과 같이 되었더라 거기는 창기들의 목욕하는 곳이었더라"(왕상 22:38)고 말합니다.

열왕기상 21장을 보면 아합은 나봇이라고 하는 백성의 포도원을 탐냈습니다. 그런데 나봇이 하나님께 받은 포도원이라며 내놓지 않자 아합의 아내 이세벨이 나봇을 죽이고 포도원을 빼앗아 버렸습니다. 하나님은 이 죽음을 보시고, 즉시 선지자 엘리야를 보내 "여호와의 말씀이 개들이 나봇의 피를 핥은 곳에서 개들이 네 피 곧 네 몸의 피도 핥으리라 하셨다 하라"(열상 21:19)고 말하게 하십니다. 앞에 있는 22장 38절의 "여호와의 하신 말씀과 같이 되었더라"는 바로 이 구절을 말하는 것입니다. "개들이 나봇의 피를 핥은 곳에서 아합 네 몸의 피도 핥으리라"는 하나님의 말씀이 한 병사가 쏜 화살에 아합이 우연히 맞는 형태로 집행된 것입니다.

다른 차원에서 일하시는 하나님

정말로 이 화살이 '우연히' 날아온 것이라고 생각할 사람은 없습니다. 성경은 결코 우연이 아닌 필연을 보여 주기 위해 역설적으로 우연이란 단어를 사용하고 있습니다. 한 병사가 우연히 쏜 화살 하나도 결코 우연이 아니라는 것을 하나님은 '우연히' 란 단어를 사용해 말하십니다.

이 이야기에 등장하는 사람들로는 아합 왕, 그의 아내 이세벨, 그들로부터 죽음을 당한 나봇, 유다 왕, 아람 왕, 그리고 이스라엘과 유다와 아람의 많은 병사들, 그 외에도 많이 있습니다. 이들 모두는 스스로의 생각과 판단대로 행동합니다. 누구의 통제도 받지 않고 각자 하고 싶은 대로 결정하고 행동합니다. 그런데 이들 모두가 알아서 행동함에도 불구하고 놀랍게도 하나님이 말씀하신 대로 아합 왕은 죽음을 당하고, 그 피를 개들이 나봇의 피를 핥은 곳에서 핥는 것입니다.

사람은 누구의 간섭도 받지 않고 각자의 목적을 이루기 위해 각자 자신의 방식대로 행동합니다. 그런데 하나님은 그보다 더 높은 차원에서 일하십니다. 사람이 사용하는 수단과 목적과는 전혀 다른 차원에서 일하십니다. 사람들이 생각하고 행동하는 것을 무시하지 않고 그들의 것을 모두 내포하면서도 그들을 뛰어넘어 일하십니다. 우리는 이렇게 '창발적'으로 일하시는 하나님을 볼 줄 알아야 합니다. 하나님의 역사가 아주 높은 차원에서 이루어지고, 아주 먼 우회를 통해 이루어지기 때문에 우리 인간에게는 '우연히' 다가오는 것처럼 보인다는 것을 알아야 합니다. 절대로 이 세계가 사람들의 판단과 행동에 의하여 운행된다고 생각해서는 안 됩니다.

욥기 1장을 보면 사탄은 어떻게든 하나님과 욥의 관계를 끊으려고 합니다. 그래서 욥의 소유물을 치면 그가 하나님을 떠날 것이라고 하나님 앞에서 참소합니다. 하나님은 그런 사탄에게 욥의 소유물을 치도록 허락하십니다. 그러자 사탄은 기쁜 마음으로 하늘에서 불을 내려 양과 종을 불살라 버리고, 스바 사람을 시켜 소와 나귀를 빼앗고 종을 죽였으며, 갈대아 사람을 시켜 세 떼로 나누어 약대를 빼앗고 종을 죽였습니다.

그런데 이 순간에도 하나님은 일하십니다. 비록 사탄이 하나님과 욥의 관계를 끊겠다는 목적으로 일을 주도하는 것 같지만, 하나님은 사탄마저도 당신의 수단으로 활용하시어 욥에게 인내를 통해 장성한 자가 되도록 하신 것입니다. 사람도 일하고, 사탄도 일하고, 하나님도 일하시지만, 그 수단과 목적은 모두 다릅니다. 하나님은 사람과 사탄의 일을 이용하여 '창발적'으로 당신의 목적을 이루시는 것입니다.

이러한 하나님에 대한 인식과 확신이 있어야 합니다. 도무지 길이 보이지 않는 힘든 상황에서도 보이지 않는 하나님이 분명히 일하고 계심을 확신해야 합니다. 이러한 확신이 있는 사람에게 포기와 실망이란 없습니다. 하나님이 가장 적합한 형태로 일하심을 믿으며 묵묵히 스스로 일을 해 나갈 수 있습니다. 욥처럼 오래 인내할 수 있습니다. 욥처럼 "내가 모태에서 적신이 나왔사온즉 또한 적신이 그리로 돌아가올지라 주신 자도 여호와시요 취하신 자도 여호와시오니 여호와의 이름이 찬송을 받으실지니이다"라며 모든 일을 감사하게 받을 수 있습니다. 이런 자세가 하나님의 뜻이 아니고 무엇이겠습니까?

어떤 구체적인 일에 대한 하나님의 뜻을 분별하는 것도 좋지만, 하나님이 어떤 분이신가를 기본적으로 아는 것이 더 중요합니다. 명예 퇴직을 한 뒤 식당을 할 것인지 부동산 중개업을 할 것인지 결정하는 일도 중요하지만, 자기를 사랑하셔서 감찰하시며 결국에는 자기를 인도하시는 분이 하나님이심을 아는 것이 더 중요합니다. 예수님은 참새 한 마리도 하나님이 허락지 아니하시면 땅에 떨어지지 아니한다고 하셨고, 우리에게는 머리털까지도 다 세신바 되었다고 하셨기 때문입니다.

바로 이러한 하나님을 알아 어떤 상황에서도 평안을 누리는 것이
몇 가지 구체적인 정보를 아는 것보다 훨씬 중요합니다.

콩 심은 데 콩 나고 팥 심은 데 팥 난다

제가 섬기고 있는 교회 가까운 곳에 오십대 중반의 부부가 운영하
는 작은 만두집이 있습니다. 이분들에겐 특별한 종교가 없습니다.
전도할 겸 해서 자주 가서 대화를 나누어 보니 나름대로 성실하게
사는 분들이었습니다. 특히 아주머니는 보통 우리가 '경우가 밝다'
고 하는 그런 분이었습니다. 그런 분이다 보니 잘못된 것을 참지 못
하는 편인데, 특히 교회에 다닌다는 사람들이 옳지 않은 행동을 하
면 참지 못합니다.

제가 가면 그동안 쌓아 둔 이야기를 쏟아 내는데, 누구는 이런저
런 잘못을 하더니 결국 벌을 받았고, 누구는 착하게 살더니 결국에
는 잘되었다 하는 이야기들입니다. 저는 이야기를 듣다가 "아저씨,
아주머니는 악한 일을 한 사람은 벌을 받고, 착한 일을 한 사람은 복
을 받게 된다는 것을 믿으시는 거지요?" 하고 물었습니다. 그러자
두 분 다 망설임 없이 그렇다고 했습니다. 그래서 제가 "그렇다면 도
대체 누가 어떤 사람이 나쁜 짓을 한 것을 기억했다가 그대로 돌려
주고 착한 일을 하면 상을 준다고 생각하십니까?" 하고 물었습니다.
그러자 그 부부는 아무 말도 하지 못했습니다. 사필귀정이라는 말은
알고 있지만, 누가 사필귀정이 되도록 하는지는 생각해 보지 않은

것입니다. 생각했다고 하더라도 막연하게 "하늘이 무섭지도 않냐, 이놈아! 하늘이 다 보고 있다!"라고 할 때의 '하늘' 정도만 생각했을 것입니다. 저는 기회다 싶어 그때부터 그렇게 하시는 분이 바로 하나님이시라며 복음을 전했습니다.

사람이 행한 나쁜 일과 착한 일은 어디로 사라지는 게 아니라 인간 행위와 관계에 영향을 미칩니다. 하나님은 그것으로 인과응보(因果應報)를 이루십니다. 하나님은 천지만물을 다 만드셨을 뿐만 아니라 지금 이 순간에도 천지만물을 주관하시는 분입니다. 이 일에는 사람들간의 선하고 악한 일도 포함됩니다. "하나님이 창조자이시다"라는 것은 바로 지금도 창조하신 모든 것을 유지하신다는 뜻이고, 사람간의 일을 섭리하신다는 뜻이고, 사람간의 선악에 대하여 심판하신다는 뜻입니다. 창조자는 바로 섭리자이시고 심판자이십니다. 그분에게는 우연이란 없으며, 그분에게 허락받지 않고 떨어지는 참새가 없고, 세지 않은 머리털이 없는 것입니다.

사필귀정을 이루시는 하나님

사필귀정을 이루는 하나님에 대한 인식과 믿음이 있는 자와 그렇지 않은 자는 하나님의 뜻을 분별하는 데 있어 큰 차이가 납니다. 원수 갚는 것을 예로 들어 봅시다. 이것에 대한 하나님의 뜻은 무엇입니까? 원수를 갚는 것이 하나님의 뜻입니까? 원수를 갚는다면 언제 어떻게 갚는 것이 하나님의 뜻입니까? 이에 대해 성경은 다음과 같이 명확한 답을 말해 줍니다.

아무에게도 악으로 악을 갚지 말고 모든 사람 앞에서 선한 일을 도모하라 할 수 있거든 너희로서는 모든 사람으르 더불어 평화하라 내 사랑하는 자들아 너희가 친히 원수를 갚지 말고 진노하심에 맡기라 기록되었으되 원수 갚는 것이 내게 있으니 내가 갚으리라고 주께서 말씀하시니라 네 원수가 주리거든 먹이고 목마르거든 마시우라 그리함으로 네가 숯불을 그 머리에 쌓아 놓으리라 악에게 지지 말고 선으로 악을 이기라(롬 12:17-21).
원수 갚는 것이 내게 있으니 내가 갚으리라 하시고 또다시 주께서 그의 백성을 심판하리라 말씀하신 것을 우리가 아노니 살아 계신 하나님의 손에 빠져 들어가는 것이 무서울진저(히 10:30-31).

하나님은 우연을 통해 필연적으로 역사하시는 분입니다. 사람 눈에는 잘 보이지 않고 약하게 보일지 모르지만, 하나님은 당신의 시간표에 따라 가장 빠르고 정확하게 사람의 선악을 그대로 갚는 분입니다. 그래서 하나님은 로마서 12장 19절과 같이 "원수 갚는 것이 내게 있으니 내가 갚으리라" 하고 말씀하십니다. 그런데 이 말씀을 그대로 받아들이려면 앞에서 살펴본 우연을 통해 필연적으로 섭리하시는 하나님에 대한 인식과 확신이 있어야 합니다. 이것이 있는 사람은 로마서의 이 말씀이 마음 깊숙이 스며들어 마음속에 있는 원수에 대한 분노와 복수심이 약화됩니다. 마음속의 분노를 떨쳐 버리고 하나님께 맡길 수 있습니다.

하나님의 섭리를 확신하지 못하는 사람은 자기가 직접 복수해야 한다고 생각합니다. 자신의 억울함과 손해를 대신 풀어 줄 사람이 없다고 여기기 때문입니다. 자신이 당한 것보다 몇 배 강하게 돌려주려면 자기가 직접 해야 하므로, 그 마음은 복수심으로 가득 차 편할 수가 없습니다. 마음에 칼을 품은 사람이 효과적인 복수 방법을 구하려고 기도한다면 어찌 이것을 기도라고 말할 수 있을 것이며, 이러한 사람을 하나님의 뜻을 분별하는 사람이라고 말할 수 있겠습니까? 이런 사람은 하나님의 뜻을 구하기는커녕 하나님의 뜻을 짓밟는 사람입니다. 복수에 대한 하나님의 뜻은 명백하므로, 복수를 하나님께 맡기는 사람이 하나님의 뜻을 분별하는 사람입니다. 우리가 직접 복수할 필요가 없습니다. 복수할 게 아니라 원수가 주리면 먹이고, 목마르면 마시게 해야 합니다. 따지고 보면 이것보다 더 잔인한 복수는 없습니다.

복수할 마음을 품고 있는 것은 손에 뱀을 들고 있는 것과 같다는 말이 있습니다. 상대방을 물게 하려고 내 손에 뱀을 들고 있지만, 그 뱀이 상대를 물기 전에 나를 물 수도 있습니다. 분노를 품고 있으면 자기 자신이 더 힘듭니다. 그 분노가 항상 따라다녀 무슨 일을 해도 그 일에 열중할 수 없고, 잠도 편히 자지 못하며, 소화도 잘 안 되고, 끝내는 화병에 걸리기 쉽습니다.

제가 섬기는 교회는 몇 년 전에 교회당 건축을 했습니다. 그런데 주변의 아파트 주민들이 조망권이 침해된다며 민원을 제기하고, 콘크리트 타설을 위해 진입하는 레미콘 차를 실력 행사로 막았습니다. 그래서 밀고 당기는 협상을 하게 되었는데, 아파트 주민들의 요구대로 되었습니다. 그때 아파트 주민들에 대한 원망과 분노가 얼마나 컸는지 모릅니다. 합법적으로 허가 난 건축을 못 짓게 하는 주민들의 집단이기주의로 우리가 입은 금전적·정신적 피해가 얼마나 컸는지 모릅니다.

이때 저는 아파트 주민들에 대한 미움과 분노와 원망을 바로 창발적으로 일하시며 그대로 갚으시는 하나님에 대한 믿음으로 이겨 냈습니다. 내가 칼에 피를 흘리지 않아도 하나님이 그대로 갚으실 것을 묵상하며 제 마음의 화를 달랬습니다. 그러자 미움과 분노는 점차 사라지고, 오히려 우리 서초교회가 흠 없이 제대로 건축을 진행했는지 살피게 되었습니다. 아파트 주민들을 충분히 배려하였는지, 우리 교회당 건물로 인해 그들이 받을 심리적 압박감과 가려지는 조망을 배려했는지, 합법적 건축 허가라는 미명하에 도의적 책임을 등한히 한 것은 아닌지 등을 살필 때 우리에게서도 아쉬운 면을 찾을 수 있었습니다. 그대로 갚으시는 하나님께 집중할 때 오히려 우리의 잘못과 흠은 없는지 살피게 되며, 안정과 평안을 찾을 수 있었던 것입니다.

어떤 문제에 대해 하나님의 뜻을 얻고 싶으면 우선 그 문제에서 떠나야 합니다. 눈을 들어 하나님을 보아야 합니다. 하나님이 정말로 원하시는 것이 무엇인지부터 보아야 하고, 섭리하시는 하나님이 바르게 역사하시리라 믿어야 합니다. 건강과 평안이라는 선물은 물론이고 우리에게 정말 필요하다면 물질과 명예도 풍성하게 주신다는 것을 알아야 합니다. 손으로 무엇인가를 꽉 움켜잡고 있는 자는 더 큰 것을 주어도 그것을 받을 손이 없습니다. 손에 작은 욕심을 꽉

쥐고서 무엇이 하나님의 뜻인가 묻지 말고, 탐욕을 물리쳐 손에 쥔 것을 모두 내려놓고 나서 하나님이 정말로 무엇을 주시는지 순수한 마음으로 기다려야 합니다. 이것이 바로 하나님의 뜻입니다.

∶∶ 곰곰이 생각해 봅시다

1. 창발성(emergence)이란 무엇입니까?
2. 하나님에게는 필연이요, 사람에게는 우연이라는 말을 어떻게 생각하십니까?
3. "사람도 일하고 사탄도 일하고 하나님도 일하시는데, 그 차원이 목적과 방법에서 다르다"라는 말을 묵상해 봅시다.

3
새옹지마

일희일비하며 함부로 하나님의 뜻이라고 하는 경우

내일을 예측하기 어려운 현실

프로 농구는 신인 선수 드래프트에서 지난 시즌에 꼴찌를 한 팀에게 선수를 가장 먼저 지명할 수 있는 권한을 줍니다. 추첨을 위해 통에 구슬 1백 개를 집어넣는데, 마흔 개는 빨간 색, 서른 개는 하얀색, 스무 개는 파란 색, 열 개는 노란 색입니다. 꼴찌 팀부터 거꾸로 40, 30, 20, 10입니다. 꼴찌 팀 구슬이 가장 많다 보니 확률도 가장 높습니다. 그런데 재미있는 것은 빨간 색 구슬이 나올 확률이 40퍼센트로 가장 높지만, 빨간 색 구슬이 나오지 않을 확률은 60퍼센트로 그보다 더 높다는 점입니다. 따라서 꼴찌가 우선 지명권을 확보했다고 해서 안심할 수만은 없습니다.

프로 농구 팀 가운데 SK 나이츠란 팀이 있는데, 몇 해 전에 이 팀이 꼴찌를 해서 40퍼센트의 권한이 주어졌습니다. 그해는 각 팀들마다 신인 드래프트에 관심을 많이 보였는데, 바로 뛰어난 실력을 가진 현주엽 선수가 끼여 있었기 때문입니다. SK는 국내 선수 중에서 가장 키가 큰 서장훈 선수를 보유하고 있었기 때문에 현주엽 선수마저 보유하게 되면 이젠 우승까지도 바라볼 수 있어 잔뜩 기대에 부풀었습니다.

드디어 신인 드래프트가 있던 날, 첫 번째 구슬이 꼴지 팀인 SK에 돌아가자 SK 감독은 주저 없이 현주엽 선수를 지명하고 나서 "이제 나의 시대가 열렸다"라고 큰 소리로 외쳤습니다. 기자가 그에게 "현주엽 선수를 일순위로 선발할 줄 알았습니까?" 하고 물었습니다. 그러자 SK 감독은 거침없이 그렇다고 대답했습니다. 너무나 당당한 대답에 기자는 뭔가 있나 보다 하며 "어떻게 그렇게 자신이 있었습니까?" 하고 물었습니다. 그러자 그 감독은 "오늘 아침 추첨하러 나오기 전에 교회 목사님께 안수 기도를 받고 나왔기 때문입니다" 하고 대답했습니다. 프로 농구에 대해 잘 알지도 못하고 별 관심도 없던 제가 이 일을 기억하는 것은 이 대답 때문이었습니다.

드디어 프로 농구 계절이 돌아왔습니다. 시즌이 시작되기 전에 전문가들은 SK를 우승 후보로 꼽았습니다. 그런데 막상 시합이 시작되고 보니 서장훈과 현주엽이라는 최상의 선수를 기용하고도 SK는 연패를 거듭해 참담한 성적을 거두었습니다. 예상 밖의 저조한 성적에 SK는 감독을 전격 해임했습니다. 현주엽을 지명하면서 "이제 나의 시대가 열렸다"라고 외친 감독이 해임을 당한 것입니다. 목사님으로부터 안수 기도를 받았다고 기뻐하던 감독이 그 선수 때문에 해임을 당한 것입니다. 이게 도대체 어찌 된 일입니까?

우리는 이것을 보면서 너무 쉽게 하나님의 뜻이라고 말해서는 안 된다는 것을 알게 됩니다. 지금 당장은 좋아 보여 마치 하나님이 허락하신 일 같지만, 얼마 지나지 않아 민망한 일을 당하기 때문입니다. 지금 당장 좋은 일이 생기면 하나님의 뜻이라고 하고, 나쁜 일이 생기면 사탄의 시험이라고 하는 것은 옳지 않습니다. 현재의 좋고 나쁨이 하나님의 뜻과는 전혀 상관없는 일일 수 있다는 것을 알아야 합니다.

현주엽 선수를 지명하지 못한 다른 팀에도 그리스도인들이 있을 것입니다. 그들이라고 해서 하나님께 기도하지 않았겠습니까? 그런데 왜 현주엽 선수가 그들이 아닌 SK에 지명되었습니까? 그들이 기도를 덜하고, 신앙 생활을 덜 열심히 했기 때문입니까? 아니면 SK 감독이 다니는 교회의 목사가 영적으로 더 세고 영험하기 때문입니까? 그렇지 않습니다. 그저 현주엽 선수가 SK에게 지명된 것뿐입니다.

매년 여러 종목의 프로 팀이 신인 드래프트 추첨에 참가합니다. 일차 지명권을 받은 팀의 감독들 가운데는 그리스도인도 많고, 불교 신자도 많으며, 무속인에게 굿을 하거나 부적을 지니고 다니는 감독도 있습니다. 그들에게 일차 지명권이 주어진 것은 하나님이 그리스도인보다 이들을 더 사랑해서가 아니라 그냥 그렇게 된 것입니다. 이러한 일에 하나님의 뜻을 연결시키는 것은 그 자체가 잘못입니다. 하나님의 뜻은 누가 어느 팀에 지명되는가에 있는 것이 아니라 그들이 어떻게 하는가에 있습니다. 새로 들어온 신인 선수와 기존 선수들이 화합하도록 팀 분위기를 이끌어 가는 것, 그것이 바로 하나님의 뜻입니다. 그리고 승리를 위해서라면 심판을 속이며 교묘한 반칙을 구사하기 쉬운데 이것을 하지 않도록 선수들의 윤리 의식을 높이는 것, 이것이 하나님의 뜻입니다.

현주엽이 드래프트 시장에 나온 그해에 많은 팀들이 왜 일차 지명권을 원했습니까? 모든 팀들이 우승을 해 보고 싶은 욕심에서 현주엽 선수를 원한 것이지 어떤 대의명분이나 신앙, 도덕 때문이 아닙니다. 그 선수의 농구 실력을 원한 것이지 그의 신앙과 도덕성을 원한 것이 아닙니다. 하승진 선수가 우리나라 선수로는 처음으로 미국 NBA에 지명된 것도 2미터 20센티미터라는 큰 키 때문이지 다른 것 때문이 아닙니다. 만약 SK 감독이 현주엽을 뽑고 나서 몇 년 동안 승승장구했다면 신앙 간증을 했을지도 모르겠습니다. 아마도 그때 받은 안수 기도에 큰 의미를 부여했을 것이고, 프로 농구 우승이라는 그 자체에 큰 의미를 부여했을 것입니다. 하지만 SK가 우승하는 것이 하나님에게 무슨 의미가 있습니까? 하나님은 오히려 우승하지 못한 나머지 팀들의 슬픔에 관심이 있을지 모릅니다.

우리는 성공 중심의 신앙 간증에 속아서는 안 됩니다. 성공이 중요한 것이 아니라 그 일에 임하는 자세가 중요합니다. 하나님을 얼마나 두려워하는지, 결과를 초월해 하나님의 말씀대로 행하고자 하는 마음의 중심이 있는지가 중요합니다. 신앙 간증에는 성공한 자를 드러내는 것이 아니라 그 성공에 우연으로 개입해 역사하시는 하나님의 간섭과 흔적이 나타나야 합니다. 처음에는 그저 욕심과 질투, 공명심으로 일했는데 하나님은 다양한 사건을 통해 그를 거룩한 성품으로 변화시켰다는 내용이 들어 있어야 합니다.

천기누설은 없다

점쟁이와 무속인들은 광고 문구에다 '천기누설'이라고 쓰는 것을 좋아합니다. 벌받을 각오를 하고 천기를 알려 주겠다는 것입니다. 샤머니즘의 문화에 젖어 있기 때문인지 우리나라 그리스도인들도 하나님의 뜻을 이러한 식으로 생각하는 경향이 강합니다. 예를 들면 신인 선수 드래프트에서 어느 팀이 일차 지명권을 갖는지는 하늘의 비밀에 속하는 것이고, 이것을 아는 것이 하나님의 뜻을 아는 것이고, 예언의 은사를 받은 것으로 오해하는 것입니다. 그래서 일차 지명권을 받으면 하나님의 인도와 뜻으로 규정하여 모든 일이 잘 풀릴 거라고 생각하여 "자기 시대가 열렸다"라고 고백합니다. 하지만 하나님의 뜻을 아는 것은 천기를 아는 차원이 아니라 우리가 매일 접하는 생활에서 무엇을 할 것인가를 아는 것입니다. 신인 선수 드래프트에서 어떤 선수를 지명하게 되든지 그 후에 최선을 다하는 것, 이것이 바로 하나님의 뜻입니다.

제 아이들은 아직 어립니다. 이 글을 쓰는 지금 셋째가 십오 개월입니다. 한밤중에도 깨어 몇 번씩 웁니다. 그때마다 아내와 저는 신경전을 벌입니다. 서로 자는 척하며 상대방이 먼저 일어나 아이를 달래 주거나 기저귀를 갈아 주기를 바랍니다. 사실은 바로 이런 때가 하나님의 뜻을 명백하게 알 수 있는 것입니다. 아내가 원하는 대로, 제가 아이를 달래고 기저귀를 갈아 주는 것이 하나님의 뜻입니다. 아내를 자기 몸과 같이 사랑하라는 에베소서 5장 28절에서 하나님의 뜻을 찾아야지 다른 데서 찾을 필요가 없습니다. 아이 셋을 기르며 시부모님을 모시고, 작은 교회의 목사 사모로 살고 있는 아내의 노고를 알고 도와주는 것이야말로 아주 확실한 하나님의 뜻입니다.

너무 거창한 것에서 하나님의 뜻을 찾으려고 해서는 안 됩니다. 결혼과 취직과 사업과 진로 선택이라는 중대사를 앞두고 하나님의 뜻을 찾는 것은 우물가에 가서 숭늉을 찾는 격입니다. 이런 사람들은 중요한 일을 앞두고 받는 심리적 압박에서 벗어나고 싶은 심정과 알 수 없는 미래에 대한 불안감 때문에 천기를 알고 싶어하는 것입니다. 그리스도인은 미래에 대해 불안해해서는 안 됩니다. 시간을 만드시고 다스리시는 하나님은 과거와 현재만이 아니라 미래에 대해서도 주인이신데 왜 불안해합니까? 그러므로 미래의 일에 대해 불안한 나머지 지나치게 많은 기도를 하는 것은 믿음이 강한 것이 아니라 약한 것입니다.

앞 장에서 유업을 나누어 달라는 사람과 어리석은 부자에 대해 언급한 누가복음 12장을 살펴보았습니다. 이 본문에 바로 이어 나오는 말씀이 무엇인 줄 아십니까? 살기 위해 무엇을 먹을까 무엇을 입을까 염려하지 말라는 것입니다. 목숨이 음식이나 의복보다 중요하다는 것입니다. 예수님은 음식과 의복이 아닌 목숨을 위해 인생을 살고 하나님께 기도하라고 하셨는데, 너무나 많은 사람들이 음식과 의복을 위해 기도하고, 이것을 더 차지하기 위해 하나님의 뜻이 무엇인지를 알려고 한다는 것입니다. 하나님이 금하신 것을 달라고 하고, 하나님 뜻을 알려 달라고 하니 기도하면 할수록 하나님을 괴롭히는 셈입니다.

누가복음 12장은 이어서 "누가 염려함으로 그 키를 한 자나 더할 수 있느냐"면서 "지극히 작은 것이라도 능치 못하거든 어찌 그 다른 것을 염려하느냐"라고 묻습니다. "내일 일을 위하여 염려하지 말라 내일 일은 내일 염려할 것이요 한 날 괴로움은 그날에 족하니라"는 것입니다. 이렇게 분명한 말씀이 있는데도 왜 자꾸만 음식과 의복에 관계된 것들을 구하고, 더 얻기 위해 하나님의 뜻을 알려고 합니까? 믿음이 없기 때문입니다. 이런 것들을 구하지도 말고 근심하지도 말라고 하신 하나님을 아직 잘 이해하지 못하기 때문입니다. 이 모든 것은 세상 사람들이 구하는 것으로, 하나님은 이런 것이 우리에게 있어야 될 줄을 미리 알고 계셔서 먼저 하나님의 나라와 의를 구하면 이 모든 것을 더하신다는 사실을 우리가 믿지 못하기 때문입니다.

우리에게도 분명히 음식과 의복이 필요합니다. 이런 것을 구하는 것이 나쁘다는 것은 아닙니다. 주기도문만 해도 "우리에게 일용할 양식을 주옵시고"라는 구절이 있습니다. 예수님도 이런 기도를 하라고 가르쳐 주셨습니다. 하지만 예수님은 먼 미래에 대한 걱정과 염려가 아니라 오늘 일용할 양식에 대해 말씀하신 것입니다. 이것이면 충분합니다. 그 다음 일은 하나님의 몫입니다. 우리는 사람이 할 일만 해야지 하나님이 할 일까지 하려고 해서는 안 되고, 알려고 해서도 안 됩니다.

우리가 해야 할 일은 하나님의 나라와 의를 구하는 것입니다. 하나님의 나라와 의는 거창한 데 있는 것이 아니라 일상생활의 매순간에 있습니다. 예수님의 크고 첫째 되는 계명은 "네 마음을 다하고 목숨을 다하고 뜻을 다하여 주 너의 하나님을 사랑하라"는 것이고, 둘째는 "그와 같으니 네 이웃을 네 몸과 같이 사랑하라"는 것입니다. 이 두 계명은 모든 율법과 선지자의 강령입니다. 성경에 있는 온갖 율법과 성경에 나오는 많은 선지자들이 말한 핵심입니다. 이것을 행하는 것이 하나님의 나라와 의를 구하는 것입니다.

아내와 다투는 일들을 살펴보아도 거창한 일로 싸우지 않습니다. 대통령 선거에서 누구를 찍을 것인지, 이라크에 한국 군인을 파병할 것인지, 미군 철수가 옳은지, 행정수도 이전이 적합한지 등과 같은 거창한 일이 아니라 아 다르고 어 다른 사소한 언어 표현과 같은 것들이 대부분입니다. 집안 청소와 아이들을 보살피는 일과 시댁과 친정 부모님에 대한 작은 배려와 같은 사소한 일들로 다투게 됩니다.

하나님 나라와 의는 거창한 데 있는 게 아닙니다. 알지도 못하고 통제도 하지 못하는 미래의 일로 염려하고 근심하고 기도하는 대신 오늘 해야 할 일들에 대해 기도해야 합니다. 오늘 만나게 될 사람들이 나에게 무엇을 원하는지, 그것들을 내가 어떻게 충족시켜 줄 수 있는지에 관해 기도해야 합니다. 성경은 이런 일들에 관한 하나님의 뜻이 무엇인지에 관해서는 숱하게 말씀하셨어도, 거창한 일에 대해서는 하나님의 뜻을 구하지 말고 하나님께 맡기라고 하셨다는 걸 명심해야 합니다.

솔로몬이 평생 후회한 선택(?)

SK 감독이 현주엽을 지명했지만 결과가 좋지 않았던 것처럼 선택할 때의 예상과 다른 결과가 나타날 때가 있습니다. 솔로몬도 두고 두고 후회할 다음과 같은 결정을 했습니다.

솔로몬의 신복 느밧의 아들 여로보암이 또한 손을 들어 왕을 대적하였으니 저는 에브라임 족속인 스레다 사람이요 그 어미의 이름은 스루아니 과부더라 저가 손을 들어 왕을 대적하는 까닭은 이러하니라 솔로몬이 밀로를 건축하고 그 부친 다윗의 성의 무너진 것을 수축하였는데 이 사람 여로보암은 큰 용사라 솔로몬이 이 소년의 부지런함을 보고 세워 요셉 족속의 역사를 감독하게 하였더니 그 즈음에 여로보암이 예루살렘에서 나갈 때에 실로 사람 선지자 아히야가 길에서 저를 만나니 아히야가 새 의복을 입었고 그 두 사람만 들에 있었더라 아히야가 그 입은 새 옷을 잡아 열두 조각에 찢고 여로보암에게 이르되 너는 열 조각을 취하라 이스라엘 하나님 여호와의 말씀이 내가 이 나라를 솔로몬의 손에서 찢어 빼앗아 열 지파를 네게 주고 오직 내 종 다윗을 위하고 이스라엘 모든 지파 중에서 뺀 성 예루살렘을 위하여 한 지파를 솔로몬에게 주리니(왕상 11:26-32).

많은 건물을 건축해야 했던 솔로몬은 대단한 용사인데다 부지런한 여로보암을 감독으로 임명했습니다. 그 많은 일들을 안심하고 맡길 수 있는 부하를 발견하자 기뻐 아내들에게 자랑도 했을 것입니다. 그런데 그런 여로보암에게 하나님은 선지자 아히야를 보내 이스라엘의 열 지파를 다스리게 될 것이라고 알리셨습니다. 솔로몬이 감독관으로 임명한 자가 솔로몬에게 대적해 반역을 일으키고 나라를 두 동강으로 나누는 자가 된 것입니다. 이 소식을 들은 솔로몬은 여로보암을 죽이려 했지만, 여로보암은 애굽으로 몸을 피한 후 왕이 죽을 때를 기다렸습니다. 드디어 솔로몬이 죽자 여로보암은 이스라엘로 돌아와 열 지파를 거느리고 솔로몬의 아들 르호보암에게 반역을 일으켰습니다. 그 후로 두 나라는 끝까지 통합되지 못했습니다.

솔로몬도 선택할 때 기대한 것과 전혀 다른 결과를 경험한 것입니다. 솔로몬과 그의 자손들은 두 동강이 난 나라를 볼 때마다 여로보암을 감독으로 쓴 일을 두고두고 후회했을 것입니다. 하지만 솔로몬의 선택에는 특별히 잘못된 점이 없습니다. 그는 국책 사업을 진행하기 위해 훌륭한 인물을 감독으로 임명했을 뿐입니다. 감독으로 임명하는 과정에서도 자신의 이익이나 편견이나 감각에 의존하지 않고 대단한 용사인데다가 부지런하다는 객관적 사실을 기준으로 삼았습니다. 솔로몬이 아니라 다른 사람이었다고 해도 똑같은 결정을 내렸을 것입니다.

그렇다면 무엇이 잘못된 것입니까? 사실 솔로몬의 잘못은 여로보암을 선택한 데 있었던 것이 아니라 그전에 그가 행한 일에 있었습니다. 하나님은 이스라엘 백성에게 이방 여인과 혼인하지 말라고 하셨습니다. 하나님은 "너희는 저희와 서로 통하지 말며 저희도 너희와 서로 통하게 말라 저희가 정녕코 너희의 마음을 돌이켜 저희의 신들을 좇게 하리라"(왕상 11:2)고 경고하셨습니다. 그런데 솔로몬은 왕으로서 본을 보여야 하는데도 불구하고 숱한 이방 여인과 혼인을 했습니다. 이방 국가와 동맹을 결속하려는 정치적·외교적 의도 때문이었는지는 모르지만, 무려 후비가 7백 명에다 빈장이 3백 명이었습니다.

솔로몬은 나이가 들자 결국 다른 신들을 좇았습니다. 시돈 사람의 여신 아스다롯을 좇았고, 암몬 사람의 가증한 밀곰을 좇았으며, 모압의 가증한 그모스를 위해 예루살렘 앞산에 산당을 지었습니다. 이런 솔로몬에게 하나님은 두 번씩이나 나타나셔서 다른 신을 좇지 말라고 하셨으나, 이미 이방 여인들의 포로가 되어 버린 그는 하나님의 말씀을 듣지 않았습니다. 진노하신 하나님은 "내가 결단코 이 나라를 네게서 빼앗아 네 신복에게 주리라" 하고 말씀하신 것입니다.

그리고 하나님은 여로보암이 감독관으로 임명되는 일을 통해 이 말씀을 이루신 것입니다. 솔로몬은 누구를 감독관으로 임명하는 것이 하나님의 뜻인지를 물었지만, 때는 이미 늦었습니다. 하나님의 뜻은 중요한 일을 목전에 앞두고 묻는 것이 아니라 그전에 하루하루의 작은 결정에서 물어야 했고, 최선의 행동을 해야 했던 것입니다. 앞에서 살펴본 것처럼 솔로몬이 여로보암을 택하는 과정은 아주 합리적입니다. 문제는 그전에 이방 여인과 결혼하지 말라는 명백한 하나님의 뜻을 어긴 것에 있습니다. 이미 명백한 하나님의 뜻을 어기고, 불분명한 미래에 대해서만 하나님의 뜻을 묻는다는 것은 자기를 위해서이지 결코 하나님의 뜻을 위해서가 아닙니다.

우리가 하나님의 뜻을 구할 때 저지르는 잘못도 이와 비슷합니다. 하나님이 명백하게 가르쳐 주신 하나님의 뜻은 쉽게 무시하면서, 가르쳐 주시지 않는 일에 대해서는 하나님의 뜻을 알려고 하는 것입니다. 미래에 대한 불안 때문에 하나님의 뜻을 알려고 하는데, 하나님은 결코 이런 식으로 우리를 인도하시지 않습니다. 하나님의 뜻을 미래에 대한 보험쯤으로 취급해서는 안 됩니다. 평소에는 하나님의 말씀과는 상관없이 살다가 필요할 때만 하나님의 뜻을 묻는 자에게 하나님은 결코 응답하시지 않습니다. 이러저러한 것이 나의 뜻이라고 절대로 말씀하시지 않습니다. 만약 응답하신다면 그 사람을 패망으로 인도하기 위한 수순이지, 축복으로 인도하기 위한 수순이 아닙니다. 함부로 성찬에 임해서는 안 되듯이, 자신의 삶을 회개하고 하나님을 지향하는 삶을 살면서 하나님의 뜻을 물어야 합니다.

평소에 이미 명백하게 계시된 하나님의 뜻에 따라 생각하고 판단하는 자는 불확실한 미래를 두려워하지 않습니다. 모든 순간마다 하나님의 뜻에 따라 결정하고 행동했기 때문에 그는 하나님과 동행한 자이고, 기뻐하며 감사하는 자입니다. 그 결정이 어떤 결과를 가져오든 그는 감사하고 기뻐합니다.

우리는 하나님의 말씀을 먹고살아야 합니다. 지금 이 순간에 명백하게 알 수 있는 하나님의 뜻을 기꺼이 받을 줄 알아야 하고, 이에 따라 행동하는 것을 기뻐할 줄 알아야 합니다. 그 결과가 어떻든지 간에 하나님의 말씀에 따른 일이므로 즐거워할 줄 알아야 합니다. 아무도 이런 사람이 누리는 평안을 빼앗아 가지 못합니다. 하나님은 세상이 줄 수 없는 평안을 이런 자들에게 쏟아 부어 주시기 때문입니다. 그리고 이런 자는 지혜롭습니다. 평소에 하나님의 뜻에 대한 분별력을 길러 왔기 때문에 아무리 어려운 상황이 닥쳐도 현명한 결정을 내릴 수 있는 것입니다.

1. '바로 이런 것을 두고 새옹지마라고 하는구나' 라고 느낀 적이 있습니까?

2. 솔로몬은 왜 여로보암을 감독으로 임명했습니까? 그를 임명한 결과 나중에 어떻게 되었습니까?

3. 창세기 13장에서 아브라함은 왜 선택권을 롯에게 먼저 주었습니까? 롯은 왜 동쪽을 택했으며, 그 결과는 무엇입니까? 선택권을 양보한 아브라함은 어떤 삶을 살았습니까?

4. 평소에 하나님의 뜻을 구합니까, 아니면 중요한 일이 닥쳐야만 구합니까?

4
동기의 문제

순화된 동기에 내재된 하나님의 뜻

자기 뜻을 전하기 쉬운 선지자와 목회자

앞 장에서 아합이 아람과 전쟁에 나갔다가 우연히 날아온 화살에 맞아 죽는 이야기를 살펴보았습니다. 이 전쟁은 아합이 유다 왕에게 원래 자신들의 땅인 길르앗 라못을 차지하자고 제안해서 벌어진 전쟁입니다. 유다 왕은 그의 제안을 기꺼이 수락하면서 이에 관한 여호와의 뜻이 무엇인지 알아보자고 하였습니다. 그러자 아합 왕이 선지자 4백 명을 모아 놓고 물었습니다. 이들은 한결같이 올라가서 싸우면 주께서 승리를 주신다고 말했습니다. 그러자 유다 왕은 더 물을 만한 여호와의 선지가가 없느냐고 아합에게 물었습니다. 그러자 아합은 길한 일은 예언하지 않고 흉한 일만 예언해서 미워하는 선지자 미가야 이야기를 했습니다. 그러자 유다 왕은 미가야를 데려와 물어 보자고 했습니다.

그런데 미가야를 데리러 간 사자는 그를 만나자 "선지자들의 말이 여출 일구하여 왕에게 길하게 하니 청컨대 당신의 말도 저희 중 한 사람의 말처럼 길하게 하소서"(왕상 22:13) 하고 부탁했습니다. 아합의 관리들과 선지자들은 하나님이 아니라 왕의 비위를 맞추는 데 급급했습니다. 하나님의 뜻이 아니라 눈에 보이는 권력을 가진 아합 왕의 뜻에 관심이 있었던 것입니다. 그러자 미가야는 "여호와의 사심을 가리켜 맹세하노니 여호와께서 내게 말씀하시는 것 곧 그것을 내가 말하리라" 하고 대답했습니다. 미가야는 선지자가 무엇을 예언해야 하는지 명확하게 인식하고 있었던 것입니다. 하나님의 뜻은 하나님이 말씀하시는 것이지, 사람이 말하는 것이 아닙니다.

우리는 예언을 주로 미래의 일을 미리 말하는 것으로 오해하는 경향이 있습니다. 성경에서 예언자를 한자로 어떻게 쓰는 줄 아십니까? 예언자(豫言者)일 것 같습니까, 아니면 예언자(預言者)일 것 같습니까? 정답은 후자입니다. 예(豫)는 일기 예보와 같이 앞으로 일어날 일이라는 의미로 쓰이고, 예(預)는 '미리'라는 뜻도 있지만 저축 예금과 같이 무엇을 맡는다는 뜻으로 쓰입니다. 그러므로 예언자(預言者)는 말씀을 맡은 자라는 뜻이 우선적으로 있는 것입니다.

따라서 성경의 예언자는 앞으로 일어날 일을 말하는 자가 아니라 '여호와께서 전하라고 주신 말씀을 맡아서 전하는 자'입니다. 여호와께서 주신 말씀에는 당연히 미래의 사항도 있기 때문에 예언자는 미래의 일을 전하기도 하지만 본질적으로는 여호와께서 주신 말씀을 전합니다. 국어사전만 찾아봐도 예언(預言)이 '기독교 등에서 신탁(神託)을 받은 자가 신의 말을 듣고 신의 의지를 사람들에게 전하는 일, 또 그 말’이라고 나올 정도입니다.

선지자 미가야는 이에 대해 잘 알고 있는 사람입니다. 그래서 “여호와의 사심을 가리켜 맹세하노니 여호와께서 내게 말씀하시는 것 곧 그것을 내가 말하리라” 하고 말한 것입니다. 실제로 그는 아합에게 가서 다음과 같이 말했습니다.

내가 보니 여호와께서 그 보좌에 앉으셨고 하늘의 만군이 그 좌우편에 모시고 서 있는데 여호와께서 말씀하시기를 누가 아합을 꾀어 저로 길르앗 라못에 올라가서 죽게 할꼬 하시니 하나는 이렇게 하겠다 하고 하나는 저렇게 하겠다 하였는데 한 영이 나아와 여호와 앞에 서서 말하되 내가 저를 꾀이겠나이다 여호와께서 저에게 이르시되 어떻게 하겠느냐 가로되 내가 나가서 거짓말하는 영이 되어 그 모든 선지자의 입에 있겠나이다 여호와께서 가라사대 너는 꾀이겠고 또 이루리라 나가서 그리하라 하셨은즉 이제 여호와께서 거짓말하는 영을 왕의 이 모든 선지자의 입에 넣으셨고 또 여호와께서 왕에게 대하여 화를 말씀하셨나이다(왕상 22:19-23).

미가야의 이 한마디는 전쟁에 나가 승리하는 것을 하나님의 뜻으로 알고 기쁨에 젖어 있는 왕들과 신하들과 선지자들에게 찬물을 끼얹었습니다. 미가야가 이들은 모두 거짓말하는 영에게 사로잡힌 자라고 선언해 버린 꼴이니 분위기가 얼마나 썰렁했겠습니까? 선지자 4백 명은 자존심이 상할 대로 상했습니다. 그나아나의 아들 시드기야는 철로 된 뿔들을 만들어 여호와께서 왕이 이것으로 아람 사람을 찔러 진멸할 것이라고 예언했는데, 미가야는 거짓 영에게 사로잡힌 것이라고 했으니 그의 꼴이 어땠겠습니까? 분노에 찬 시드기야는 미가야의 뺨을 때리며 "여호와의 영이 나를 떠나 어디로 말미암아 가서 네게 말씀하더냐" 하고 반문했습니다.

시드기야는 자신의 예언에 확신을 갖고 있던 사람이어서 선지자 미가야의 뺨을 때리기까지 했습니다. 다른 선지자들도 마찬가지입니다. 그들은 단순히 아합 왕에게 잘 보이겠다는 마음뿐 아니라 자신이 하는 일이 옳다고 확신했습니다.

그렇다면 이들은 왜 이런 예언을 하게 된 것입니까? 이들에게는 미가야와 달리 예언에 대한 정확한 인식이 없었기 때문입니다. 이들에게 선지자는 하나의 직업일 뿐이었던 것입니다. 따라서 이들은 자신의 직업을 유지하기 위해 아합의 눈치를 살피는 사람들이 된 것입니다. 자신이 선지자라는 의식도 있었지만 아합에게 잘 보여야 한다는 의식이 더 강했습니다. 그러한 혼돈 속에서 하나님의 뜻을 분별하다 보니 자신도 모르는 사이에 하나님의 뜻을 왜곡하게 되고, 나중에는 왜곡한 뜻을 진정한 하나님의 뜻으로 확신하게 된 것입니다.

이것을 보면 평소의 삶이 얼마나 중요한지 알 수 있습니다. 분별력은 평소의 삶이 쌓여 이루어지는 것이지 단번에 이루어지는 것이 아닙니다. 특히 하나님의 말씀을 맡아 전하는 선지자와 목회자들은 평소에 오직 하나님이 기뻐하시고 인정하시는 말씀만을 전해야겠다는 의지가 강해야 합니다. 어떤 주변 상황과 압력에도 굴하지 않고 오직 하나님의 뜻만 전하고 선포하겠다는 깨끗한 양심이 있어야 합니다. 미가야처럼 왕들과 신하들과 선지자들 모두가 다른 답을 원해도 위축되지 않고 하나님의 뜻을 전할 수 있는 용기와 비움의 자세가 필요합니다. 이러한 예민함과 용기를 잃으면 자신도 모르는 사이에 분별력이 흐려져 잘못 판단하게 되고, 악수를 두면서도 잘 둔다고 생각하는 확신범(確信犯)에 이르게 됩니다.

사람 대신 나귀가 전한 하나님의 뜻

출애굽한 이스라엘이 자신들의 길을 가로막고 괴롭히던 민족들을 처참하게 응징한 것을 지켜 본 모압은 미리 겁을 먹고 브올의 아들 발람 선지자에게 사람을 보내 이스라엘을 저주해 달라고 했습니다. 발람은 이들에게 "이 밤에 여기서 유숙하라 여호와께서 내게 이르시는 대로 너희에게 대답하리라"(민 22:8) 하고 말했습니다. 그리고 실제로 그날 밤에 여호와께서 발람에게 나타나 이르신 대로 아침에 "내가 너희와 함께 가기를 여호와께서 허락지 아니하시느니라" 하고 말했습니다.

그러자 모압 왕은 더 높은 귀족들을 더 많이 보내 와 달라고 말하도록 하였습니다. 발람은 이번에도 "발락이 그 집에 은, 금을 가득히 채워서 내게 줄지라도 내가 능히 여호와 내 하나님의 말씀을 어기어 덜하거나 더하지 못하겠노라 그런즉 이제 너희도 이 밤에 여기서 유하라 여호와께서 내게 무슨 말씀을 더하실는지 알아보리라" 하고 말했습니다. 그리고 하나님은 그날 밤에 발람에게 나타나 "그 사람들이 너를 부르러 왔거든 일어나 함께 가라 그러나 내가 네게 이르는 말만 준행할지니라" 하고 말씀하셨습니다.

그런데 하나님은 나귀에 안장을 얹고 모압 귀족들과 함께 가는 발람을 기뻐하지 않으셨습니다. 여호와의 사자는 칼을 빼 들고 길에 섰고, 이것을 알아본 나귀는 길을 떠나 밭으로 들어갔습니다. 발람은 나귀를 길로 들어서게 하려고 채찍질을 했습니다. 여호와의 사자는 포도원 사이에 있는 좁은 길에 섰는데 좌우에는 담이 있었습니다. 나귀가 사자를 피하려고 담에 몸을 대는 통에 발람은 발을 다쳤습니다. 이에 화가 난 발람은 나귀를 또 채찍질했습니다. 여호와의 사자를 더 이상 피할 수 없게 된 나귀는 사자의 발 밑에 엎드렸습니다. 그러자 발람은 지팡이로 나귀를 때렸습니다.

그 순간 여호와께서 나귀의 입을 여셨습니다. 나귀는 발람을 향해 "내가 네게 무엇을 하였기에 나를 이같이 세 번을 때리느뇨 나는 네가 오늘까지 네 일생에 타는 나귀가 아니냐 내가 언제든지 네게 이같이 하는 행습이 있더냐" 하고 말했습니다. 발람은 그제야 눈이 뜨여 여호와의 사자가 손에 칼을 빼 들고 길에 서 있는 것을 보았습니다.

여호와의 사자는 발람에게 "네 길이 내 앞에 패역하므로 내가 너를 막으려고 나왔더니 나귀가 나를 보고 이같이 세 번을 피하였느니라 나귀가 만일 돌이켜 나를 피하지 아니하였더면 내가 벌써 너를 죽이고 나귀는 살렸으리라"고 말했습니다. 발람은 그때서야 자신의 잘못을 깨닫고 "당신이 이를 기뻐하지 아니하시면 나는 돌아가겠나이다" 하고 말했습니다. 그런 그에게 여호와의 사자는 "그 사람들과 함께 가라 내가 네게 이르는 말만 말할지니라"고 했습니다. 그런데 여호와의 사자가 한 이 말은 이미 발람이 모압 귀족들에게 한 말입니다. 발람은 한 번도 자기 뜻대로 말하겠다고 한 적이 없고, 모두 여호와께서 주시는 말씀을 하겠다고 했습니다.

겉으로 볼 때 발람의 발언과 행동에는 큰 잘못이 없어 보입니다. 하지만 조금 더 들여다보면 발람의 속마음이 어땠는지 알 수 있습니다. 처음 모압 귀족들이 와서 이스라엘을 저주해 달라고 했을 때 발람은 이것이 하나님의 뜻인지 물어 볼 필요가 없었습니다. 선지자가 어떻게 이스라엘 백성을 저주할 수 있습니까? 하나님의 백성인 이스라엘을 축복해야 마땅한 자가 이스라엘 백성을 저주할 이유가 전혀 없는 것입니다. 그런데도 발람은 모압 귀족들이 가져온 재물에 눈이 어두워 혹시 하나님이 다른 것을 말하지 않을까 하고 모압 귀족들을 하룻밤 머물게 한 것입니다. 이날 밤에 하나님은 명백하게 "너는 그들과 함께 가지도 말고 그 백성을 저주하지도 말라 그들은 복을 받는 자니라" 하고 말씀하셨습니다. 하나님의 뜻은 명백한 것입니다. 더 이상 물을 필요가 없는 것입니다. 그런데도 하룻밤을 머물게 하였으니 그것만으로도 큰 죄를 지은 것입니다.

그리고 두 번째로 더 높은 귀족들이 더 많은 재물을 가지고 더 많이 왔을 때, 발람은 즉시 돌려보내야 했습니다. 하나님의 뜻이 명백하므로 하룻밤을 재우지 말았어야 합니다. 발람은 여호와의 뜻을 명백히 알면서도 행운을 바라는 마음으로 혹시 다른 말씀을 하시지나 않을까 하고 그들을 재운 것입니다. 그래서 진노하신 하나님은 사자를 보내 죽이려고 하신 것입니다. 모압의 귀족이 두 번째로 온 날 밤에 하나님이 발람에게 그들을 따라가라고 하신 것은 발람이 모압에게 가도 된다는 정당성을 말씀하신 것도, 발람의 재물에 대한 욕심을 인정하신 것도 아니었습니다. 그것은 가거든 그들에게 무엇이 하나님의 뜻인가를 전하고, 하나님이 이스라엘 백성을 얼마나 사랑하시는가를 전하라는 것이었습니다.

우리는 발람에게 나타나신 하나님의 사자를 통해 하나님의 뜻은 결코 하나님이 직접 말씀하시거나, 하나님의 사자가 직접 나타나서 전해야만 아는 것이 아님을 알 수 있습니다. 하나님이 나타나시지 않고, 하나님의 사자가 나타나지 않아도 어떻게 행하는 것이 하나님의 뜻인지 충분히 알 수 있고, 더 정확하게 알 수도 있습니다. 발람이 다른 사람은 경험하지 못하는 하나님의 말씀을 직접 듣고 하나님의 사자를 직접 만났으므로 더 신령하고 더 영력이 있는 것이 아닙니다. 하나님이 그렇게 하신 것은 그렇게 하지 않으면 발람이 이스라엘을 저주하는 큰 잘못을 범하게 될 것이기에 직접 말씀하시고 하나님의 사자를 보내신 것입니다.

베드로후서 2장 15절은 이런 발람의 이야기를 "저희가 바른 길을 떠나 미혹하여 브올의 아들 발람의 길을 좇는도다 그는 불의의 삯을 사랑하다가 자기의 불법을 인하여 책망을 받되 말 못하는 나귀가 사람의 소리로 말하여 이 선지자의 미친 것을 금지하였느니라" 하고 평하고 있습니다. 하나님의 말씀을 전하는 고귀한 직무를 받은 선지자가 오히려 불의의 삯을 사랑하다가 말 못 하는 나귀로부터 책망을 들었으니, 이 얼마나 창피한 일입니까? 표면적으로는 하나님의 말씀만 전하겠다고 했지만 삯을 위해서라면 언제든지 타협할 준비가 되어 있는 사람이기 때문에 성경은 그를 미친 사람으로 규정하고 있습니다. 하나님은 발람의 잘못을 용서하시지 않고 이스라엘 백성이 미디안을 칠 때 발람을 칼로 죽이셨습니다. 하나님이 응징하신 것입니다.

이와 반대로 요나단을 보십시오. 요나단은 사울 왕의 아들로 사울에 이어 왕이 될 자격이 있는 사람이었지만 왕이 되겠다는 욕심을 버렸습니다. 그랬기 때문에 그에게는 하나님의 뜻이 보였고, 기꺼이 다윗의 편을 들 수 있었습니다. 그의 관점에서 보면 다윗은 그의 아버지를 죽이고 왕이 되려는 반역자였습니다. 그런데도 그는 다윗을 죽이려는 아버지를 말리며 다윗 편에 서서 안타까워했습니다. 그래서 그는 사울로부터 "패역 부도의 계집의 소생아 네가 이새의 아들을 택한 것이 네 수치와 네 어미의 발가벗은 수치됨을 내가 어찌 알지 못하랴 이새의 아들이 땅에 사는 동안은 너와 네 나라가 든든히 서지 못하리라 그런즉 이제 보내어 그를 내게로 끌어오라 그는 죽어야 할 자니라" 하는 소리를 듣기까지 했습니다. 하지만 그는 "그가 죽을 일이 무엇이니이까"(삼상 20:32) 하고 항변했습니다. 욕심을 버리고 사람을 순수하게 사랑하는 자에게 하나님의 뜻이 어떻게 분별되는지를 잘 보여 주는 대목입니다.

욕심을 버려야 합니다. 사람이 시험받는 것은 자기 욕심에 끌려 미혹되기 때문입니다(약 1:14). 미혹되면 하나님의 뜻을 분별할 수 없습니다. 미혹되면 하나님의 뜻이 보이는 게 아니라 욕심이 지향하는 것이 보일 뿐입니다. 우리 중에 누군가가 무엇이 하나님의 뜻인지를 잘 알지 못한다면 우선 욕심부터 버려야 합니다. 그러고 나서 후히 주시고 꾸짖으시지 않는 하나님께 구해야 합니다. 그러면 주신다고 성경은 분명히 말씀하십니다(약 1:5). 욕심을 버리면 하나님의 뜻이 분명히 보이게 됩니다.

사람은 외모를 보지만 하나님은 중심을 보십니다. 우리는 하나님의 뜻을 진정으로 구하는 척하면서 사람의 겉모습만 보는 주변 사람을 속일 수는 있습니다. 하지만 하나님과 양심은 속이지 못합니다. 이것만 명심하고 있어도 미혹의 영을 받지 않을 것이고 눈도 밝아질 것입니다. 모든 문제가 정체를 드러내고 우리의 결정만 기다리게 될 것입니다. 우리는 먼저 음행과 더러움과 호색과 분쟁과 시기와 화냄 같은 육체의 욕심을 버려야 합니다. 우리 중에 발생하는 모든 싸움은 정욕을 좇은 것들이고 이것 때문에 미혹되는 것입니다.

죽으면 죽으리라

기원전 5세기에 페르시아의 왕인 아하수에로는 방백과 신복을 위해 잔치를 베풀었습니다. 잔치를 베푼 지 칠 일째 되는 날, 기분 좋게 술에 취한 왕은 이들에게 왕후의 아름다움을 자랑하고 싶어 내시들에게 왕후 와스디를 데려오게 했습니다. 그런데 왕후는 이를 거절하였고 왕은 불같이 진노했습니다. 왕은 나라의 최고 방백들에게 조언을 구해 다시는 왕후를 왕 앞에 오지 못하도록 하고, 이를 법률로 제정해 백성들에게도 남편을 멸시하지 못하도록 했습니다. 그리고 그 후 몇 년 동안 전국에서 아름다운 처녀들을 선발해 왕후가 될 사람을 골랐습니다.

한편 예루살렘이 정복될 때 포로로 잡혀 온 유다인 모르드개는 삼촌이 죽은 후부터 자기 딸처럼 키운 에스더라는 처녀가 있었습니다. 아름다운 에스더는 궁에 불려가 마침내 아하수에로의 왕후가 되었습니다. 그리고 아하수에로 왕에게는 대신들 가운데 가장 지위가 높은 하만이라는 신복이 있었습니다. 대궐 문에 있는 모든 신복이 그에게 무릎을 꿇어 절했지만, 모르드개는 무릎을 꿇지도 절을 하지도 않았습니다. 이에 분노한 하만은 모르드개만 죽이는 것은 너무 벌이 약하다면서 나라 안의 모든 유다인을 죽이라고 명령을 내렸습니다. 그는 왕에게 은 1만 달란트를 바치면서 왕의 법률을 지키지 않는 유다 민족을 멸해도 좋다는 허락을 받아, 12월 13일 하루 동안 남녀노소 가리지 말고 모든 유다인을 죽이고 재산을 빼앗으라고 전국에 조서를 내렸습니다.

이 이야기를 들은 모르드개는 옷을 찢고, 굵은 베를 입고, 재를 쓰고 대성통곡을 했습니다. 왕의 조서가 이르는 도마다 모든 유다인은 공포에 사로잡혔습니다. 그들은 두려움에 떤 채 금식하고 울부짖었습니다. 모르드개는 에스더가 보낸 내시에게 어떻게 이런 일이 발생했는지를 설명하며, 왕에게 나아가 그녀의 민족을 위하여 간절히 구하라고 했습니다. 그 말을 전해 들은 에스더는 왕이 부르지도 않았는데 왕에게 가면 죽음을 당하게 되고, 왕이 그 자에게 금홀을 내밀어야 살 것인데, 왕이 자기를 부르지 않은 지가 벌써 삼십 일째라고 했습니다. 그러자 모르드개는 "너는 왕궁에 있으니 모든 유다인 중에 홀로 면하리라 생각지 말라 이때에 네가 만일 잠잠하여 말이 없으면 유다인은 다른 데로 말미암아 놓임과 구원을 얻으려니와 너와 네 아비 집은 멸망하리라 네가 왕후의 위를 얻은 것이 이때를 위함이 아닌지 누가 아느냐"라고 말했습니다.

에스더는 어떻게 행동할 것인지 결정해야만 했습니다. 죽음을 각오하고 왕에게 나아가 자신이 유다인임을 알리면서 하만의 독선을 고발할 것인지, 아니면 왕후의 생어를 즐기며 그대로 살 것인지를 결정해야 했습니다. 그녀는 무엇이 하나님의 뜻인가를 분별해야 했습니다.

에스더는 모르드개에게 "당신은 가서 수산에 있는 유다인을 다 모으고 나를 위하여 금식하되 밤낮 삼 일을 먹지도 말고 마시지도 마소서 나도 나의 시녀로 더불어 이렇게 금식한 후에 규례를 어기고 왕에게 나아가리니 죽으면 죽으리이다"(에 4:16) 하고 대답했습니다. 에스더는 이미 죽을 각오를 한 것입니다. 하나님의 뜻이 왕에게 나아가 말하는 것이라면 이를 행동에 옮기기 위해서는 목숨까지도 바칠 자세가 된 것입니다. 이렇게 마음을 비우고 순전히 하나님의 뜻을 구하는 자는 하나님의 뜻을 제대로 알게 됩니다. 가장 귀한 자기 목숨을 바치는 사람이 그 무엇에 판단이 흐려지고 미혹당하겠습니까? 하나님의 뜻을 알게 되어 실천하려는 사람에게는 예전에 흐리게 보이던 것들이 뚜렷하게 보이고, 무엇이 인생에서 가장 귀한 것인지 느껴져 기꺼이 목숨도 바치게 되는 것입니다.

모르드개와 에스더는 강한 믿음을 지닌 사람들입니다. 모르드개는 에스더가 왕에게 말하지 않아도 유다인은 다른 데로 말미암아 놓임과 구원을 얻을 것이라고 말했습니다. 하나님은 당신이 사랑하는 백성을 결코 죽도록 내버려 두시지 않고 반드시 살려 주실 것을 믿은 것입니다. 모르드개는 자기 혼자만 살려고 하면 그녀 자신도 죽을 것이라고 말했습니다. 마음의 동기와 순수함을 보시는 하나님이 그대로 보응하실 거라고 말한 것입니다. 이 얼마나 강하고 정확한 분별력입니까? 분별은 믿음만큼 이루어지는 게 틀림없습니다.

에스더 또한 하나님이 돌보실 것이라고 믿었기 때문에 왕에게 갈 수 있었던 것입니다. 왕의 허락 없이 왕 앞에 나아가도 하나님이 간섭하셔서 왕이 금홀을 내밀 것이라고 생각했고, 설령 금홀을 내밀지 않아 죽게 되더라도 하나님의 뜻이니 기꺼이 받을 각오가 되어 있었습니다. 에스더도 연약한 사람이므로 죽음이 두려워 피하고 싶었겠지만, 하나님에 대한 신앙으로 죽음 이후 그녀를 위해 준비된 천국을 볼 줄 알았기 때문에 기꺼이 죽게 되면 죽겠다고 한 것입니다.

다니엘의 세 친구가 행한 일도 아실 것입니다. 이들은 느부갓네살 왕이 신상을 만들고 절을 하라고 했지만 거부했습니다. 절하지 않으면 극렬히 타는 풀무에 던지겠다고 했지만 절하지 않았습니다. 이들은 왕에게 "우리가 이 일에 대하여 왕에게 대답할 필요가 없나이다 만일 그럴 것이면 왕이여 우리가 섬기는 우리 하나님이 우리를 극렬히 타는 풀무 가운데서 능히 건져 내시겠고 왕의 손에서도 건져 내시리이다 그리 아니하실지라도 왕이여 우리가 왕의 신들을 섬기지도 아니하고 왕의 세우신 금 신상에게 절하지도 아니할 줄을 아옵소서"(단 3:16-18)라고 했습니다.

에스더가 말한 것과 비슷하지 않습니까? 그리 아니하실지라도 왕에게 절하지 않겠다는 이들의 말은 죽으면 죽으리라고 말한 에스더와 아주 비슷합니다. 이들 또한 하나님이 풀무 가운데서 능히 건져 내실 것이라고 믿는 하나님의 섭리에 대한 믿음이 있는 사람들이고, 그것이 아니라면 죽겠다고 한 사람들입니다. 이들 또한 명백한 하나님의 뜻을 죽음까지 각오하며 따른 자들입니다.

다니엘은 어땠습니까? 사자 굴에 던져질 것을 알면서도 하나님께 기도하는 것이 하나님의 뜻이었기어 기도했습니다. 그 또한 하나님을 섬기는 일을 위해서라면 목숨마저도 버리겠다는 믿음으로 가득 차 있었습니다. 다시 한 번 말하지만, 무엇이 하나님의 뜻인가를 고민하기 전에 하나님의 뜻이면 그대로 실천할 자세가 되어 있는가를 고민해야 합니다. 그 자세가 되어 있으면 있을수록 하나님의 뜻은 명확하게 분별될 것입니다.

∷ 곰곰이 생각해 봅시다

1. 예언은 예언(豫言)입니까, 예언(預言)입니까? 왜 예언(預言)에는 예언(豫言)이란 측면이 있습니까?

2. 아합의 선지자들은 왜 틀린 예언을 했습니까? 거짓말하는 영에 사로잡힌 사람들을 본 적이 있습니까?

3. 발람은 왜 모압의 사신들을 맞이했습니까?

4. "오직 각 사람이 시험을 받는 것은 자기 욕심에 끌려 미혹됨이니"라는 말씀을 어떻게 생각하십니까? 자기 욕심에 끌려 미혹된 적이 있습니까?

하나님의 뜻에 관련된 **오류들** 

1

열린 문, 닫힌 문

더 우선하는 하나님의 말씀

하나님 말씀은 열린 문보다 우선한다

하나님의 뜻을 구하는 방법 중에 '열린 문, 닫힌 문' 이란 것이 있습니다. 하나님이 원하시는 일은 순조롭게 되고, 원하시지 않는 일은 순조롭지 않다는 것입니다. 예를 들어 대학 졸업 후 계속 공부를 할 것인지 아니면 취직을 할 것인지 고민한다고 합시다. 그때 취직 시험에는 합격하고 대학원 진학 시험에 떨어지면, 공부 대신 직장을 택하게 됩니다. 다시 말해 하나님이 공부할 상황은 닫혀 있게 하셨고, 취직할 상황은 열려 있게 하셨다는 것입니다. 여러분의 생각은 어떻습니까? 이번 장에서는 언뜻 보기에 합리적이고 별 무리가 없어 보이는 이 방법이 과연 옳은 것인지 살펴보려고 합니다.

십 사람이 기브아에 와서 사울에게 이르러 가로되 다윗이 광야 앞 하길 라산에 숨지 아니하였나이까 사울이 일어나 십 황무지에서 다윗을 찾으 려고 이스라엘에서 택한 사람 삼천과 함께 십 황무지로 내려가서 광야 앞 하길라산 길 가에 진치니라 다윗이 황무지에 있더니 사울이 자기를 따라 황무지로 들어옴을 깨닫고 이에 탐정을 보내어 사울이 과연 이른 줄 알고 일어나 사울의 진 친 곳에 이르러 사울과 넬의 아들 군대 장관 아브넬의 유하는 곳을 본즉 사울이 진 가운데 누웠고 백성은 그를 둘러 진쳤더라 이에 다윗이 헷 사람 아히멜렉과 스루야의 아들 요압의 아우 아비새에게 물어 가로되 누가 나로 더불어 진에 내려가서 사울에게 이르 겠느냐 아비새가 가로되 내가 함께 가겠나이다 다윗과 아비새가 밤에 그 백성에게 나아가 본즉 사울이 진 가운데 누워 자고 창은 머리 곁 땅에 꽂 혔고 아브넬과 백성들은 그를 둘러 누웠는지라 아비새가 다윗에게 이르 되 하나님이 오늘날 당신의 원수를 당신의 손에 붙이셨나이다 그러므로 청하오니 나로 창으로 그를 찔러서 단번에 땅에 꽂게 하소서 내가 그를 두 번 찌를 것이 없으리이다 다윗이 아비새에게 이르되 죽이지 말라 누 구든지 손을 들어 여호와의 기름 부음을 받은 자를 치면 죄가 없겠느냐 또 가로되 여호와께서 사시거니와 여호와께서 그를 치시리니 혹 죽을 날 이 이르거나 혹 전장에 들어 가서 망하리라 내가 손을 들어 여호와의 기 름 부음을 받은 자를 치는 것을 여호와께서 금하시나니 너는 그의 머리 곁에 있는 창과 물병만 가지고 가자 하고(삼상 26:1–11).

이 본문은 보고받은 사울이 특별히 택한 부하 3천 명을 거느리고 하길라 산으로 다윗을 잡으러 가는 장면입니다. 하길라 산에 도착해

진을 친 그들은 날이 저물자 잠이 들었습니다. 그런데 다윗과 그의 부하 아비새는 용감하게도 자기들을 죽이러 온 그들에게 가까이 가서 사울과 그의 부하들이 아무것도 모르고 잠들어 있는 것을 발견했습니다. 자기들을 죽이려고 끝없이 쫓아다니는 원수가 눈앞에서 자고 있는 것입니다. 여러분이 다윗과 아비새라면 이때 어떻게 하시겠습니까? 사울 왕을 죽일 수 있도록 하나님이 문을 열어 준 절묘한 상황이 아닙니까?

다윗과 같이 간 부하 아비새는 이렇게 생각하고 "하나님이 오늘날 당신의 원수를 당신의 손에 붙이셨나이다 그러므로 청하오니 나로 창으로 그를 찔러서 단번에 땅에 꽂게 하소서"라고 말했습니다. 아비새는 이 상황을 사울을 죽여도 되는 열린 문으로 확신했기 때문에 다른 사람이 아닌 "하나님이 오늘날 당신의 원수를 당신의 손에 붙이셨나이다" 하고 하나님을 언급했습니다.

그런데 다윗은 어땠습니까? "죽이지 말라 누구든지 손을 들어 여호와의 기름 부음을 받은 자를 치면 죄가 없겠느냐" 하고 말했습니다. 다윗은 아비새와 다르게 이 상황을 열린 문으로 보지 않았습니다. 다윗은 사울을 죽일 수 있는 절호의 상황에서도 그보다 우선인 다른 원칙 때문에 그렇게 하지 않았습니다. 그 원칙은 "누구든지 손을 들어 여호와의 기름 부음을 받은 자를 치면 죄가 된다"라는 하나님의 말씀이었습니다. 믿음이 강한 다윗은 하나님을 자기의 생각과 경험으로 믿지 않고 하나님이 말씀하시는 대로 믿었습니다. 펼쳐진 상황과 내면에 쌓인 감정만 본다면 사울을 죽여 마땅하지만, 여호와께서 기름 부은 자를 죽여서는 안 된다는 말씀이 존재하기에 이것을 더 우선했습니다.

또 다윗은 하나님이 살아 계셔서 당신이 말씀하신 바를 반드시 이루실 것을 믿었습니다. 하나님이 사무엘 선지자를 통해 자기에게 기름을 부어 주신 것은 자기를 이스라엘의 왕으로 삼으시겠다는 뜻입니다. 하나님이 이렇게 분명히 기름을 부으셨는데 어기시겠습니까? 하나님은 살아 계셔서 자기를 분명히 왕으로 세우시리라는 것을 다윗은 확실히 믿은 것입니다. 그래서 자기 손으로 사울을 죽이지 않더라도, 하나님이 그를 치시거나 그가 전장에서 죽음을 당할 것이라고 믿었습니다. 그리고 실제로 사울은 다윗의 믿음대로 얼마 후 전쟁에 나가 죽었습니다.

다윗이 자기를 죽이려고 집요하게 쫓아다니는 사울을 바로 눈앞에 두고도 죽이지 않은 것은 쉬운 일이 아닙니다. 그에게는 이미 사울을 죽일 명분이 많았습니다. 사울이 하나님의 말씀을 어긴 점, 다윗 자신이 왕으로 기름 부음을 받은 일, 사울이 그런 자기를 죽이려고 하는 일 등이 그것입니다. 그러나 그는 그 상황을 열린 문으로 받아들이지 않았습니다. 우리는 여기서 열린 문, 닫힌 문보다 더 우선하는 원칙이 있음을 알게 됩니다. 그것은 하나님의 말씀입니다.

하나님이 명백하게 말씀하신 내용은 현재의 상황에 아무리 역행할지라도 거부해서는 안 됩니다. 상황으로 판단하기에 앞서 하나님이 말씀으로 규정하신 내용이 무엇인지를 먼저 생각해야 합니다. 하나님의 말씀에 따라 행하면 지금은 닫힌 문으로 불리해 보일지라도 언제 어떻게 변하여 열린 문이 될지 모릅니다. 모든 일이 변하지 않습니까? 새옹지마처럼 현재의 불행이 곧 행운으로, 현재의 행운이 곧 불행으로 변할 수 있습니다.

다윗은 사울을 죽이지 않아 그 후에도 계속 사울의 추적을 피해 다녀야 했습니다. 순식간에 해결할 수도 있었던 문제가 오랜 시간 그를 고생스럽게 했습니다. 그때 부하들은 불평했을지 모르지만 다 윗이 사울을 죽이지 않고 왕위에 올랐기 때문에 그와 그의 후손들은 참으로 튼튼한 왕의 권위를 누렸습니다. 실제로 다윗과 그의 왕위를 이어받은 후손들은 반역을 당하지 않았습니다. 비록 다윗의 손자 르 호보암 시기에 나라가 남북으로 갈라지는 불행은 있었지만 다윗의 후손들이 다스린 남 유다에는 신하가 왕을 죽이는 일이 일어나지 않 았습니다. 북 이스라엘에는 수시로 역성혁명이 일어났지만, 남 유다 는 다윗의 선택 때문에 백성과 부하들은 기본적으로 왕을 존중했습 니다. 하나님의 율법을 좇는 길이 오래 걸리고 많은 비용이 따르는 것 같아도 때가 되면 반드시 그 위력을 발휘합니다.

법은 멀고 주먹은 가깝다는 말이 있습니다. 당면한 문제를 법에 의 지하여 해결하기에는 지금 당장 치미는 감정을 다스리기가 힘들어 폭력을 쓰게 된다는 뜻입니다. 지금 즉시 실행할 수 있는 열린 문을 선택하고 싶은 게 사람의 마음입니다. 외나무다리에서 만난 원수는 너무나 쉽게 열린 문으로 보여 복수하고 싶어집니다. 하지만 이보다 앞서는 "원수 갚는 것이 내게 있으니 내가 갚으리라"는 하나님의 말 씀이 있습니다. 따라서 하나님 말씀 앞에서는 모든 것이 닫힌 문입니 다. 오직 하나님 말씀만이 열린 문이라는 것을 명심해야 합니다.

신앙이 성숙하고 믿음이 강해진다는 것은 하나님의 말씀이 주변 상황과 감정보다 우선이라는 것을 알고, 당장 성에 차지 않아도 하나님 말씀을 택한다는 의미입니다. 그렇게 하면 언젠가 반드시 하나님 말씀대로 이루어져 몇 배 더 좋은 결과가 생긴다는 것을 아는 것입니다. 감정은 결코 인도의 지표가 될 수 없습니다. 감정은 이렇게 하기를 원해도 하나님 말씀에 따라 저렇게 하면, 머지않아 감정도 하나님 말씀에 맞는 형태로 바뀝니다. 감정을 절대로 열린 문으로 보아서는 안 됩니다. 하나님의 말씀이 기관차라면 감정은 그 기관차를 따라가는 객차입니다. 객차는 간격을 두고 기관차를 따르게 되어 있습니다.

바로 알아야 할 열린 문, 닫힌 문

열린 문, 닫힌 문보다 하나님의 말씀이 우선이라고 해서 열린 문과 닫힌 문이 어떤 결정을 하는 데 전혀 도움이 되지 않는 것은 아닙니다. 열린 문, 닫힌 문은 어떤 선택을 하는 것이 자연스러운지 말해 줍니다. 물론 어느 경우를 선택해도 하나님 말씀에 위배되지 않는 중립적인 경우여야 합니다. 예를 들어 국문학과도 가고 싶고 심리학과도 가고 싶어하는 입시생이 있다고 합시다. 이 학생이 국문학과에는 합격하고 심리학과에는 합격하지 못했다면 그 학생은 국문학과에 가면 됩니다. 그 두 학과 사이에는 아무런 도덕적 차이도 없고, 두 학과 중에 어느 학과를 선호하는 것도 아니기 때문에 그야말로 이 결과를 열린 문, 닫힌 문으로 보고 결정하면 됩니다.

대학원 진학이냐, 취직이냐 하는 것도 마찬가지입니다. 대학원 진학이나 취직은 둘 다 나쁜 게 아닙니다. 그러므로 별 문제가 없는 한 열린 문을 선택하는 것이 자연스럽습니다. 문제는 당사자와 주변 사람들만이 아는 상황이 있다는 것입니다. 만약 대학원 진학과 취직으로 고민하는 사람의 집안 사정이 매우 어렵다고 가정해 봅시다. 부모님은 갑작스런 사고와 병으로 누워 계시는데다 어린 동생들은 공부를 계속해야 하는데 특별한 경제적 수단이 없습니다. 그러면 대학원에 합격하고 취업에는 실패했다 하더라도, 대학원 합격을 열린 문으로 보고 그걸 선택하기는 어렵습니다. 다른 일자리를 더 알아보아야 합니다. 이런 경우에는 부모님과 동생들을 돌봐야 할 필요성과 당위성이 선택에 강하게 작용하기 때문입니다.

하지만 그 사람의 지적 능력이 매우 뛰어나다고 가정해 봅시다. 대학원에 진학하여 첨단 과학 분야에서 뚜렷한 성과를 올릴 수 있는 창의성을 가진 사람이라면, 집안 사정 때문에 무조건 취직하는 것이 좋다고 할 수만은 없습니다. 교수님들과 주변에서 강력하게 진학을 권유한다면 다른 방법으로 집안을 돌볼 방법을 찾아보며 진학하는 것도 좋습니다. 뛰어난 학습 능력을 인정해서 학교에서 장학금을 준다거나, 친척들이 최소한의 생활비라도 도와준다면 공부를 계속하는 것이 더 나을 것입니다. 당장은 힘들더라도 나중에 가정과 사회에 더 공헌할 수 있기 때문입니다.

문제는 사람들이 자기에게 부과되는 짐을 피하고 변명하는 구실로 열린 문, 닫힌 문을 이용한다는 것입니다. A가 하나님의 말씀에 위배되는 걸 알지만 A가 열린 상황이라 어쩔 수 없이 택하는 경우입니다. 이것은 자기의 욕심과 이기심을 합리화하기 위해 열린 문, 닫힌 문을 이용하는 비열한 짓입니다. 속이 뻔히 보이는데도 겉보기에는 하자가 없다고 해서 그럴 듯한 말로 속여서는 안 됩니다. 결국 하나님 앞에서 하나님을 증인으로 해 선택하는 것입니다. 다 속일 수 있어도 하나님은 속일 수 없음을 알고 정직하게 판단을 내려야 합니다.

성경에 나오는 열린 문

성경을 보면 열린 문을 달라고 기도하는 내용들이 있습니다. 이 구절들을 얼핏 보면, 하나님이 열린 문을 주시면 하나님의 뜻으로 알고 실행하겠다는 내용처럼 보입니다.

거기서 배 타고 안디옥에 이르니 이곳은 두 사도의 이룬 그 일을 위하여 전에 하나님의 은혜에 부탁하던 곳이라 이르러 교회를 모아 하나님이 함께 행하신 모든 일과 이방인들에게 믿음의 문을 여신 것을 고하고 제자들과 함께 오래 있으니라(행 14:26-28).

내가 오순절까지 에베소에 유하려 함은 내게 광대하고 공효를 이루는 문이 열리고 대적하는 자가 많음이니라(고전 16:8-9).

또한 우리를 위하여 기도하되 하나님이 전도할 문을 우리에게 열어 주사 그리스도의 비밀을 말하게 하시기를 구하라 내가 이것을 인하여 매임을 당하였노라(골 4:3).

하지만 앞에 나오는 구절들은 모두 전도에 대한 것들입니다. 사도

들은 예수님에 관한 복음을 퍼뜨리는 데 일생을 바쳤습니다. 복음을
전하는 것이 하나님의 뜻이고, 그 일이 자신들의 사명이라는 것을
잘 알고 있었습니다. 그러므로 위에 있는 구절들은 단순히 열린 문
을 달라거나, 문이 열렸다거나 하는 것이 아니라 그전에 이미 하나
님의 복음을 전해야 한다는 당위성을 갖고 있습니다.

다시 말해 복음을 전하도록 문을 열어 달라는 것이고, 복음을 전
할 수 있도록 문이 열렸다는 뜻입니다. 전도는 열린 문, 닫힌 문으로
구분하는 것이 아니라 항상 해야 하는 하나님의 뜻입니다. 때를 얻
든지 얻지 못하든지 항상 말씀을 전파해야 합니다. 따라서 앞의 구
절들은 하나님의 말씀을 더 잘 전할 수 있는 기회에 대하여 말하는
것이지, 무엇이 하나님의 뜻인지 알려 달라는 분별에 대한 것이 아
닙니다.

> 내가 그리스도의 복음을 위하여 드로아에 이르매 주 안에서 문이 내게
> 열렸으되 내가 내 형제 디도를 만나지 못하므로 내 심령이 편치 못하여
> 저희를 작별하고 마게도냐로 갔노라(고후 2:12-13).

앞의 구절은 열린 문에 대해 많은 것을 시사해 줍니다. 사도 바울
이 드로아에 이르렀는데 주 안에서 문이 열렸습니다. 문이 열렸으면
하나님의 뜻으로 알고 복음을 전해야 하는 사도가 형제 디도를 만나
지 못해 심령이 편치 않다는 지극히 개인적(?) 이유로 열린 문을 두
고 마게도냐로 갔습니다. 왜 그랬겠습니까? 다음 구절은 그 이유를
말해 주고 있습니다.

우리가 마게도냐에 이르렀을 때에도 우리 육체가 편치 못하고 사방으로 환난을 당하여 밖으로는 다툼이요 안으로는 두려움이라 그러나 비천한 자들을 위로하시는 하나님이 디도의 옴으로 우리를 위로하셨으니 저의 온 것뿐 아니요 오직 저가 너희에게 받은 그 위로로 위로하고 너희의 사모함과 애통함과 나를 위하여 열심 있는 것을 우리에게 고함으로 나로 더욱 기쁘게 하였느니라(고후 7:5-7).

바울은 디도를 통해 고린도 교회의 소식을 듣고 싶어했습니다. 고린도 교회가 여러 문제에 관한 자신의 가르침을 어떻게 생각하는지 디도로부터 듣고 싶었는데, 그를 만나지 못하자 고린도 교회에 대한 염려로 드로아에서 복음을 전할 여유가 없었던 것입니다. 심령이 편치 못한 바울은 마게도냐로 갔고, 거기서 디도를 만나 고린도 교회에 대한 소식을 듣고 매우 기뻤습니다.

열린 문을 이용하지 않은 또 다른 예가 있습니다. 바울과 실라가 빌립보에서 복음을 전하다가 감옥에 갇혔을 때입니다. 이들이 기도하며 하나님을 찬미하자 엄청난 지진이 발생해 감옥 터가 움직이고 문이 다 열리며 사람을 묶은 것들이 다 벗겨졌습니다. 하지만 바울과 실라는 이 상황을 감옥에서 도망가라는 열린 문으로 해석하지 않고 그곳에 남았습니다. 자다가 깬 간수는 문들이 열린 것을 보고 검을 빼어 자결하려고 했습니다. 죄수들이 다 도망갔다고 생각한 것입니다. 이때 바울은 소리를 질러 자살을 막고 복음을 전했습니다. 간수만이 아니라 그의 가족까지 모두 세례를 받았습니다. 이것은 바울과 실라가 감옥 문이 열린 것을 '열린 문'으로 보지 않았기 때문에 가능했던 일입니다.

이것을 통해 우리는 열린 문이 곧 하나님의 뜻이 아니라는 것을 알게 됩니다. 열린 문은 선택할 수 있는 여러 경우 가운데 하나일 뿐입니다. 단순하게 열린 문을 절대적인 것으로 생각해서는 안 됩니다. 더구나 자기의 욕심을 열린 문이라는 상황을 이용해 합리화해서는 더욱 안 됩니다. 중요한 것은 하나님의 말씀에 대한 분별력과 여러 상황을 종합적으로 판단하는 능력입니다. 스스로를 단순한 이분법의 기계로 만들지 말고 높고, 깊고, 넓게 분별하는 사람들이 되어야 합니다.

∴ 곰곰이 생각해 봅시다

1. 다윗은 자기를 죽이려고 혈안이 된 사울이 앞에서 자고 있는데도 왜 죽이지 않았습니까?
2. 바울과 실라는 감옥 문이 열렸을 때 왜 도망가지 않았습니까?
3. 열린 문, 닫힌 문으로 하나님의 뜻을 결정한 적이 있습니까? 결과는 어땠습니까?
4. 열린 문보다 말씀을 선택해야 할 상황이 있었습니까?

2
기드온의 양털 뭉치

믿음이 있는 자는 더 이상 묻지 않는다

양털 뭉치의 유래

열린 문, 닫힌 문처럼 널리 알려진 양털 뭉치 방법이란 것이 있습니다. 이 방법이 어떻게 유래했는지에 대해 살펴보겠습니다.

때에 미디안 사람과 아말렉 사람과 동방 사람들이 다 모여 요단을 건너와서 이스르엘 골짜기에 진을 친지라 여호와의 신이 기드온에게 강림하시니 기드온이 나팔을 불매 아비에셀 족속이 다 모여서 그를 좇고 기드온이 또 사자를 온 므낫세에 두루 보내매 그들도 모여서 그를 좇고 또 사자를 아셀과 스불론과 납달리에 보내매 그 무리도 올라와서 그를 영접하더라 기드온이 하나님께 여짜오되 주께서 이미 말씀하심같이 내 손으로 이스라엘을 구원하려 하시거든 보소서 내가 양털 한 뭉치를 타작마당에 두리니 이슬이 양털에만 있고 사면 땅은 마르면 주께서 이미 말씀하심 같이 내 손으로 이스라엘을 구원하실 줄 내가 알겠나이다 하였더니 그대로 된지라 이튿날 기드온이 일찍이 일어나서 양털을 취하여 이슬을 짜니 물이 그릇에 가득하더라 기드온이 또 하나님께 여짜오되 주여 내게 진노하지 마옵소서 내가 이번만 말하리이다 구하옵나니 나로 다시 한 번 양털로 시험하게 하소서 양털만 마르고 사면 땅에는 다 이슬이 있게 하옵소서 하였더니 이 밤에 하나님이 그대로 행하시니 곧 양털만 마르고 사면 땅에는 다 이슬이 있었더라(삿 6:33-40).

이스라엘에는 원래 왕이 없었습니다. 하나님이 진정한 왕이 되어 다스리시므로 이스라엘은 하나님의 말씀을 받아 전하고 가르치는 모세나 여호수아 같은 선지자만 있으면 되었습니다. 그런데 이스라엘 백성은 여호수아가 죽은 이후로 하나님의 말씀을 따르지 않고 자기들 소견대로 나라를 이끌었습니다. 그리하여 심하게 타락하면 하나님은 주위의 나라들에게 이스라엘을 치도록 하셨습니다. 이스라엘에게 왜 이런 환란이 닥쳤나를 생각하고 깨달은 후 하나님을 찾으면, 그때 하나님은 바로 사사(士師)를 세우셨습니다. 하나님은 이 사사를 통해 이스라엘을 해방하시고 다시 하나님의 말씀을 먹고살아가도록 하셨습니다.

기드온은 이런 사사 중 한 사람이었습니다. 기드온이 사사로 임명되었을 때 그는 평범한 사람에 지나지 않았습니다. 원래 밀 타작은 넓은 들판에서 하는데, 미디안 사람을 두려워해 포도주 틀에서 타작할 정도였습니다. 하나님이 이런 기드온에게 나타나자 그는 심약한 자답게 약한 자기가 무엇으로 이스라엘을 구원하겠느냐며, 말씀하시는 이가 주 되시는 표징을 보여 달라고 했습니다. 그뿐만 아니라 그는 하나님이 자기 아버지에게 있는 바알의 단을 헐고 아세라상을 찍어 버리라고 말씀하셨을 때도 우상 숭배를 하는 가족과 성읍 사람들이 두려워 그 일을 낮이 아닌 밤에 할 정도였습니다.

그 후 미디안 사람들이 이스라엘을 향해 진격해 오자 그는 이스라엘 지파들을 불러모은 후 앞에 인용한 것처럼 양털 한 뭉치를 가져와 승리를 쟁취하는 것이 확실하다면 이슬이 양털에만 있게 하시고 사면 땅은 마르게 해 달라고 간구했습니다. 그러자 하나님은 기드온의 간구에 그대로 응답하셨습니다. 이제 하나님의 뜻은 명백해졌습니다. 더 이상 망설일 필요 없이 미디안과 전쟁을 하면 되었습니다.

그런데도 기드온은 또다시 간구했습니다. 이슬이 원래는 사면 땅과 양털 뭉치 모두에 내렸는데, 땅 위의 이슬은 마르고 양털 뭉치는 흡수력이 있으므로 마르지 않았다고 생각했는지도 모릅니다. 어쨌든 이번에는 거꾸로 양털만 마르고 사면 땅에는 이슬이 있게 해 달라고 간구했습니다. 그러자 하나님은 이번에도 그가 간구한 대로 하셨습니다. 그제야 기드온은 전쟁을 벌였습니다.

이것이 바로 양털 뭉치로 하나님의 뜻을 분별하는 방법입니다. 여러분은 이 방법에 대해 어떻게 생각하십니까? 열린 문, 닫힌 문이 처음에는 매우 합리적이고 무리가 없어 보였던 것처럼 양털 뭉치 또한 비슷합니다. 거듭하여 하나님의 뜻을 묻는 것이 신중해 보이고, 이슬이라고 하는 하나님만이 하실 수 있는 방법을 택한 것이 일견 지혜로워 보이기는 합니다.

양털 뭉치 속에 자리잡은 불신

양털 뭉치는 열린 문, 닫힌 문처럼 얼핏 보기에는 옳아 보이지만, 한 꺼풀 벗겨 보면 그 안에는 깊은 불신이 자리하고 있습니다. 왜냐하면 열린 문, 닫힌 문 이야기에서도 확인한 것처럼 상황보다 앞서는 하나님의 말씀이 이미 주어져 있다는 것입니다. 사울을 죽일 수 있는 열린 문의 상황보다 기름 부음 받은 자를 죽여서는 안 된다는 하나님의 말씀이 먼저 있었듯이 말입니다.

사사기 6장 36-37절을 보면 기드온을 통해 이스라엘을 구원하시겠다는 말씀이 이미 명백히 있었습니다. 기드온도 이것을 알고 있었습니다. 하나님은 기드온과 반드시 함께 하셔서 미디안 사람 치기를 한 사람 치듯 하게 하여 이스라엘을 구원하겠다고 말씀하신 것입니다. 그래서 그는 이 말씀에 따라 바알의 단과 아세라상을 찍어 버렸고, 미디안이 전쟁을 하겠다고 진을 쳤을 때 이스라엘의 다른 지파들을 불러모았습니다.

그런데 그런 그가 막상 미디안 연합군이 거대한 모습으로 진을 친 것을 보자 겁이 났던 것입니다. 심약했던 그는 대군의 모습을 보자, 승리를 보장하신 하나님을 의심하기 시작했습니다. 그는 또다시 하나님을 확인하고 싶었고, 확인하되 인간의 힘으로는 할 수 없는 양털 뭉치 방법으로 확인하고 싶었습니다. 하지만 그도 자신의 불신과 믿음 없음을 알고 있기 때문에 하나님께 죄송해서 "주께서 이미 말씀하심같이 내 손으로 이스라엘을 구원하려 하시거든"이라고 고백했습니다.

이런 말을 하면서까지 하나님의 뜻을 시험한 기드온은 그래도 확신이 서지 않자 이번에는 이슬을 반대로 내리게 해 달라고 또다시 하나님을 시험했습니다. 그러면서도 얼마나 민망했겠습니까? 겸연쩍고 낯뜨거웠을 것입니다. 동시에 자신의 불신을 책망하지 않을까 하는 두려움도 있었던 그는 "주여 내게 진노하지 마옵소서 내가 이번만 말하리이다"라는 말을 하며 하나님을 시험했습니다. 하나님이 그의 의심에 진노하실까 봐 두려워 진노하지 말아 달라고 한 것입니다. 이런 기드온을 보면 슬퍼집니다. 얼마나 구차합니까? 하나님이 이미 몇 번에 걸쳐 말씀하셨고, 본인도 이것을 분명히 알고 있는데도 두려운 나머지 두 번씩이나 하나님을 시험했으니 말입니다.

그러나 하나님은 이런 기드온을 버리거나 진노하지 않으시고 끝까지 기르셨습니다. 하나님은 양털 뭉치를 사용하는 기드온의 방법이 옳아서 그를 용납하신 것이 아니라 그를 긍휼히 여겨서 용납하신 것입니다. 이스라엘을 구원하려고 용납하신 것이고, 이런 과정을 통해 기드온을 기르기 위해 용납하신 것입니다.

실제로 그 다음 구절인 7장부터 전쟁 장면이 나오는데, 하나님은 기드온에게 하나님을 신뢰하는 마음을 확실히 심어 주기 위해 특단의 방법을 쓰셨습니다. 미디안 연합군과 전쟁하려고 모인 이스라엘 백성은 3만 2천 명이었습니다. 그런데 하나님이 두려운 자는 누구든 돌아가라고 말씀하시자 고작 1만 명만 남았습니다. 하나님은 그들을 물가로 인도해 물을 마시게 하여 손으로 물을 떠 입에 대고 먹는 자들만 남기셨습니다. 이 적은 수만으로 전쟁을 치러 이스라엘이 스스로의 힘으로 승리했다는 소리를 하지 못하도록 한 것입니다. 이렇게 남은 자가 겨우 3백 명이었습니다. 실제로 하나님은 이들에게 승리를 주셔서 하나님에 대한 믿음이 얼마나 중요한가를 가르치셨습니다.

지금까지 양털 뭉치도 열린 문, 닫힌 문과 같이 바람직한 방법이 아니라는 것을 살펴보았습니다. 바람직하지 않음에도 불구하고 하나님이 기드온에게 응답하신 것은 그의 특별함 때문이었습니다. 기드온이란 사람이 특별한 것이 아니라 그가 담당하고 있는 직책과 사명이 특별하다는 것입니다. 이스라엘 백성의 사사로서 그들을 인도하여 미디안의 압제에서 해방시키는 것은 특별한 직책입니다. 이런 특별한 일을 위해 쓰임받은 자이기 때문에 거듭되는 불신과 그릇된 시험에도 응답하신 것입니다.

그래서 성경에는 이 경우를 빼고는 기드온과 같이 하나님의 뜻을 분별하는 경우가 없습니다. 이런 식으로 하나님의 뜻을 분별하라는 말씀도 없습니다. 기드온의 분별 방법은 성경에 나오는 유일한 방법입니다. 기드온의 방법이 바람직하다면 다른 본보기도 있어야 하고, 이런 식으로 하나님의 뜻을 구하라는 말씀도 있어야만 합니다.

우리가 기드온의 분별 방법에서 명심해야 할 것은 그는 이미 하나님의 뜻을 알고 있었다는 것입니다. 따라서 하나님의 뜻을 분별하려고 양털 뭉치를 사용한 것이 아니라 이미 알고 있는 하나님의 뜻을 확실히 하기 위해 사용했다는 것입니다. 명백한 하나님의 뜻을 마음이 받아들이도록 하기 위해 자신을 위하여 사용한 불신의 방법이 바로 양털 뭉치인 것입니다.

지금도 양털에 이슬이 내리는가

기드온의 양털 뭉치 방법이 성도들에게 매력적으로 다가오는 것은 그 단순성과 초월성 때문입니다. 하나님의 뜻을 쉽게 구별할 수 있기 때문에 단순한 방법이고, 하늘에서 이슬이 내릴 것을 요구했기 때문에 초월적인 방법입니다. 그러다 보니 많은 성도들이 이러한 방법이 바람직한 것인가 하는 생각은 하지 않고 지금도 이런 초월적 현상이 일어나느냐 하는 데 관심이 있습니다.

하나님은 오늘날에도 우리에게 꼭 알려야 할 당신의 뜻이 있다면 초월적인 방법으로 알려 주실 것입니다. 하지만 그런 경우가 얼마나 될까요? 결론부터 이야기하면 이런 초월적 방법은 잘 일어나지 않습니다. 우리도 하나님에게 특별한 자로서 하나님의 자녀가 되지만, 우리가 맡고 있는 신약의 직책이 기드온이 맡은 사사라는 직분과 다르고, 지금 우리가 살고 있는 시대는 하나님의 특별한 응답이 있었던 그 시대와 다르기 때문에 대부분 우리에게는 이런 응답이 없습니다. 하나님이 기드온에게 특별한 방법으로 임하신 것은 그를 통해 하나님의 경륜을 집행하려 하신 것이지, 그가 특별하거나 그의 방법이 옳기 때문이 아니었습니다.

기드온이 양털 뭉치 방법을 사용한 것은 이미 하나님이 그에게 초월적 방법으로 말씀도 하시고 여러 가지 징표도 보여 주셨기 때문에 그 연장선에서 구한 것입니다. 그러므로 기드온과 같이 양털에 이슬이 내리는 초월적 현상을 통하여 하나님의 뜻을 구하려는 분들이 있다면 먼저 하나님이 나타나 말씀하시는 것을 들은 경험이 있거나,

다른 초월적 현상을 경험한 분들이 하는 것이 좋습니다. 이것도 없이 갑자기 양털 뭉치 방법을 사용하고 하나님이 응답하시지 않았다며 하나님을 비난하거나, 자신은 기드온과 달리 하나님의 사랑을 못 받은 자라고 자책해서는 안 됩니다. 자기 자신이 어떤 시대의 어떤 직책자인지를 알아야 합니다. 기드온이 살던 시대에도 양털 뭉치에 이슬이 내리는 형태로 응답한 경우는 오직 기드온뿐이었음을 알아야 합니다. 오직 그만이 그런 방법을 택했고, 오직 그만이 그 방법에 응답을 받았습니다.

그리고 우리에게도 이미 기드온과 같이 명백한 하나님의 말씀이 있음을 알아야 합니다. 기드온에게는 하나님이 나타나셔서 말씀하셨지만, 우리에게는 그보다 자세하게 여러 선지자들을 통해 말씀하신 것이 기록된 성경이 있습니다. 하나님의 뜻에 대한 분별은 성경에 있는 것으로 부족하지 않습니다. 성경은 어떻게 사는 것이 하나님의 형상을 한 사람에게 합당한 길인지 넘치도록 알려 줍니다.

우리에게 보다 필요한 것은 하나님의 뜻이면 그대로 행하겠다는 단순한 마음이고 충성된 마음이고 일관된 마음입니다. 상황이 어렵다고 핑계를 대며 피하지 않는 용기가 필요합니다. 그러므로 양털 뭉치 방법으로 하나님의 뜻을 구할 시간이 있다면 하나님의 말씀을 읽으며 하나님의 깊은 뜻을 숙고해야 하고, 하나님의 뜻을 그대로 따르는 강한 믿음을 달라고 기도해야 합니다.

변형된 양털 뭉치 방법

양털 뭉치 방법이 적합하지 않는데도 불구하고 이런 방법을 통해 하나님의 뜻을 구했다고 간증하는 사람들이 많습니다. 부모님이 사시는 동네 근처로 이사를 해야 할지, 매일 출퇴근하는 직장이 가까운 동네로 이사를 해야 할지, 경제적으로 부담이 되더라도 아이들을 교육하기 좋은 곳으로 이사를 해야 할지를 두고 고민하던 부부가 있었습니다. 이 부부는 어느 곳이 적합한지 고민하다가 하나님의 뜻을 구하기로 했습니다. 결국 그들은 당시 전세 보증금인 1억 원에 맞는 전셋집이 먼저 나오는 곳을 하나님이 뜻하시는 곳이라고 생각하기로 했습니다. 결국 그 돈에 딱 맞는 전셋집이 직장 가까운 곳에 나왔고, 그들은 그것을 하나님의 뜻으로 믿고 이사해 만족스럽게 살고 있습니다.

이것은 얼핏 보면 양털 뭉치 방법 같지만 자세히 보면 합리적인 선택에 가깝습니다. 그 부부가 현재 살고 있는 전셋집은 8천만 원입니다. 몇 년 동안 이 집에 살며 저축해 2천만 원의 여윳돈이 생겼습니다. 그래서 1억 원의 전셋집을 얻을 여유가 생겼습니다. 거기다 남매 둘이 커서 아이들 방이 두 개가 필요하므로 최소한 방 세 개는 필요했습니다. 이러한 경제적 조건과 가족 규모를 생각할 때 1억 원이라는 전세금에 최소한 방 세 칸짜리 전셋집이 필요했던 것입니다. 그런데 바로 이런 조건들에 합당한 집이 직장에서 가까운 곳에 나타난 것입니다. 부모님과는 다소 떨어져 있어도 주말에 방문하면 되므로 문제가 되지 않았습니다. 더군다나 우선해야 할 교회도 가까워 신앙 생활을 하기에도 좋았던 것입니다.

이런 경우를 두고 양털 뭉치 방법이라고 불러서는 안 됩니다. 1억 원이란 조건을 내걸었다고 해서 양털 뭉치라고 하면 안 됩니다. 왜냐하면 그 부부가 1억 원이란 조건을 내걸 때 이미 합리적인 판단을 한 것이기 때문입니다. 하나님이 주신 합리적인 판단력을 사용해 어느 곳으로 이사하는 것이 자신들의 경제적 능력과 가족 규모에 맞는지를 먼저 결정한 것이고, 1억 원은 그 결정의 일부에 지나지 않는 것입니다.

이런 경우 우리는 굳이 하나님의 뜻이란 말을 사용하지 않아도 됩니다. 성도는 하나님이 인정하셨다는 확신을 받고 싶어합니다. 하나님이 허락하시고 인도하신 경우보다 더 강한 확실성이 없기 때문에 미래의 불안을 이것으로 해소하고 싶어합니다. 신비적 방법 대신에 합리적 판단을 사용하면 하나님의 큰 벌을 받게 되리라고 생각합니다. 하지만 하나님은 괴팍하고 깐깐한 검사와 사감처럼 우리가 틀린 결정을 하는지 호시탐탐 감시하며, 잘못된 선택을 하자마자 득의의 미소를 띤 채 채찍으로 그 즉시 응징하시는 분이 아닙니다.

하나님은 우리가 잘못된 것을 선택하기 전에 미리 주의를 주시고, 무엇을 선택하는 것이 옳은지를 가르쳐 주시는 분입니다. 하나님은 성경의 말씀을 통해 가르쳐 주시고, 우리의 인생 경험을 통해 가르쳐 주십니다. 말씀을 깨달아 생활에 적용하는 수많은 경험을 통해 우리의 분별력을 길러 주십니다. 우리는 자신의 수준에 맞는 선택을 하면서 최선의 선택이 무엇인지를 배워 가는 것입니다. 우리의 선택을 통하여 하나님을 배워 가고 인생과 자신에 대하여 알아 가는 것입니다.

오히려 양털 뭉치 방법을 통해 신비적으로 하나님의 뜻을 구한 사람들이 큰 낭패를 보는 경우가 많습니다. 맞선을 볼 때 그 사람이 분홍색 와이셔츠에 보라색 넥타이를 하고 나오면 하나님의 뜻으로 알겠다는 것은 너무나 큰 도박입니다. 이런 방법으로 결정한 배우자의 인격이 엉망이면 어떻게 합니까? 양털 뭉치 방법을 통해 하나님의 뜻을 구할 수 있는 경우는 너무나 드뭅니다. 일년 내내 감이 떨어지길 기다릴 수는 없습니다. 하나님이 우리에게 주신 충분한 판단력을 길러 가야 합니다.

합리적이고 자유롭게 선택하라

열린 문, 닫힌 문과 양털 뭉치가 아닌 하나님이 주신 인식 능력을 사용해 판단한 경우를 성경에서 살펴보겠습니다.

사울의 신하들이 이 말로 다윗에게 고하매 다윗이 왕의 사위 되는 것을 좋게 여기므로 만기가 되지 못하여서 다윗이 일어나서 그 종자와 함께 가서 블레셋 사람 이백 명을 죽이고 그 양피를 가져다가 수대로 왕께 드려 왕의 사위가 되고자 하니 사울이 그 딸 미갈을 다윗에게 아내로 주었더라(삼상 18:26-27).

다윗은 사울의 사위가 되기를 원했습니다. 하나님이 그에게 나타나 사울의 사위가 되는 것이 하나님의 뜻이라고 말해서가 아니었습니다. 다윗은 왕의 사위가 되는 것을 큰 영광으로 여겼기 때문에 그렇게 생각한 것입니다. 여기에는 열린 문, 닫힌 문이나 양털 뭉치 방법, 혹은 초월적인 방법 같은 건 없습니다.

이러므로 우리가 참다 못하여 우리단 아덴에 머물기를 좋게 여겨 우리 형제 곧 그리스도 복음의 하나님의 일꾼인 디모데를 보내노니 이는 너희를 굳게 하고 너희 믿음에 대하여 위로함으로 누구든지 이 여러 환난 중에 요동치 않게 하려 함이라 우리로 이것을 당하게 세우신 줄을 너희가 친히 알리라(살전 3:1-3).

바울이 아덴에 머문 것은 스스로 그렇게 하는 것이 좋다고 생각했기 때문이지, 하나님이 구체적으로 그렇게 하라고 말씀하셨던 것이 아닙니다. 또 바울이 디모데를 보낸 것도 데살로니가 사람들의 믿음이 흔들리는 것을 막으려는 목적을 스스로 인식했기 때문입니다. 다음에 나오는 성경 구절들은 스스로 그렇게 하는 것이 '필요했기' 때문에 한 경우들입니다.

이러므로 내가 이 형제들로 먼저 너희에게 가서 너희의 전에 약속한 연보를 미리 준비케 하도록 권면하는 것이 필요한 줄 생각하였노니 이렇게 준비하여야 참 연보답고 억지가 아니니라(고후 9:5).
그러나 에바브로디도를 너희에게 보내는 것이 필요한 줄로 생각하노니 그는 나의 형제요 함께 수고하고 함께 군사된 자요 너희 사자로 나의 쓸

것을 돕는 자라 그가 너희 무리를 간절히 사모하고 자기 병든 것을 너희
가 들은 줄을 알고 심히 근심한지라(빌 2:25-26).
그러나 그 마음을 굳게 하고 또 부득이한 일도 없고 자기 뜻대로 할 권리
가 있어서 그 처녀 딸을 머물러 두기로 마음에 작정하여도 잘하는 것이
니라(고전 7:37).

다음의 성경 구절들은 '합당하다'고 여겨 결정한 경우들입니다.

악인에게 태형이 합당하거든 재판장은 그를 엎드리게 하고 그 죄의 경중
대로 여수히 자기 앞에서 때리게 하라(신 25:2).
아무 성이나 촌에 들어가든지 그 중에 합당한 자를 찾아내어 너희 떠나기
까지 거기서 머물라 또 그 집에 들어가면서 평안하기를 빌라(마 10:11-12).
내가 이를 때에 너희의 인정한 사람에게 편지를 주어 너희의 은혜를 예
루살렘으로 가지고 가게 하리니 만일 나도 가는 것이 합당하면 저희가
나와 함께 가리라(고전 16:3-4).

이 구절들에서는 하나님이 주신 마음을 사용하여 자유롭게 결정
하는 것을 볼 수 있습니다. 그 상황에서 가장 적합하다고 여겨지는
것을 자유롭게 택하고 있습니다. 이런 자유의 기쁨을 우리도 성숙함
으로 맛볼 필요가 있습니다.

지각을 사용하여 선악을 분별하라

우리 부부는 세 자녀를 기르는데 예상외의 다양성에 놀라게 됩니다. 첫째 여자 아이는 성격이 매우 밝아 아무하고나 금방 친해집니다. 둘째 남자 아이는 경계심이 많고 섬세합니다. 말이 너무 느려 크게 걱정할 정도입니다. 셋째 여자 아이는 먹는 것을 무척 좋아합니다. 그외에 젖을 먹는 태도나 목욕을 좋아하는 정도나 낯선 사람에 대한 반응 등에서도 얼마나 틀린지 모릅니다.

하지만 이러한 다양함에도 불구하고 확실하게 말할 수 있는 공통점은 그들은 자라면서 인식 능력이 현격하게 높아진다는 것입니다. 아이들은 두 살 터울인데 이 차이가 얼마나 큰지 모릅니다. 이제 겨우 여섯 살이 된 첫째는 둘째와 셋째를 끔찍이 챙깁니다. 신도 신겨 주고, 옷도 입혀 주고, 우는 것을 달래 주기도 하고, 잘 모르는 것은 설명도 해 줍니다. 둘째와 셋째에 비하면 첫째는 많은 부분에서 자유를 누리고 있습니다. 둘째와 셋째도 초등학교에 들어가고 중·고등학교에 들어가면 더 많은 자유를 누릴 수 있습니다. 우리 부모도 어서 빨리 그들에게 자유를 주고 우리만의 시간을 갖게 되길 바라고 있습니다. 지금은 항상 보살피고 보호하고 수시로 무엇이 옳고 그른지 가르쳐 주고 이것저것 잔소리를 하지만, 이런 과정을 통하여 그들에게 분별력이 생기면 그들 스스로 하도록 내버려 둘 것입니다.

고린도전서 3장 1-2절은 "형제들아 내가 신령한 자들을 대함과 같이 너희에게 말할 수 없어서 육신에 속한 자 곧 그리스도 안에서 어린아이들을 대함과 같이 하노라 내가 너희를 젖으로 먹이고 밥으로 아니하였노니 이는 너희가 감당치 못하였음이거니와 지금도 못하리라"고 말합니다. 바울은 어서 빨리 고린도 사람들이 자기와 같이 신령한 자들이 되어 젖이 아니라 밥을 먹길 바라고 있습니다. 일일이 잔소리를 하지 않아도 스스로 고린도 교회를 잘 세워 나가기를 바라고, 모든 일을 감당하는 자들이 되기를 바라고 있습니다.

히브리서 5장 12-14절은 "때가 오래므로 너희가 마땅히 선생이 될 터인데 너희가 다시 하나님의 말씀의 초보가 무엇인지 누구에게 가르침을 받아야 할 것이니 젖이나 먹고 단단한 식물을 못 먹을 자가 되었도다 대저 젖을 먹는 자마다 어린아이니 저희는 말씀을 경험하지 못한 자요 단단한 식물은 장성한 자의 것이니 저희는 지각을 사용하므로 연단을 받아 선악을 분변하는 자들이니라"고 말합니다. 역시 히브리서를 쓴 사람도 히브리 사람들이 어서 빨리 젖을 떼고 단단한 식물을 먹길 바라고 있습니다.

이 글을 쓰는 지금 우리집 셋째는 15개월입니다. 아직도 젖을 얼마나 좋아하는지 모릅니다. 이유식을 하면서도 젖을 먹고 있습니다. 하지만 이제 몇 개월 후면 젖을 떼야 합니다. 혹 몇 개월 젖을 더 먹더라도 동시에 다른 단단한 식물을 먹으며 씹는 능력을 길러야 하고 소화력도 길러야 합니다. 영양소가 다양한 식품들을 점차 먹을 수 있어야 합니다. 그래야 키도 크고 몸무게도 늘며 성인으로 자라나는 것입니다.

하나님의 말씀에 있어서도 마찬가지입니다. 고린도전서나 히브리서나 모두 이것을 빗대어 영적으로 성숙한 자가 되라고 말씀하고 있습니다. 예수님을 안 지 오래 되었으면 모두 선생이 되어 다른 사람을 가르칠 수 있어야 하고, 지각을 사용하므로 연단을 받아 선악을 분별하는 자들이 되어야 합니다. 하나님은 이것을 원하십니다. 하나님은 우리가 지각을 사용하여 선악을 분별하는 자들이 되기를 바라십니다. 하나님은 우리가 매사에 하나님의 뜻을 일일이 물음으로써 오히려 하나님의 뜻을 모르는 유치한 자가 되기를 원하시지 않고, 일일이 하나님이 가르쳐 주시지 않아도 이미 선악을 분별할 수 있는 자들이 되기를 원하십니다. 우리 스스로 판단하며 자유를 누려야 합니다.

선택의 즐거움과 자유를 누려라

성도들에게 위와 같이 가르치면 그들은 맨 먼저 안도와 자유를 느낍니다. 제가 섬기는 교회의 성도들로부터 받은 느낌입니다. 많은 성도들은 하나님이 원하시는 뜻을 놓친 채 뭔가를 결정하는 것이 아닌가 하고 불안해합니다. 특히 하고 있는 일이 예상과 달리 어렵거나 실패하면 자신이 하나님의 뜻을 잘못 분별해서 그런 거라고 후회하며 자책합니다. 하지만 설교를 들은 후에는 자신이 하나님의 뜻에 맞게 잘 선택했어도 어려움과 실패가 따를 수 있다는 것을 알고 마음을 놓습니다. 이런 식으로 하나님에 대한 지식을 키우는 것이 하나님의 뜻이라는 것을 알게 되면서 결과에 일희일비하지 않는 모습을 볼 수 있습니다.

성도들과 선택에 관한 상담을 해 보면 많은 사람들이 선교사 콤플렉스에 빠져 있다는 것을 알게 됩니다. 진로에 관해 하나님의 뜻을 구하면, 하나님이 갑작스럽게 아프리카 오지에 선교사로 떠나야 한다고 말씀하신다는 것입니다. 배우자에 관한 뜻을 구하면 자신이 원하지 않는 타입이나 장애인과 결혼하라고 말씀하신다는 것입니다. 의외로 많은 성도들이 하나님께 뜻을 구하면 하나님이 자신에게 감당하기 힘든 일을 주신다는 선교사 콤플렉스에 빠져 있습니다. 이런 분들은 그 다음부터는 아예 하나님의 뜻을 구하지 않으려고 합니다. 괜히 구했다가 감당하기 힘든 하나님의 뜻을 받으면 곤란하기 때문입니다.

하지만 이렇게 한다고 해서 인생에서 결정해야 할 일이 없어지는 것은 아닙니다. 선교사 콤플렉스에 상관없이 중요한 결정을 내려야 할 순간은 항상 있게 마련입니다. 그리고 이런 사람들은 막상 결정할 일이 닥치면 자신이 하고 싶어하는 일을 결정하는 즐거움을 누리는 것이 아니라 희생과 인내를 하나님의 뜻으로 생각하고, 하기 싫은 일을 선택해 결국 자학하는 경향이 있습니다.

그들이 이런 콤플렉스를 갖는 이유는 무엇보다 하나님을 잘못 인식하고 있기 때문입니다. 하나님에 대한 인식은 일정 부분 육신의 부모님을 통해서 형성되는데, 자식의 의사를 존중해 주지 않는 부모님 밑에서 자란 사람은 하나님에 대해 이런 인상을 가질 수 있습니다. 괴팍하고 고약한 부모처럼 하나님도 자기를 항상 감시하시고 엄격하게 생활하는 것을 원하신다고 생각하는 것입니다.

마태복음 7장 9-11절은 "너희 중에 누가 아들이 떡을 달라 하면 돌을 주며 생선을 달라 하면 뱀을 줄 사람이 있겠느냐 너희가 악한 자라도 좋은 것으로 자식에게 줄 즐 알거든 하물며 하늘에 계신 너희 아버지께서 구하는 자에게 좋은 것으로 주시지 않겠느냐"라고 말합니다. 한마디로 하나님의 사랑은 육신의 부모보다 훨씬 크다는 것입니다. 아무리 악한 사람도 자기 자식이 잘 되기를 바라는데, 하나님이야 오죽하시겠습니까?

우리 부부도 세 아이를 밝고 생각이 깊은 아이로 키우기 위해 노력하고 있습니다. 넓은 세상을 체험하도록 이곳저곳 데리고 다니고, 건강한 육체를 위해 같이 놀면서 운동을 시키고, 사탕과 과자 대신 몸에 좋은 음식을 먹입니다. 그들에게 즐거움과 유익을 동시에 제공하고자 노력하는 것입니다. 절대로 고통을 주려고 하지 않습니다. 하나님은 절대로 이유 없이 우리를 아프리카 오지로 보내 생고생을 시키시는 분이 아닙니다. 또한 서로 맞지 않는 이성을 만나게 하는 분이 아니시며, 원치 않는 직업을 택하게 하시는 괴팍하고 심술궂은 분도 절대로 아닙니다.

하나님의 뜻은 로또 복권이나 주택복권같이 단번에 임의적으로 일방적으로 주어지는 것이 아닙니다. 하나님의 뜻은 갑자기 하늘에서 떨어지는 것이 아니라 우리가 찾는 것입니다. 하나님이 주신 성경 말씀에 하나님이 주신 합리적 판단력을 더해 처한 환경을 종합적으로 판단해 우리가 결정해 가는 것입니다. 이러한 시도를 하는 우리를 성령님은 말할 수 없는 탄식으로 간구하시며 도우십니다. 하나님의 뜻을 연약한 우리가 알고 빌도록 성령님이 도우시는데, 바로 이것이 신비한 것이지 하늘에서 뚝 떨어지는 계시가 신비한 것이 아닙니다.

1. 기드온이 양털 뭉치로 두 번씩이나 하나님의 뜻을 물은 이유는 무엇입니까?

2. 하나님은 몇 명의 이스라엘 백성으로 미디안을 물리치셨습니까? 왜 그렇게 적은 백성만 쓰셨습니까?

3. 지금 우리가 양털 뭉치를 사용한다면 이슬이 내리겠습니까? 경험한 적이 있다면 그 결과는 어땠습니까?

4. 변형된 양털 뭉치 방법을 사용해 본 적이 있습니까? 최근 집이나 자동차나 다른 물건을 매매한 경험이 있다면 어떤 방법으로 결정을 내렸는지 이야기해 보십시오.

5. 선교사 콤플렉스를 경험해 본 적이 있습니까?

6. 육신의 부모님께 갖는 느낌이 하나님에 대한 느낌을 갖는 데 영향을 미쳤습니까? 그리고 당신이 수정해야 할 하나님에 대한 개념은 무엇입니까?

3
이적

사람의 뜻을 이루는 데 사용되기 쉬운 이적

이적과 기사

교역자는 이적과 기사에 대해 부담을 느낍니다. 특히 사람의 능력으로는 해결할 수 없는 일이 생길 때 그렇습니다. 성도들은 특별한 능력을 가진 교역자가 기도해 주고 선포해 주어 병이 치유되고, 귀신이 물러나고, 위기에 처한 사업이 기사회생하기를 바랍니다. 그러면서 이런 이적과 기사를 행한 목회자를 하나님과 직통하는 사람이라고 생각하고 그의 권위와 능력을 절대적으로 인정합니다.

그래서인지 대부분의 이단과 사이비들은 자기네 교주가 이적과 기사를 행한다고 광고합니다. 자기네 종교를 믿으면 이적과 기사를 체험하고, 놀라운 혜택을 받는다고 말합니다. 실제로 이러한 이적과 기사가 있다고 소문이 난 곳에는 사람과 돈이 몰려들고, 그들은 참된 교주와 종교로 대접받습니다. 이적과 기사가 옳고 그름을 가름하는 기준이 되고, 사람과 돈을 모으는 강력한 수단이 되는 것입니다.

하나님의 뜻을 분별하는 문제에 있어서도, 이적과 기사를 행하는 자는 하나님으로부터 직통 계시를 받기 때문에 기도하는 즉시 그 답을 알 거라고 생각합니다. 그 사람의 한마디는 곧 모든 문제에 대한 하나님의 뜻이 되어 버립니다. 신적 권위를 얻는 것입니다. 그런데 이적과 기사가 정말로 진리의 시금석이 된다고 생각하십니까? 이에 대하여 성경이 뭐라고 말씀하는지 살펴보겠습니다.

너희 중에 선지자나 꿈꾸는 자가 일어나서 이적과 기사를 네게 보이고 네게 말하기를 네가 본래 알지 못하던 다른 신들을 우리가 좇아 섬기자 하며 이적과 기사가 그 말대로 이룰지라도 너는 그 선지자나 꿈꾸는 자의 말을 청종하지 말라 이는 너희 하나님 여호와께서 너희가 마음을 다하고 성품을 다하여 너희 하나님 여호와를 사랑하는 여부를 알려 하사 너희를 시험하심이니라 너희는 너희 하나님 여호와를 순종하며 그를 경외하며 그 명령을 지키며 그 목소리를 청종하며 그를 섬기며 그에게 부종하고 그 선지자나 꿈꾸는 자는 죽이라 이는 그가 너희로 너희를 애굽 땅에서 인도하여 내시며 종 되었던 집에서 속량하여 취하신 너희 하나님 여호와를 배반케 하려 하며 너희 하나님 여호와께서 네게 행하라 명하신 도에서 너를 꾀어내려고 말하였음이라 너는 이같이 하여 너희 중에서 악을 제할지니라(신 13:1-5).

앞의 성경 말씀은 이적과 기사가 이루어지는 것 자체는 중요한 게 아니라고 말합니다. 선지자나 꿈꾸는 사람이 말한 대로 이적과 기사가 일어나도 그들의 말을 따르지 말라고 합니다. 심지어 그들을 죽이라고 말합니다. 이적과 기사가 일어나도 그들이 "네가 본래 알지 못하던 다른 신들을 우리가 좇아 섬기자"라고 말하면 그를 죽여야 하는 것입니다.

그러므로 이적과 기사 그 자체는 선과 악의 기준이 될 수 없습니다. 오히려 반대로 이적과 기사는 행하는 자가 하나님을 올바로 전하느냐에 따라 그 가치가 결정됩니다. 하나님은 거짓 선지자와 꿈꾸는 자들을 일부러 사용하셔서 사람들이 하나님을 올바로 섬기고 참으로 사랑하는지 여부를 알려고 하시기 때문입니다. 그러므로 이적과 기사가 이루어지면 하나님의 능력이 나타났다고 무조건 믿을 것이 아니라 행하는 자가 무엇을 전하고자 하는지 살펴야 합니다. 지금 자신들이 하나님의 시험을 받고 있는 것은 아닌지 생각해 봐야 합니다. 하나님의 명령을 지키며 그 목소리를 듣고 따르라고 말한 것이지, 이적과 기사를 행하는 자의 명령을 따르라고 말하지 않습니다. 구약에서만 이렇게 말하는 것이 아니라 신약에서도 똑같이 말합니다.

거짓 선지자들을 삼가라 양의 옷을 입고 너희에게 나아오나 속에는 노략질하는 이리라 그의 열매로 그들을 알지니 가시나무에서 포도를, 또는 엉겅퀴에서 무화과를 따겠느냐 이와 같이 좋은 나무마다 아름다운 열매를 맺고 못된 나무가 나쁜 열매를 맺나니 좋은 나무가 나쁜 열매를 맺을 수 없고 못된 나무가 아름다운 열매를 맺을 수 없느니라 아름다운 열매

를 맺지 아니하는 나무마다 찍혀 불에 던지우느니라 이러므로 그의 열매
로 그들을 알리라 나더러 주여 주여 하는 자마다 천국에 다 들어갈 것이
아니요 다만 하늘에 계신 내 아버지의 뜻대로 행하는 자라야 들어가리라
그 날에 많은 사람이 나더러 이르되 주여 주여 우리가 주의 이름으로 선
지자 노릇하며 주의 이름으로 귀신을 쫓아내며 주의 이름으로 많은 권능
을 행치 아니하였나이까 하리니 그때에 내가 저희에게 밝히 말하되 내가
너희를 도무지 알지 못하니 불법을 행하는 자들아 내게서 떠나가라 하리
라 그러므로 누구든지 나의 이 말을 듣고 행하는 자는 그 집을 반석 위에
지은 지혜로운 사람 같으리니(마 7:15-24).

앞의 성경에서는 거짓 선지자들을 삼가라고 말합니다. 선지자라
고 해서 모두 참된 선지자가 아니고, 교역자라고 해서 모두 참된 교
역자가 아닌 것입니다. 거짓으로 하는 자들이 있습니다. 비록 이들
이 주의 이름을 내걸고 선지자 노릇을 하며 주의 이름으로 귀신을
쫓아내고 주의 이름으로 많은 권능을 행한다고 해도 참된 선지자는
아닙니다. 이들은 천국에 들어가지 못하고 하나님에게 "내가 너희
를 도무지 알지 못하니 불법을 행하는 자들아 내게서 떠나가라" 하
는 말씀을 듣게 될 자들입니다.

예수님은 주여, 주여 한다고 천국에 다 들어가는 것이 아니라 하
늘에 계신 아버지의 뜻대로 행하는 자들만 들어간다고 말씀하십니
다. 여기서 말하는 '하늘에 계시는 내 아버지의 뜻'이란 표현이 너
무 의미심장합니다. 그런데 하나님의 뜻은 거창한 게 아니라 바로
예수님이 마태복음 5-7장을 통해 말씀하신 내용, 즉 원수를 사랑하

는 것, 간음하지 않는 것, 은밀히 의를 행하는 것, 먹을 것과 입을 것 때문에 근심하지 않는 것, 좁은 문으로 들어가는 것, 바로 이런 것들이 하나님의 뜻입니다. 그러므로 바로 이런 말씀을 선포하고 전하는 자가 참된 선지자이고, 이대로 사는 사람이 천국에 들어갈 사람이고, 하나님의 뜻을 알고 행하는 사람입니다. 이것이 중요한 문제이고, 귀신을 내쫓고 많은 권능을 행하는 것은 다음 문제입니다.

어느 시대를 막론하고 결과와 효율을 무척 중요하게 생각합니다. 원리와 내용과 과정이 옳은가 하는 것보다는 결과가 얼마나 풍성하고 효율적인가에 더 많은 관심이 있습니다. 결과로 올바름을 평가하고, 결과로 방법과 과정을 판단합니다 이런 시대에 살기 때문에 성도들도 이것으로부터 자유롭지 못합니다. 이런 생각들은 교회에도 만연해 있어 교회의 외적인 성장만으로 그 교회의 진리나 목회의 성공 여부를 판단합니다. 그래서 교회가 분명히 주의 이름으로 말씀을 선포하고 많은 일을 하지만, 사실은 그 속에 하나님의 참된 진리가 없을 때가 많습니다. 따라서 교회의 가르침과 설교와 사역을 더욱 잘 분별해야 합니다.

이적을 행하는 자의 열매

'열매'에 관해서도 많은 오해를 하고 있습니다. 열매를 많이 맺는 교역자의 교회는 외적으로 성장해 많은 성도가 출석하고, 화려한 교회도 건축한다고 여깁니다. 물론 이것들도 열매의 형태 가운데 하나이겠지만 이것만으로는 충분하지 않습니다. 16절에서 말하는 열매는 이 땅에서 이룬 물리적 결과물이 아니라 성령의 열매를 말합니다. 성령의 열매는 갈라디아서 5장 22절부터 나오는 "오직 성령의 열매는 사랑과 희락과 화평과 오래 참음과 자비와 양선과 충성과 온유와 절제니 이 같은 것을 금지할 법이 없느니라"는 말씀에 나오는 열매입니다.

주의 이름으로 선지자 노릇을 하며 귀신을 쫓아내며 많은 권능을 행할지라도 성령의 열매가 없다면 그는 참된 선지자가 아닙니다. 하나님의 뜻을 모르는 사람이고 행하지 않는 사람입니다. 그는 곧 갈라디아서 5장 19절부터 말하는 "음행과 더러운 것과 호색과 우상 숭배와 술수와 원수를 맺는 것과 분쟁과 시기와 분냄과 당 짓는 것과 분리함과 이단과 투기와 술 취함과 방탕함과 또 그와 같은 것들"에 해당하는 사람입니다. 하나님의 뜻은 이것들을 피하는 데 있습니다.

이적과 기사는 화려해 보입니다. 사람의 능력으로는 불가능한 것들을 간단한 기도나 안수나 선포로 해결하니 얼마나 화려하고 놀랍습니까? 사람들이 모여들고, 능력 있는 자로 생각할 만합니다. 이적의 혜택을 받은 사람들은 이적을 행한 자가 너무 고마울 것이고, 당연히 그를 은인으로 생각할 것입니다.

하지만 여기에 그치면 안 됩니다. 성경은 이적을 행하는 자가 무엇을 선포하고 무엇을 전하는지, 그 열매가 어떤지 보라고 반복해서 말합니다. 정말로 크신 하나님과 그 하나님이 주실 최종적인 선물을 생각하고, 흥분을 가라앉힌 후 그 일에 진리가 들어 있는지를 잘 살피라는 것입니다. 방금 해결된 문제도 중요하지만, 천지를 만드시고 운행하시는 하나님이 이 천지보다 더 귀한 선물을 우리에게 주시는 것과 그것을 견주어 객관화할 줄 알아야 하는 것입니다.

히브리서 2장 3-4절은 "우리가 이같이 큰 구원을 등한히 여기면 어찌 피하리요 이 구원은 처음에 주로 말씀하신 바요 들은 자들이 우리에게 확증한 바니 하나님도 표적들과 기사들과 여러 가지 능력과 및 자기 뜻을 따라 성령의 나눠 주신 것으로써 저희와 함께 증거하셨느니라"고 말합니다. 4절이 말하는 바와 같이 예수님의 죽음을 통해 우리가 받는 구원을 증거하기 위해 표적과 기사들과 여러 가지 능력과 성령의 은사가 있는 것입니다. 이적과 기사는 절대로 그 자체가 목표는 아닙니다. 하나님이 주시는 구원이 옳다는 것을 확증하기 위해 존재하는 부가적인 것입니다.

우리는 절대로 이적과 기사에 현혹되어서는 안 됩니다. 이적과 기사가 드러내려는 구원에 집중해야 합니다. 하나님이 우리에게 주시려는 참된 선물은 구원입니다. 구원은 바로 하나님과 함께 하는 것이고, 하나님이 바로 우리의 상급이 되는 것입니다(창 15:1). 하나님 자체보다 더 큰 선물이 있겠으며, 하나님보다 더 큰 이적과 기사가 있겠습니까? 모든 이적과 기사는 오직 하나님만을 드러내야 하고, 하나님이 원하시는 삶이 무엇인지를 드러내야 합니다.

이적은 믿음에 이르게 하는가

그래도 우리는 여전히 이적과 기사에 대한 미련을 버리기가 힘듭니다. 우리 주변에는 "지금 당장 성경이 말하는 이적을 행한다면 지금 당장 예수님을 믿겠다" 하고 비아냥거리는 사람들이 있습니다. 그때는 보란 듯이 이적을 행하고 싶습니다. 그 정도로 이적에 대한 미련은 큽니다. 하지만 이들이 정말로 이적을 본다고 해서 하나님을 믿을 것 같지는 않습니다.

사도행전 8장을 보면 빌립이 사마리아에서 복음을 전할 때 시몬이라는 마술사가 있었습니다. 그는 마술을 부려 사마리아 백성을 놀라게 했는데 스스로를 큰 자라고 불렀습니다. 백성들은 오랫동안 그가 부리는 마술을 보아 왔기 때문에 그를 따랐습니다. 그때 빌립이 나타나 복음을 전파하고 표적과 큰 능력을 행하자 사람들은 빌립을 믿고 그에게 세례를 받았습니다. 마술사 시몬도 세례를 받고 전심으로 빌립을 따라다니며, 그가 보여 주는 표적과 능력에 놀라워했습니다.

이처럼 예루살렘이 아닌 사마리아도 하나님의 말씀을 받았다는 소식을 듣고 예루살렘에 있는 사도들은 베드로와 요한을 보내 이 일을 확인하고 싶어했습니다. 사마리아에 도착한 베드로와 요한은 사마리아 백성에게 안수를 해 주며 성령을 받으라고 기도했습니다. 그러자 그들은 정말로 성령을 받았습니다. 이것을 본 마술사 시몬이 돈을 주면서 "이 권능을 내게 주어 누구든지 내가 안수하는 사람은 성령을 받게 하여 주소서" 하고 말했습니다. 그러자 베드로는 "네가 하나님의 선물을 돈 주고 살 줄로 생각하였으니 네 은과 네가 함께 망할지어다 하나님 앞에서 네 마음이 바르지 못하니 이 도에는 네가 관계도 없고 분깃될 것도 없느니라" 하며 진노했습니다. 이처럼 이

적은 그것을 지켜보는 모든 사람을 믿음으로 인도하지 못합니다. 오
히려 이 일을 본 사람이 참된 신자인지, 거짓 신자인지를 구별해 줍
니다.

이적을 보고 믿게 되었다는 분들도 있습니다. 하지만 다행히도 이
분들은 이적이 매개가 된 것이지 목적은 아니었습니다. 이분들은 이
적을 행하는 자에게 집중한 것이 아니라 이적을 베푸는 하나님에게
관심을 두고, 이적을 베푸시는 하나님이 자기에게서 어떤 삶을 원하
시는지 생각한 것입니다. 그러므로 이적이 나타나면 믿겠다고 말하
는 사람들은 이미 마음속에서 하나님을 부인하고 하나님을 조롱하
며 업신여기고 있다고 보면 됩니다. 그런 사람은 대부분 이적이 나
타나도 빠져 나갈 궁리나 변명을 하지, 무릎을 꿇고 회개하지 않습
니다. 성경에는 이적이 일어난 많은 예들이 있는데 이를 지켜본 자
들 모두가 믿음에 이른 것은 아닙니다. 믿기는커녕 오히려 이적을
일으키는 자들을 핍박하기도 했습니다.

또한 죽은 자가 살아나는 이적이 일어나도 불신자들은 믿지 않습
니다. 그들은 증거가 부족해서 믿지 않는 것이 아니라 충분한 증거
를 받아들일 준비가 되어 있지 않기 때문에 믿지 않는 것입니다. 충
분한 증거를 왜곡해서 받아들이는 강퍅한 마음과 삐뚤어진 인식을
갖고 있기 때문입니다. 예수님이 생전에 얼마나 많은 이적을 보이셨
습니까? 그렇다고 이적을 본 자들이 모두 예수님을 믿었습니까? 예
수님과 사도들은 죽은 자도 몇 번 살리셨습니다. 그래도 믿지 않았
습니다. 오히려 더 강퍅해지며 예수님과 사도들을 죽이려고 했습니
다. 예수님은 십자가에 못 박혀 죽은 지 사흘 만에 몸소 부활하시기

까지 했지만 사람들은 믿지 않았고, 이를 전하는 제자들을 감옥에 가두고 때렸으며 죽였습니다.

이적을 구하지 말고 기도하라

이단 종교에 빠져 있는 한 학원 원장이 저에게 자기네 교주를 자랑한 적이 있습니다. 학원이 잘 되지 않을 때, 무척 바쁜 그 교주가 어렵게 시간을 내주었다고 합니다. 그 교주는 그를 보자마자 "나의 사랑하는 자녀여! 무슨 일이 있어 왔느냐?"라고 했다고 합니다. 그래서 학원이 잘 되지 않는다고 했더니, 학생이 몇 명이 들어왔으면 좋겠느냐고 물었습니다. 그래서 원하는 학생 수를 말했더니 기도를 해 주었다고 합니다. 그로부터 몇 주 되지 않아 정말 놀랍게도 그 수가 채워졌다고 합니다.

하지만 정말 놀라운 것은 그 학원 원장에게 그 간증을 들은 지 얼마 되지 않아 그 교주가 파렴치한 애정 행각과 간음, 재산 횡령 등의 범죄를 저지른 것이 시사 고발 프로그램을 통해 적나라하게 보도되었습니다. 그런데 더욱 놀라운 것은 이러한 사실 보도를 보고도 그의 신자들이 정신을 못 차리고 자기네 교주가 핍박을 받는다고 생각한다는 사실이었습니다. 예수님이나 열두 제자도 그 당시에는 모두 핍박을 받았다고 하며, 자신들이 진리를 갖고 있기 때문에 비난받고 핍박받는 것은 당연하다는 것이었습니다.

이단의 이런 모습에서 마치 무속인의 모습을 보는 것 같았습니다.

사람들은 무속인에게 도덕과 윤리브다는, 영발이 세서 굿을 잘해 주기를 무엇보다 바라기 때문입니다. 그 교주도 이런 범주에 속합니다. 그 교주는 이미 무속인이 된 것이고, 그 교주를 추종하는 자들도 도덕과 윤리를 내팽개친 것이고, 두엇이 하나님의 말씀인지도 분별하지 못하게 된 것입니다.

능력 면에서도 정말 효과가 있는 것은 아닙니다. 그 원장은 교주의 기도대로 학원생의 숫자가 채워졌다고 하지만 잠시뿐이었습니다. 며칠 지나지 않아 학생들이 학월이 마음에 들지 않는다면서 하나둘씩 그만두었습니다. 그리고 학원비를 환불해 달라는 실랑이도 있었고, 시간이 갈수록 학원이 잘 운영되지 않았습니다. 이러한 현상에 대해서도 원장은 교주의 능력으로 학원생이 많아졌는데 자신의 정성과 노력이 부족하여 붙들지 못했다면서 오히려 자신을 원망했습니다. 이런 모습을 보건대 처음부터 학원생이 차지 않아도 다른 곳에서 이유를 찾을 뿐 절대로 교주의 무능력으로 돌리지 않을 것임에 분명합니다.

시사 고발 프로그램에서 이단 교즈들의 이적과 기사가 실제로 일어난 것인지를 조사한 적이 있었습니다. 어느 사이비 종교는 교주가 기도한 영생수를 마시면 병이 낫고 젊음을 찾게 된다고 선전했습니다. 조사해 보니 교주와 그 관계자들은 그 물은 마시지 않고 생수만 마셨습니다. 신도들만 현혹되어 마셨는데, 놀라운 것은 그 물을 마시고 정말로 효과를 보았다고 간증한 사람이 있다는 것이었습니다. 죽은 자에게 영생수를 부으면 부활한다고 믿은 사람들은 정말로 죽은 자에게 영생수를 부었습니다. 그리고 하루하루 관찰한 결과를 노트에 기록했습니다. 이들은 시체가 부패하는 현상을 몸이 부활하는 조짐이라고 기록했습니다. 비뚤어진 시각이 사실을 얼마나 왜곡하는지 적나라하게 보여 주는 예입니다.

다미선교회라고 시한부 종말론을 믿던 자들을 기억하십니까? 이들은 유성 사진을 자신들을 구원해 줄 천사들이 타고 오는 비행체라고 말했습니다. 대다수의 이적은 이적이 아니라 보는 이들의 편향된 시각에서 오는 것입니다. 이적을 믿으려는 사람들은 일상과 평범에 지나지 않는 일들에서도 이적으로 보이는 점을 찾아내고야 마는 자들이고 믿고야 마는 자들입니다.

또한 대다수의 이적들은 속임수입니다. 하늘에서 빛이 내린다든지, 천사가 내려왔다든지, 빛에 사람이 사라진다든지, 자신들의 성전에 금가루가 내린다든지 하는 것들은 보통 첨단 과학 기계로 조작되고 연출된 것들입니다. 이미 흥분할 대로 흥분한 무리들은 진리의 말씀 대신 자신들을 초월시켜 줄 현상만을 바라기 때문에 속이기 쉽습니다. 맹신하려는 이들은 작은 이상 현상도 이적으로 돌리고 싶어 하기 때문입니다.

2004년 1월 초, 우리 교회가 속한 노회에서 제직 세미나를 가졌습니다. 강사로 초빙된 정년 퇴직을 몇 년 앞둔 목사님은 제직들이 꼭 알아야 할 내용들을 성경의 말씀에 근거해서 당신의 풍부한 목회 경험을 예로 들며 말씀해 주셨습니다. 아직도 제 마음에 깊이 남아 있는 말씀은, 성도들은 자기 교회의 목사님을 귀하게 여겨야 한다는 것이었습니다. 자기 교회의 목사님보다 자기 교회 성도를 더 사랑하는 목사님은 없다는 측면에서 하신 말입니다. 그 목사님은 당신 교회에 초청되어 온 강사가 성도들에게 기도 제목을 적어 내라고 하면 그 강사를 두 번 다시 부르지 않는다고 했습니다. 당신도 특별 기도 기간이 아니면 성도 한 분 한 분을 위해 기도하지 못하는데, 어떻게 강사로 온 분이 다른 교회 성도들을 위해 기도하겠느냐면서 그것은 거짓이며 위선이라고 했습니다.

그분은 또 이적을 너무 좋아하지 말라고 하셨습니다. 심한 병에 걸리면 교회 목사님과 장로님의 심방을 청하여 같이 기도해야지, 어떻게 병을 고치겠다고 기도원에 찾아가느냐는 것입니다. 그 목사님은 지금까지 그런 기도원을 찾아가서 병이 나은 성도를 보지 못했다고 했습니다. 그러고 나서 죽으면 장례식은 꼭 당신에게 부탁한다는 것입니다. 성도를 위해 눈물을 흘리며 간절히 기도하는 목사는 출석하는 교회 목사님뿐이라는 것입니다. 하나님이 그 목사님의 기도는 들어 주시지 않고 처음 보는 기도원 원장의 기도를 들어 주신다면, 그런 하나님은 믿지 않겠다고 하셨습니다. 그때 저는 속으로 눈물을 흘렸습니다. 하나님의 사랑이 올바르다는 확신과 우리 교회 성도가 아플 때 제가 드리는 기도를 하나님이 가장 깊이 들으신다는 확신과 출석하는 교회 목사님보다 자기 성도를 더 사랑하는 목회자가 없다는 확신 때문에 흐르는 눈물이었습니다. 우리 교회 성도를 향한 제 사랑을 그 강사님이 확인해 주신 것입니다.

하나님의 사랑에는 상식이 있습니다. 결코 요행과 도박이 아닙니다. 이적과 기사를 아무에게나 베풀지 않습니다. 먼저 하나님의 말씀에 대한 분별이 있어야 합니다. 하나님에 대한 올바른 고백이 있어야 합니다. 이적과 기사는 이것들과 같이 가는 것이지 절대로 혼자 가지 않습니다.

눈을 들어 사방을 살펴보십시오. 온통 이적 천지입니다. 신비일 뿐입니다. 비가 오는 것도, 눈이 내리는 것도, 매일 아침 이슬이 내려 그것을 먹고사는 많은 미생물과 곤충이 있는 것도, 추운 겨울이 끝나고 봄이 오면 어김없이 싹을 틔워 내는 온갖 식물과 꽃들이 있는 것도, 그것들이 소리 없이 광합성으로 자라는 것도 모두 신비이고 이적입니다.

정상적인 상황에서 하나님은 만나를 주시지 않는 대신 비와 눈과 바람과 햇빛을 주십니다. 이것들을 통해 사람이 땀을 흘려 농사를 짓게 함으로써 식량을 해결하게 하십니다. 광야와 같은 특별한 상황일 때 만나를 주시지, 농사를 지을 수 있는 환경이라면 주시지 않습니다. 농사를 지을 수 있는데도 만나를 주신다면 사람을 오히려 게으른 자로 만들어 망치게 됩니다. 사람은 농사를 지으며 자연을 배우고, 협력을 배우고, 시장에 내다 팔며 사회를 배웁니다. 만나를 직접 받아먹는 것보다 농사를 짓는 것이 훨씬 많은 것을 배우게 하고, 하나님에 대한 신앙을 깊게 합니다.

하나님이 이적과 기사를 베풀지 않아도 우리는 삶과 자연을 통해 무엇이 하나님의 뜻인지를 분별할 수 있습니다. 하나님이 이적과 기사를 베푸시지 않는 것은 우리 스스로가 분별할 수 있다는 소리이고, 하나님의 계시는 이미 충분하다는 뜻입니다. 자녀가 장성하면 부모의 통제와 간섭을 일일이 받지 않는 것처럼 하나님은 우리도 알아서 판단하게 하십니다. 하나님은 우리 스스로 판단할 수 있는 환경을 모두 조성해 놓으셨고, 인생에서 우리를 연단해 가십니다. 어린아이처럼 매사에 하나님께 기도하며 하나님의 뜻을 가르쳐 달라고 떼쓰지 말고, 하나님이 사람에게 주신 능력을 마음껏 써야 합니다.

스스로 삶을 꾸려 나가는 것을 무서워하지 마십시오. 처음에는 두렵고 이렇게 행동해도 될까 하는 생각이 들지 모르지만, 그것이야말로 하나님을 신뢰하고 모든 것을 맡기는 신앙인의 삶입니다. 우리는 모든 것을 하나님께 아뢰고 하나님의 뜻을 묻되, 이적으로 직접 계시해 달라는 것이 아니라 단단한 음식을 먹을 수 있는 분별할 수 있는 능력을 달라고 기도해야 합니다. 만나를 달라고 기도하는 것이 아니라 농사를 지을 수 있는 환경과 능력을 달라고 기도해야 합니다. 우리 스스로 해 나가며 하나님을 깊이 알아 가게 해 달라고 기도해야 합니다.

하나님의 초월적인 뜻보다 더 중요한 율법

성도가, 하나님이 꿈과 환상, 혹은 직접 말씀을 통해 자신의 뜻을 알려 준다고 생각하는 것은 다음에 나오는 성경에서 많은 영향을 받았기 때문입니다.

성령이 아시아에서 말씀을 전하지 못하게 하시거늘 브루기아와 갈라디아 땅으로 다녀가 무시아 앞에 이르러 비두니아로 가고자 애쓰되 예수의 영이 허락지 아니하시는지라 무시아를 지나 드로아로 내려갔는데 밤에 환상이 바울에게 보이니 마게도냐 사람 하나가 서서 그에게 청하여 가로

되 마게도냐로 건너와서 우리를 도우라 하거늘 바울이 이 환상을 본 후
에 우리가 곧 마게도냐로 떠나기를 힘쓰니 이는 하나님이 저 사람들에게
복음을 전하라고 우리를 부르신 줄로 인정함이러라(행 16:6-10).

이 말씀을 통해 하나님은 성령을 통해 바울에게 선교할 지역을 구
체적으로 알려 주셨다는 사실을 깨달을 수 있습니다. 즉, 어떤 지역
은 선교하지 못하게 하시고, 어떤 지역은 선교하라고 알려 주셨습니
다. 이 내용으로 인해 많은 성도가 자신도 이런 식으로 하나님의 뜻
을 인도받아야 한다고 생각합니다. 하지만 이것 또한 성경에 나오는
몇 가지 예에 불과할 뿐 모든 사람에게 적용할 수 있는 보편적인 현
상이 아닙니다. 특히 성령께서 아시아에 말씀을 전하지 못하게 하신
것은 우리가 알 수 있는 차원이 아닙니다. 왜 아시아가 아니라 유럽
에 먼저 복음을 전하게 하셨는지 알 수 없습니다. 그때 아시아에 복
음을 전하게 하셨다면 우리나라도 훨씬 일찍 복음을 받아들여 전혀
다른 역사와 문화를 가졌을 텐데 말입니다.

이것은 하나님만이 아시는 하나님의 뜻입니다. 왜 이렇게 되었는
지 우리는 알려고 해도 알 수가 없습니다. 이런 것은 하나님이 필요
하시면 알려 주십니다. 앞에 나온 본문도 바울이 선교 지역에 대한
하나님의 뜻을 알려 달라고 기도해서 받은 것이 아니라 하나님이 먼
저 알려 주신 것입니다. 지금도 성도가 하나님의 초월적인 주권에
위배되는 행동을 한다면 하나님은 우리가 알아들을 수 있는 초월적
인 방법으로 간섭하실 것입니다. 하나님이 사무엘에게 처음 나타나
셨을 때를 생각해 보십시오. 여러 번 나타나 말씀하셨어도 사무엘은

알지 못했습니다. 그렇다고 하나님이 떠나신 것이 아니라 그가 알아들을 때까지 반복해 말씀하셨습니다. 우리가 꼭 알아야 할 중요한 내용이라면 하나님은 알아들을 때까지 알려 주십니다.

우리가 오히려 정신을 차리고 살펴야 하는 것은 매일의 삶에서 어떤 행동을 하는 것이 하나님의 율법에 위배되지 않는지 그 뜻을 아는 것입니다. 이것이야말로 깨어 있음을 요구하고, 하나님의 뜻을 놓치지 않으려는 신중함과 섬세함을 요구합니다. 하나님의 율법에 대한 관심보다 하나님의 초월적인 뜻에 관심을 더 두는 것은 율법을 경시하기 때문입니다. 하나님의 율법은 우리를 옭아매고 구속하는 것이 아니라 하나님의 형상을 가진 사람이 어떻게 살아야 하는지를 알려 줍니다. 율법에는 사람이 걸어야 할 길이 자세히 나와 있습니다. 그러므로 복 있는 사람은 시편 1장 2절처럼 율법을 기쁘게 주야로 묵상하는 자입니다. 이 율법은 자유하게 하는 온전한 율법이므로 들여다보아야 하고, 거기에 머물며 묵상해야 합니다(약 1:25).

어느 지역에 선교를 하는 것이 좋다는 하나님의 뜻은 일회적인 것입니다. 이것이 율법처럼 우리를 자유롭게 하고, 믿음을 강하게 하고, 이웃을 내 몸처럼 사랑하게 합니까? 이것은 계시된 당사자에게 그 순간에만 의미가 있는 것이지 율법으로서 계속해서 가치가 있는 것이 아닙니다. 물론 하나님이 성령이나 환상을 통해 알려 주시는 체험을 한다면 가슴이 벅찰 것입니다. 초월적 현상을 경험했으니 신앙에 대한 확신도 커질 것입니다. 하지만 이것만으로는 성숙도 없고 성령의 열매도 없습니다. 그 후에는 반드시 하나님의 말씀을 묵상하고 실천하는 경건한 훈련이 필요합니다. 일상생활에서 바로 이런 과정을 충실히 따르는 자가 궁극적으로는 하나님의 뜻을 잘 분별하는 자입니다. 그러므로 율법을 주야로 묵상하는 일을 큰 기쁨으로 여기고 즐길 줄 알아야 합니다.

제비뽑기를 통한 하나님의 뜻

이적은 아니지만 이와 비슷한 것으로 제비뽑기가 있습니다. 제비뽑기에 하나님의 뜻이 나타난다는 것입니다. 다음에 나오는 성경은 제비뽑기를 통해 하나님의 뜻을 구하는 이야기입니다. 이를 근거로 요즘 총회장 선거나 단체장 선거에서 제비뽑기를 하고 있습니다. 이미 실행되고 있는 이 방법에 대하여 무엇을 주의하여야 하는지 살펴보겠습니다.

이러하므로 요한의 세례로부터 우리 가운데서 올리워 가신 날까지 주 예수께서 우리 가운데 출입하실 때에 항상 우리와 함께 다니던 사람 중에 하나를 세워 우리로 더불어 예수의 부활하심을 증거할 사람이 되게 하여야 하리라 하거늘 저희가 두 사람을 천하니 하나는 바사바라고도 하고 별명은 유스도라고 하는 요셉이요 하나는 맛디아라 저희가 기도하여 가로되 뭇사람의 마음을 아시는 주여 이 두 사람 중에 누가 주의 택하신 바 되어 봉사와 및 사도의 직무를 대신할 자를 보이시옵소서 유다는 이를 버리옵고 제 곳으로 갔나이다 하고 제비 뽑아 맛디아를 얻으니 저가 열한 사도의 수에 가입하니라(행 1:21-26).

예수님의 제자는 열두 명이었는데 가룟 유다가 자살하자 열한 명이 되었습니다. 그래서 유다를 대신할 사도를 뽑는데, 모인 무리들이 스스로 결정하지 못하고 하나님께 미룹니다. 제비뽑기를 통해 하나님의 뜻이 무엇인지 가르쳐 달라고 합니다.

하지만 여기서 주의해야 할 것은 모인 무리들은 무조건 제비뽑기를 한 것이 아니라 먼저 사도가 될 자격이 무엇인지 전제했다는 것입니다. 요한의 세례로부터 예수님이 승천하실 때까지 항상 자신들과 함께 다니던 자이어야 한다는 조건이었습니다. 이 조건은 예수님으로부터 배우면서 사역에 전적으로 헌신한 자로 인정받아야 한다는 뜻이 담겨 있습니다. 이 조건을 듣고 사람들은 요셉과 맛디아 두 사람을 추천하였고, 제비를 뽑아 맛디아를 얻어 사도의 수에 가입시켰습니다.

만약 위의 조건에 적합한 자가 한 명뿐이었다면 그가 당연히 사도가 되었을 것입니다. 그런데 두 사람이 추천되었습니다. 이 두 사람은 단순히 예수님과 함께 시간을 보낸 물리적 조건을 충족시킨 자들이 아니라 그것이 의미하는 능력과 자격을 내적으로 갖춘 자들이었습니다. 만약 무리가 두 명을 추천하면서도 어느 한쪽을 강력하게 추천했다면 제비까지 뽑지 않았을 것입니다. 두 명이 모두 고른 지지와 추천을 받았기 때문에 둘 중 하나를 결정하는 방법으로 제비뽑기를 택했습니다. 다른 열한 명의 제자들도 무리들에 의해 뽑힌 것이 아니라 예수님이 직접 선발하셨기 때문에 유다를 대신할 제자도 하나님이 직접 선발하시라고 한 것입니다.

우리는 맛디아는 기억하지만, 탈락한 바사바라고도 불리는 요셉은 기억하지 못합니다. 제가 성도들에게 탈락한 사람이 누구냐고 물어 보면 요셉이라고 말하는 사람은 한 사람도 없습니다. 제비뽑기에서 탈락한 요셉의 심정이 어땠겠습니까? 제비를 뽑기 전에 무리는 "뭇사람의 마음을 아시는 주여, 이 두 사람 중에 누가 주의 택하신 바 되어 봉사와 및 사도의 직무를 대신 할 자를 보이시옵소서"라고 기도했습니다. 사람들이 평가한 것이 아니라 하나님이 평가한 것이니 요셉이 몹시 상심했을 것이라고 생각할 수 있습니다.

그런데 사실은 전혀 그렇지 않았습니다. 왜냐하면 요셉은 제비뽑기가 신앙과 인격의 좋고 나쁨을 본 게 아니라 누가 사도의 직무를 하기에 더 적합한가를 본 것이란 사실을 알았기 때문입니다. 사도의 직무를 맡기에는 자신보다 맛디아가 나았던 것입니다. 교회에서 장로와 집사가 일반 성도보다 장로와 집사의 직무를 하기에는 더 낫지만, 그렇다고 해서 다른 부분까지 더 잘하고 신앙이 더 훌륭한 것은 아닌 것과 같습니다. 요셉은 이것을 알았기에 자신을 자책하지도 않았고, 하나님을 원망하지도 않았으며, 주위 사람들 또한 그를 제비뽑기에서 떨어진 자라고 비하하지도 않았습니다.

총회장과 단체장을 뽑을 때도 무작위로 아무나 뽑아서는 안 됩니다. 능력과 인격을 갖춘 사람들이 몇 명 추천되고 그들 중에서 제비뽑기를 해야 합니다. 추천된 사람들 중에서 우열을 가리기 힘들어 제비뽑기로 결정하는 형태가 되어야지, 무조건 제비뽑기를 하는 것은 중요한 일을 도박으로 결정하는 것과 같습니다. 실제로 어느 교단은 제비뽑기로 뽑힌 총회장의 부적절한 발언과 횡령과 적절치 못한 리더십으로 곤경에 처했습니다. 총회장으로 인해 그 교단이 큰 부끄러움을 당하고 있습니다. 제비뽑기는 후보자군이 잘 선정되지 않으면 의미가 없습니다. 부도덕하고 무능력한 사람들을 후보자로 세워 제비뽑기를 하는 것은 어리석은 짓입니다.

또한 뽑힌 자는 교만해서는 안 되고, 뽑히지 않은 자는 자괴감에 빠져서는 안 됩니다. 그런데 현실에서는 제비뽑기에 당선된 자는 환호성을 지르며 하나님이 자신을 선택했다고 선거 운동에 참여한 자들과 기쁨을 나누고, 떨어진 자는 겸손히 하나님의 뜻으로 받아들이는 것이 아니라 재수 없게 떨어졌다며 투덜댑니다. 회원들도 뽑힌 사람의 인격과 실력을 인정하고 총회장의 권위를 충분히 인정하는 것이 아니라 제비뽑기로 운 좋게 당선된 것이라며 가볍게 보는 경향이 있습니다. 일단 제비뽑기를 했으면 그에 따른 결과를 하나님의 뜻으로 알고 승복해야 합니다.

제비뽑기를 할 때 좋은 후보자 선정과 결과에 대한 승복, 이 두 가지를 명심해야 합니다. 이것을 사람들이 하지 않고 모든 것을 제비뽑기라는 제도에 기대해서는 안 됩니다. 지금 한국 교계가 제비뽑기를 하는 것은 이것이 성경에 합당한 것이어서가 아니라 그동안 있었던 선거들이 뇌물과 부정으로 얼룩졌기 때문입니다. 총회장이 되려면 몇억 원이 필요할 정도로 돈 선거가 되어 버렸습니다. 가장 깨끗해야 할 교계의 선거가 이 정도로 타락해 버렸습니다. 이것을 극복해 보려는 차원에서 어쩔 수 없이 시도한 것이 제비뽑기입니다. 그러므로 그 과정은 최대한 투명해야 하고 결과가 나오면 깨끗이 승복해야 합니다.

1. 이적을 경험한 적이 있습니까? 실제로 이적을 경험한 사람이 주위에 얼마나 있습니까?

2. 하나님은 일부러 거짓 선지자와 꿈꾸는 자들을 사용하셔서 사람들의 신앙을 시험하신다는 말씀에 대해 어떻게 생각합니까?

3. 성경이 말하는 참된 열매는 무엇입니까? 성령의 열매 중 본인이 거둔 열매는 무엇이고, 부족한 열매는 무엇입니까?

4. "모세와 선지자들에게 듣지 아니하면 비록 죽은 자 가운데서 살아나는 자가 있을지라도 권함을 받지 아니하리라"는 말씀은 이적과 믿음에 관해 어떤 깨달음을 줍니까?

5. 하나님이 창조하신 자연과 하나님이 운행하시는 역사가 이적임을 아는 자가 누릴 수 있는 영적 풍요함에 대하여 나누어 보십시오.

4
선택

세상 사람과 다른 선택 기준

세상 법정이 지적한 교회

2000년 10월 24일, 서울지법 민사합의 28부 부장 판사는 그리스도인들이 부끄러워할 만한 판결을 내렸습니다. 한 대의원이 1999년 대한예수교 장로회 총회장 선거는 부정 선거이므로 무효라며 소송을 내자, 법원은 지난 9월 25일로 총회장의 임기가 끝나 실익이 없다면서 각하했습니다. 그러나 재판부는 판결문에서 "재판의 사명이 일회적인 분쟁의 형식적 처리에 있지 않고 실질적인 분쟁 해결뿐만 아니라 분쟁의 예방까지 미쳐야 한다"면서 여러 가지 상황을 볼 때 이 선거는 분명히 잘못된 것으로, 총회장 후보가 될 자격이 없는 사람이 출마해 당선된 것이므로 이 선거는 무효라고 판결했습니다.

그러면서 "기독교 교리상 교회의 문제를 세속 법정에서 해결하지 못하도록 되어 있는데 교리가 신의 명령이라면 교회 문제를 세속 법정에서 해결하려는 것은 신의 명령에 반하는 것이고, 이는 당사자 자신과 그것을 지켜보는 이들의 영혼을 망하게 하는 일"이라고 강력하게 비판했습니다.

판결문은 이에 그치지 않았습니다. "종교계가 사회에 깨끗한 물을 흘려보내지는 못할망정 혼탁한 법적 분쟁을 일으키는 것은 바람직하지 못하다. 기독교회로서 모든 일을 모범적으로 처리해 분쟁의 소지를 없애되 분쟁이 일어날 경우, 신의 존재를 믿는다면 세속 법정으로 문제를 가져올 것이 아니라 용서와 화해의 정신으로 이를 처리해야 한다"고 했습니다. 이 판결이 있었던 24일 MBC 9시 뉴스는 이에 대해 자세히 보도했습니다. 그 다음날 몇몇 신문들은 이 사건을 보도하면서 법원이 혼탁한 교회 선거에 일침을 가했다고 썼습니다.

그 후 며칠 동안 칼럼과 논평을 통해 이 일을 비판했습니다. 수많은 사람들이 이 사실을 알고 얼마나 기독교를 비웃었는지 모릅니다. 지금 생각해도 참 부끄럽고 낯뜨겁습니다. 얼마나 그리스도인들의 모습이 우스워 보이고 가식적이었으면 이러한 판결문을 작성했겠습니까? 판사가 말한 '신의 존재를 믿는다면'이란 말이, 당신들이 정말 하나님을 믿는 자라면 어떻게 이런 행동을 할 수 있느냐고 고발하는 것만 같습니다. 그 소송에 참여한 목사들이 세속 판사로부터 훈계와 설교를 들은 것이고, 모든 그리스도인들이 비판과 질책을 들은 것입니다.

앞에서 말한 '기독교 교리상 교회의 문제를 세속 법정에서 해결하지 못하도록 되어 있는데' 라는 판사의 지적은 다음의 고린도전서

6장에 나오는 말씀을 말하는 것입니다.

너희 중에 누가 다른 이로 더불어 일이 있는데 구태여 불의한 자들 앞에서 송사하고 성도 앞에서 하지 아니하느냐 성도가 세상을 판단할 것을 너희가 알지 못하느냐 세상도 너희에게 판단을 받겠거든 지극히 작은 일 판단하기를 감당치 못하겠느냐 우리가 천사를 판단할 것을 너희가 알지 못하느냐 그러하거든 하물며 세상 일이랴 그런즉 너희가 세상 사건이 있을 때에 교회에서 경히 여김을 받는 자들을 세우느냐 내가 너희를 부끄럽게 하려 하여 이 말을 하노니 너희 가운데 그 형제간 일을 판단할 만한 지혜 있는 자가 이같이 하나도 없느냐 형제가 형제로 더불어 송사할뿐더러 믿지 아니하는 자들 앞에서 하느냐 너희가 피차 송사함으로 너희 가운데 이미 완연한 허물이 있나니 차라리 불의를 당하는 것이 낫지 아니하며 차라리 속는 것이 낫지 아니하냐 너희는 불의를 행하고 속이는구나 저는 너희 형제로다(고전 6:1-8).

성경은 하나님을 믿는 같은 성도들 사이에 송사가 벌어지는 것을 책망하고 있고, 더군다나 그러한 송사를 믿지 않는 자들 앞에서 판정을 받으려는 것을 꾸짖고 있습니다. 그리고 믿지 않는 자들에게 송사를 가져가는 것은 옳고 그름을 떠나 그 자체로 허물이 되므로 그들에게 가져가지 말고 차라리 불의를 당하고 속임을 당하라고 말하고 있습니다. 서울지법 민사합의부는 바로 이 구절을 들어 '교회 문제를 세속 법정에서 해결하려는 것은 당사자 자신과 그것을 지켜보는 이들의 영혼을 망하게 하는 일'이라고 일침을 놓은 것입니다.

　그리고 성경은 믿지 않는 자들 앞에서 송사하는 것을 불의한 자들 앞에서 하는 것이라고 하며, 믿지 않는 자들은 불의한 자들이라고 합니다. 또 교회에서 가벼이 여김을 받는 자들이라고도 표현합니다. 성경은 믿지 않는 자들은 불의한 자이고, 가벼이 여김을 받는 자들이라고 규정하고 있습니다.

　교회는 세상과 구별됨을 유지할 수 있어야 합니다. 세상에서 권력과 명예와 학식과 재산으로 성공했다고 해서 교회가 이들을 높은 자로 여겨서는 안 됩니다. 세상은 권력과 명예와 학식과 재산 같은 것이 기준이 되지만, 교회는 다른 것이 기준이 되어야 합니다. 교회 안에 있는 진리로 사람을 평가해야 하는 것이지 세상 기준이 교회에서도 통용되어서는 안 됩니다. 이러한 면에서 세상에서 옳고 그름에 대한 최종 판결자로 인정받는 판사도 교회에서 볼 때는 가벼이 여김을 받을 수 있는 자입니다. 그들이 비록 많이 배우고 어려운 사법 시험을 통과했을지라도 교회 안에 있는 하나님의 진리를 모르기 때문에 지혜가 없는 자라고 할 수 있고, 무엇이 의로운지를 모르기 때문에 불의한 자라고 할 수 있습니다.

　교회는 하나님이 주신 진리를 가지고 있으므로 교회의 성도가 그 진리로 세상을 판단해야 하는 것이지, 세상이 교회를 판단할 수 없습니다. 그런데 지극히 작은 일을 가지고 세상 법정에 가서 판단해 달라고 부탁하니 이 얼마나 잘못된 일입니까? 이러한 행위는 교회의 성도가 스스로 당신들은 의롭고 지혜로운 자이고, 우리는 불의하고 가벼이 여김을 받는 자이니 우리들 중에서 누가 옳은지를 판단해 달라고 하는 것과 똑같습니다. 그러니 당사자 자신들이나 이것을 지켜보는 이들의 영혼을 망하게 하는 일이 아니고 무엇이겠습니까?

고린도전서 6장은 성도간의 송사를 형제간의 일이라고 표현합니다. 하나님을 믿는 성도들은 같은 형제가 됩니다. 세상 사람들도 가족간에 생긴 문제는 여간해서는 법정으로 가져가지 않습니다. 집안 일은 집안에서 해결하는 것을 원칙으로 알고, 집안의 싸움 소리가 밖으로 들리지 않도록 하는 것이 우리 조상의 미덕이었습니다. 집안 싸움이 세상 법정에 맡겨지면 콩가루 집안이라고 놀림을 받았습니다. 세상 사람들도 이 정도인데, 우리 신자들은 두말 할 것 없지 않겠습니까?

세상 사람과 다른 성도의 지식

사도 바울은 빌립보서 3장 7-8절을 통해 "무엇이든지 내게 유익하던 것을 내가 그리스도를 위하여 다 해로 여길뿐더러 또한 모든 것을 해로 여김은 내 주 그리스도 예수를 아는 지식이 가장 고상함을 인함이라 내가 그를 위하여 모든 것을 잃어버리고 배설물로 여김은 그리스도를 얻고 그 안에서 발견되려 함이니"라고 말합니다. 하나님을 모르기 전에는 유익하게 여기던 것을 하나님을 알면서 다 해로 여겼고 배설물로 여겼다는 것입니다. 이것을 볼 때 그리스도인과 비그리스도인은 무엇이 유익한지를 판단하는 눈이 전혀 다르다는 것을 알 수 있습니다.

에베소서 4장은 이방인을 총명이 어두워진 자라고 하고, 저희 가운데 있는 무지함과 저희 마음이 굳어짐으로 말미암아 하나님의 생명에서 떠나 있고 감각 없는 자가 되었다(18-19절)고 말합니다. 감각 없는 자라는 것은 영적인 문둥병을 가진 자라는 것입니다. 무엇이 옳고 그른지를 근본적인 면에서는 판단할 수 없고 알 수 없다는 것입니다. 이에 비해 그리스도인은 옛 사람과 그 행위를 벗어 버리고 새 사람을 입은 자로 자기를 창조하신 자의 형상을 좇아 지식까지 새롭게 하심을 받는 자입니다(골 3:9-10). 그런데 지식까지 새롭게 하심을 받은 자가 어찌 영적 문둥병자에게 판단을 요청한단 말입니까?

마태복음 5장은 구체적인 예를 들면서 그리스도인이 세상 사람과 어떻게 다른지를 말해 주고 있습니다. 46-47절은 "너희가 너희를 사랑하는 자를 사랑하면 무슨 상이 있으리요 세리도 이같이 아니하느냐 또 너희가 너희 형제에게만 문안하면 남보다 더 하는 것이 무엇이냐 이방인들도 이같이 아니하느냐"라고 말합니다. 이방인은 자기가 사랑하는 자와 형제만 사랑하고 문안을 하면 올바른 것으로 여기는데, 그리스도인은 원수와 핍박하는 자를 사랑하고 그들을 위해서 기도해야만 올바른 것으로 여깁니다.

또 살인과 간음도 세상 법정은 실제로 이루어진 행위만 범죄로 인정하지만, 성경은 그 동기까지도 범죄로 인정합니다. 형제에게 노하는 행위나 심한 욕이나 인격적 모독의 말도 살인에 속하고, 이성을 보고 음욕을 품는 것도 간음한 것과 같습니다. 이혼에 대해서도 음행한 연고 없이 이혼하는 것은 금지되어 있고, 이러한 행위는 상대방에게 간음하는 행위와 같습니다. 그러므로 세상 법정에서는 살인과 간음과 이혼으로 여겨지지 않는 것이 교회 안에서는 큰 범죄가 될 수 있습니다. 거꾸로 교회 안에서는 무죄인 것이 세상 법정에서는 범죄가 되어 감옥에 갈 수도 있습니다. 이렇게 양쪽은 본질적으로 큰 차이가 있으므로 교회는 세상 법정으로부터 올바른 판결을 기대할 수 없습니다. 그런데 교회가 세상 법정에 옳고 그름을 맡기는 것은 교회가 스스로 진리를 차 버리는 짓이고, 거룩한 것을 개와 돼지에게 주는 꼴입니다.

구원받았으면 성장하라

프로 기사들은 바둑을 둔 후에 자리에서 바로 일어나지 않습니다. 복기(復碁)라고 하여 방금 둔 바둑을 다시 두면서 어느 수가 좋았고, 어느 수가 나빴는지에 대해 허심탄회하게 의견을 교환합니다. 다음에 더 좋은 바둑을 두기 위해서입니다. 프로 기사들의 꿈은 물론 우승이겠지만 궁극적으로는 더 좋은 기보를 남기는 것입니다. 승부를 넘어서서 더 완벽한 바둑을 두기 원하는 것입니다.

아마추어 기사와 프로 기사의 수준 차이는 매우 큽니다. 최고의 아마추어가 프로 기사와 둘 때도 몇 점을 깔고 두어야 할 정도입니다. 그런데 이런 프로 기사들 사이에도 1단부터 9단까지 등급이 있습니다. 9단은 가장 높은 수준으로 신의 경지에 이르렀다고 하여 입신(入神)이라고 부릅니다. 1단은 겨우 졸렬함을 지키는 수준이라고 하여 수졸(守拙)이라고 합니다. 프로 기사들의 승부는 열 집 아래라는 미세한 차이로 결정이 납니다. 아마추어같이 삼십 집이나 사십 집이 아니라 열 집 내외인데, 이 간격은 갈수록 줄어들고 있습니다. 프로에게는 한 집, 두 집 차이가 매우 크게 인식되는 것입니다. 작은 실수도, 작은 엉성함도 곧바로 응징되는 인식력이 있는 것입니다.

그리스도인의 분별력도 이런 면이 있습니다. 그리스도인의 분별력은 옳고 그름의 차이를 넘어서야 합니다. 무엇이 옳고 그른지는 당연히 알 수 있어야 하고, 그 전제하에 더 올바른 것을 분별할 줄 알아야 합니다. 많은 그리스도인들이 무엇이 하나님의 뜻인가를 논할 때 이것이냐 저것이냐 하는 식으로 생각하는데, 이런 차원이 아니라 무엇이 더 올바르고 적합한가 하는 차원이 되어야 합니다.

우리도 평소에 이런 훈련을 해야 합니다. 프로 기사는 평소에 연구를 많이 해 새로운 수를 개발해서 대국에 임합니다. 신수(新手)를 두고는 상대방이 어떻게 두는지 봅니다. 조금이라도 잘못 두면 가차 없이 응징하려는 자세로 말입니다. 이때 상대방이 두어야 하는 수는 이것이냐 저것이냐 하는 이분법이 아닙니다. 신수에 따른 온갖 변화를 계산한 후에 가장 적합한 수를 두어야 합니다. 좋은 수가 여럿 떠오르겠지만 그 중 가장 좋은 수를 두어야 하는 것입니다. 하지만 제한 시간 때문에 충분히 검토하지 못해 올바르게 대응하지 못하기도 합니다. 그러다 보면 미세한 한두 집 차이로 지고 맙니다.

우리의 삶은 얼마나 복잡하고 변화무쌍한지 모릅니다. 그때마다 적합한 결정을 해야 하는데, 이것은 평소에 하나님 말씀을 얼마나 묵상했는지, 묵상한 대로 현실에 얼마나 적용하려고 노력했는지에 달려 있습니다. 예지란 것은 미래를 아는 초능력과 같은 투시력이 아니라 일이 어떻게 전개될 것인지를 읽는 눈을 말합니다. 세상이 흘러가는 길을 읽을 수 있는 능력을 말하고, 자신이 내린 결정에 따라 일이 어떻게 전개될 것인지를 아는 능력을 말합니다.

성도는 우상에게 바친 제물을 먹을 수 있습니까 없습니까? 이에 대한 답도 그렇다 아니다 하는 것으로 간단히 결정되지 않습니다. 우상은 세상에 아무것도 아니고 우상에게 바쳐진 제물이라고 해서 큰 변화가 생긴 것이 아니고, 이 역시도 주님께 속한 것입니다. 그러므로 우상의 제물이라도 먹을 수 있습니다. 그런데 이러한 지식은 성도라고 해서 다 갖는 것이 아니고, 어떤 이들은 우상의 제물을 먹게 되면 양심이 약해지고 더러워집니다. 그러므로 성숙한 그리스도인은 우상에게 바쳐진 제물이 아무것도 아니라고 해서 무조건 먹을 것이 아니라 주변에 약한 그리스도인이 있으면 먹지 말아야 합니다.

바울은 만일 식물이 자기 형제로 실족하게 하면 자기는 영원히 고기를 먹지 않아 자기 형제를 실족지 않게 하겠다고 말했습니다(고전 9:13). 로마서 14장 1절에서 바울은 믿음이 연약한 자를 너희가 받되 그의 의심하는 바를 비판하지 말라고 말합니다. 어떤 사람은 모든 것을 먹을 만한 믿음이 있고, 어떤 자는 채소만 먹을 믿음이 있습니다. 그렇다고 해서 서로가 서로를 업신여기거나 판단해서는 안 됩니다. 하나님이 이들 모두를 받으셨기 때문입니다. 이것이 성숙한 판단입니다.

단순한 지식은 사람을 교만하게 하고, 사랑은 덕을 세웁니다. 만일 누구든지 무엇을 아는 줄로 생각하면 아직도 마땅히 알 것을 알지 못하는 것입니다(고전 8:1-2). 우상의 제물을 먹는 것도 때와 상황에 따라 답이 달라지는 것입니다. 지식은 사랑에 의하여 점검되어야 하는 것입니다. 모든 것이 가하나 모든 것이 유익한 것이 아니고, 모든 것이 가하나 모든 것이 덕을 세우는 것이 아니므로, 누구든지 자기의 유익을 구하지 말고 남의 유익을 구해야 합니다(고전 10:23-24).

우리 모두는 하나님의 뜻을 찾는 판단을 할 때 아마추어가 아니라 프로가 되어야 합니다. 하나님을 믿고 구원받는 것에 그치는 것이 아니라 더 나아가야 합니다. 하나님을 믿는 성도들은 세상 사람과는 다른 판단 체계를 가지므로, 그 순간에 아마추어에서 프로가 되었다고 할 수 있습니다. 하지만 이제부터는 9단이 되기 위하여 노력해야 합니다. 변화무쌍한 상황에 맞는 가장 적합한 판단을 내리는 능력을 길러야 합니다. 사람의 궤변과 간사한 유혹에 빠진 채 잡다한 교훈에 흔들려 판단력에 균열이 가게 해서는 안 됩니다. 범사에 그리스도에게까지 자라 가야 합니다(엡 4:13-15). 바로 이러한 것들을 목표로 신앙 생활을 해야 합니다.

열두 제자가 겪은 성장 과정

예수님이 부르신 열두 제자도 이런 과정을 거쳤습니다. 그들은 처음부터 성숙한 사람들이 아니었습니다.

예루살렘으로 올라가는 길에 예수께서 제자들 앞에 서서 가시는데 저희

가 놀라고 좇는 자들은 두려워하더라 이에 다시 열두 제자를 데리시고
자기의 당할 일을 일러 가라사대 보라 우리가 예루살렘에 올라가노니 인
자가 대제사장들과 서기관들에게 넘기우매 저희가 죽이기로 결안하고
이방인들에게 넘겨주겠고 그들은 능욕하며 침 뱉으며 채찍질하고 죽일
것이니 저는 삼 일 만에 살아나리라 하시니라 세베대의 아들 야고보와
요한이 주께 나아와 여짜오되 선생님이여 무엇이든지 우리의 구하는 바
를 우리에게 하여 주시기를 원하옵나이다 이르시되 너희에게 무엇을 하
여 주기를 원하느냐 여짜오되 주의 영광 중에서 우리를 하나는 주의 우
편에, 하나는 좌편에 앉게 하여 주옵소서 예수께서 가라사대 너희 구하
는 것을 너희가 알지 못하는도다 너희가 나의 마시는 잔을 마시며 나의
받는 세례를 받을 수 있느냐 저희가 말하되 할 수 있나이다 예수께서 이
르시되 너희가 나의 마시는 잔을 마시며 나의 받는 세례를 받으려니와
내 좌우편에 앉는 것은 나의 줄 것이 아니라 누구를 위하여 예비되었든
지 그들이 얻을 것이니라 열 제자가 듣고 야고보와 요한에 대하여 분히
여기거늘 예수께서 불러다가 이르시되 이방인의 소위 집권자들이 저희
를 임의로 주관하고 그 대인들이 저희에게 권세를 부리는 줄을 너희가
알거니와 너희 중에는 그렇지 아니하니 너희 중에 누구든지 크고자 하는
자는 너희를 섬기는 자가 되고 너희 중에 누구든지 으뜸이 되고자 하는
자는 모든 사람의 종이 되어야 하리라 인자의 온 것은 섬김을 받으려 함
이 아니라 도리어 섬기려 하고 자기 목숨을 많은 사람의 대속물로 주려
함이니라(막 10:32-45).

32절을 보면 예수님이 예루살렘으로 올라가시면서 제자들에게

자신이 대제사장들과 서기관들에게 넘겨져 죽은 후 다시 부활할 거라고 말씀하셨습니다. 그런데 야고보와 요한은 이렇게 예수님의 목숨이 왔다 갔다 하는데도 주의 영광 중에서 자기들 중 하나는 주의 우편에, 하나는 좌편에 앉게 해 달라고 말했습니다. 이 얼마나 어처구니없는 일입니까? 스승이 자신의 죽음에 대해 말하는데, 제자들은 높은 자리를 달라고 요구하다니 말입니다.

예수님은 이들에게 너희가 구하는 것을 너희가 알지 못한다고 지적하시며, 당신의 마시는 잔과 받는 세례를 너희가 받을 수 있느냐고 반문하셨습니다. 어떻게 이들이 예수님이 십자가에 죽으시는 일을 대신할 수 있겠으며, 죽음으로 성도들의 죄를 없앨 수 있겠습니까? 그런데 이들은 이런 높은 차원의 것은 모르고, 예수님이 왕권을 잡으리라고 생각해 좌의정과 우의정 자리를 달라고 했던 것입니다. 더 재미있는 것은 이것을 지켜본 다른 열 명의 제자들이 이들에게 분노했다는 것입니다. 야고보와 요한이 선수를 쳐서 자신들보다 더 높은 자리를 차지하지 않을까 노심초사한 이들이 야고보와 요한을 미워했다는 사실입니다.

예수님은 이들을 불러 이르시기를 누구든지 크고자 하는 자는 섬겨야 하고, 누구든지 으뜸이 되고자 하는 자는 모든 사람의 종이 되어야 한다고 하셨습니다. 무엇이 그리스도인의 가치이고 높은 자리인가를 가르치신 것입니다. 제자들은 비록 예수님을 따르며 배웠지만 이렇게 어리석고 낮은 수준의 행동을 했습니다. 하지만 이들은 예수님의 죽음과 부활을 보면서 그리스도의 장성한 사도로 변했습니다. 예수님께 삼 년 동안 배운 가르침이 축적되어 성숙에 이른 것입니다. 예수님이 승천하신 후 야고보는 복음을 전하다 헤롯에게 순교 당했고, 요한은 요한계시록을 비롯해 많은 성경을 남겼고, 베드로를 비롯한 다른 제자들도 성숙한 활약을 해서 성경에 자주 나옵니다.

베드로는 자신이 쓴 편지에서 정욕을 인하여 세상에서 썩어질 것을 피해 신의 성품에 참예하는 자가 되라고 말했으며, 믿음, 덕, 지식, 절제, 인내, 경건, 형제간의 우애, 사랑을 언급했습니다. 이런 것으로 주 예수 그리스도를 알기에 게으르지 않고, 열매 없는 자가 되지 말라고 말했습니다(벧후 1:4-8). 이런 것이 없는 자는 소경이고 멀리 보지 못하는 자입니다. 자기의 옛 죄가 깨끗하게 되고 새로운 인식의 세계를 받은 자임을 잊은 자입니다(벧후 1:9). 베드로는 편지의 마지막 구절에서 다시 한 번 예수 그리스도를 아는 지식에서 자라라고 강조하고 있습니다.

바울도 골로새 성도들을 위해 기도했는데 그 내용은 그들이 모든 신령한 지혜와 총명에 하나님의 뜻을 아는 것으로 채워지는 것이고, 주께 합당히 행해 범사에 기쁘시게 하는 것이고, 모든 선한 일에 열매를 맺는 것이고, 하나님을 아는 지식에서 자라는 것입니다. 이것이 중요하기에 바울은 무엇보다 이것을 위해 기도했던 것이고, 바울의 편지를 받은 골로새 성도들은 이것을 위하여 꾸준히 노력해야 했습니다.

예수를 믿고 구원받는 단 한 번의 행위로 우리의 신앙 생활은 끝나지 않고, 구원 이후에는 자라 가는 것입니다. 유치원생은 유치해도 되지만, 대학생이 되어서는 유치원생처럼 행동하면 안 됩니다. 유치원생과 대학생의 분별력에는 큰 차이가 있어야 합니다. 신앙 생활을 오래한 자가 여전히 유치원에 남아 반장 행세를 하며 이를 뿌듯하게 여겨서는 안 됩니다. 이제 유치원을 졸업하고 상위 단계로 옮겨 더 깊은 학문을 배우고, 더 깊은 사고를 해야 합니다. 우리 성도들은 대학교, 대학원으로 진학하지 않은 채 유치원, 초등학교에 머물며 선생님의 모든 질문에 대답을 잘한다고 해서 자신들의 신앙이 좋다고 잘못 생각하는 경향이 있습니다. 언제까지 우리가 그리스도 안에서 아이인 채로 있을 것입니까? 언제까지 밥이 아니라 젖만 먹을 것입니까?

:: 곰곰이 생각해 봅시다

1. 세상 법정에서 다루어진 교회의 일이 주변에 있으면 말씀하여 보십시오.
2. 그리스도인은 왜 불신자와 다른 판단력을 갖고 있습니까? 예를 들어 이야기해 봅시다.
3. 그리스도인은 죄에 대해 불신자와 어떤 면에서 다릅니까?
4. 지식은 사람을 교만하게 하며 사랑은 덕을 세운다는 말씀에 대해 이야기를 나누어 보십시오. 자신의 지식을 어떻게 하면 사랑이 깃든 지식으로 바꿀 수 있습니까?
5. 자신의 신앙이 얼마쯤 성장해 있다고 생각하십니까? 더 성장하려면 무엇이 필요합니까?

5

시국

시대 가치를 뛰어넘어 바라보아야

정치적 견해는 다를 수 있다

노회 모임을 통해 목사님들을 자주 뵙지만, 목사님들은 정치적 견해를 잘 표현하지 않습니다. 하지만 대통령 선거나 탄핵 같은 중요한 문제가 대두되면 사적인 자리에서는 자연스럽게 견해를 표명하게 됩니다. 저는 같은 신앙을 고백하여 같은 교단의 목사가 되었으므로 정치적 견해도 같을 것이라고 여겼습니다. 하지만 이것은 뒷장에서 살펴볼 것처럼 '틀리다'의 차원이 아닌 '다르다'의 차원이었습니다. 자라 온 시대와 경험의 내용과 성향에 따라 정치적 견해는 다르며, 무엇을 지지해야 한다는 당위성의 문제로 통일되는 것이 아닙니다.

국보법의 개폐 문제에 대하여 대체로 연세를 드신 분들은 존치나 일부 개정을 주장하는 반면에 상대적으로 젊은 사람들은 대폭적인 개정이나 폐지를 주장합니다. 그대로 존치를 주장하는 분들 중에도 신앙이 좋은 분들이 얼마나 많은지 모르고, 폐지를 주장하는 분들도 마찬가지입니다. 지난 대통령 선거에서도 이회창 후보자를 지지한 분들이나 노무현 후보자를 지지한 분들이나 모두 참된 신앙을 가진 분들이 많이 있습니다.

그런데 어떤 사람이 국보법 개폐에 대하여 성경이 폐지를 주장한 다든지, 그대로 존치하는 것이 하나님의 뜻이라고 주장한다면 어떻게 되겠습니까? 또 누가 노무현 후보를 지지하는 것이 하나님의 뜻이라고 하거나, 이회창 후보자를 지지하는 것이 성경이 말하는 바라고 한다면 어떻게 되겠습니까? 당장 다른 생각을 가진 성도가 어떻게 그것이 하나님의 뜻이냐고 반발할 것입니다. 또 시간이 흘러 주장한 내용이 틀린 것으로 판명이 나면 성경과 하나님의 권위를 사용했기 때문에 결과적으로는 성경과 하나님의 이름을 훼손한 것이 됩니다.

그러므로 정치적 견해를 신앙의 차원으로 돌려 표현하는 일에 있어서 주의해야 합니다. 특히 요즘 우리나라는 국론이 크게 분열되어 있습니다. 대통령 탄핵이나 행정수도 이전이나 국보법 개폐나 과거사 청산 문제 등에 있어서 정치인과 국민이 크게 분열되어 있습니다. 이때 성도는 당연히 이런 문제들에 대하여 어느 것이 성경적이고 하나님의 뜻인지를 고민해야 할 것입니다. 이렇게 고민하는 것은 바람직하고 성도라면 반드시 이런 사고를 해야 하지만, 정치적 사항을 함부로 신앙의 권위를 빌려 의견을 표해서는 안 됩니다. 그냥 한 시민으로서 견해를 표명해야지, 자신의 정치적 욕구를 이기지 못하여 하나님의 권위를 빌리는 것은 신성모독이 됩니다.

정치적 견해를 신앙의 이름으로 미화하지 말라

믿음은 바라는 것들의 실상이요 보지 못하는 것들의 증거니 선진들이 이로써 증거를 얻었느니라 믿음으로 모든 세계가 하나님의 말씀으로 지어진 줄을 우리가 아나니 보이는 것은 나타난 것으로 말미암아 된 것이 아니니라(히 11:1-3).

교회에 오래 다닌 분이라면 앞에 나온 성경에 관한 설교를 몇 번씩 들었을 것입니다. 저 또한 마찬가지로, 그 중 결코 잊을 수 없는 것은 1997년에 들은 설교입니다. 그때 저는 서울 봉천동에 있는 교회의 중·고등부 사역자였고, 어느 주일날 남전도회 헌신 예배로 드려진 오후 예배에 강사로 초청된 목사님이 설교를 하셨습니다.

그분은 본문에 대한 전후 설명 없이 "믿음은 바라는 것들의 실상이요 보지 못하는 것들의 증거니라"는 말을 반복하며, 당신이 이러한 믿음으로 성공한 사례들을 말씀하셨습니다. 언젠가 제주도에서 대형 집회를 열기로 해 집회 며칠 전에 제주 공항에 도착했다고 합니다. 준비 담당자에게 집회 장소가 어디냐고 물었더니 제주도에서 가장 큰 교회라고 대답했습니다. 그럼 제주도에서 가장 큰 실내 장소가 어디냐고 물었더니 무슨 체육관이라고 했습니다. 그 목사님은 담당자에게 즉시 집회 장소를 체육관으로 바꾸라고 했습니다. 그러자 주변에 있던 관계자들 모두가 며칠 안에 어떻게 그토록 큰 장소를 채울 수 있는 사람들이 오겠느냐고 만류했습니다. 하지만 자신에게는 믿음이 있다고 했습니다. 비록 지금은 불가능해 보이지만 자신에게는 꽉 찰 수 있다는 믿음이 있고, 믿음은 바라는 것들의 실상이므로 반드시 그렇게 될 거라며 밀어붙였습니다. 결과는 관계자들 모두가 놀랄 정도로 체육관이 꽉 찼습니다. 그 이야기를 하면서 그분은 다시 "믿음은 바라는 것들의 실상이요 보지 못하는 것들의 증거니"라는 말을 반복했습니다.

그 목사님은 이러한 성공 사례를 몇 가지 더 말씀하신 후에 갑자기 1997년 대통령 선거에 본인이 출마한다고 했습니다. 지금은 아무도 자신이 대통령에 당선되리라고 생각하지 않지만, 반드시 자신이 대통령이 된다는 것이었습니다. 자신에게는 믿음이 있다는 것입니다. 믿음이 있으므로 바라는 대로 될 것이고, 보지 못하는 일이 이루어질 것이라면서 반드시 대통령이 된다는 것이었습니다. 그분은 자신이 대통령이 될 것이라는 이런 내용으로 한 시간이 넘도록 설교했습니다. 저는 경악과 가슴 아픔, 분노라는 세 가지의 감정을 한꺼번에 느꼈습니다. 히브리서 1장 1-3절을 자의적으로 해석하는 것에 놀랐고, 대통령 선거 출마라는 자신의 정치적 야망을 위해 그 같은 해석을 하는 것에 분노했고, 하나님의 말씀을 전하는 설교 시간에 자신의 야망을 선전하는 것에 가슴이 아팠습니다.

저는 그때부터 히브리서 1장 1-3절이 본래 무엇을 의미하는지 성도에게 설명해야 한다는 부담감을 갖게 되었습니다. 하지만 일단 대통령 선거가 끝나기를 기다렸습니다. 그 목사님의 설교가 얼마나 어리석고 잘못된 것인가를 성도들이 확인한 후에 설교하고 싶었던 것입니다. 실제로 그분은 다른 군소 후보들보다 더 적은 전체 투표 수의 0.1퍼센트를 얻었습니다. 그 결과가 너무나 저조해 민망할 정도였습니다.

우리 주변에 더 이상 이런 분이 없기를 바랍니다. 성경을 자의적으로 해석하는 일도 없어야 하고, 자신의 정치적 야망을 위해 하나님의 공의와 사랑을 남발하는 일도 없어야 합니다. 특히 목사가 설교하는 자리에서 하나님의 뜻이란 이름으로 자신의 욕심을 드러내고 선전하면 그 설교를 듣는 성도들까지 해치게 됩니다. 성경을 그렇게 해석해도 되는 줄로 착각해 진리에 대한 판단력이 떨어질 것입니다. 또한 성경을 그렇게 해석하면 안 된다는 것을 아는 성도는 그런 설교를 들을 때 마음이 찢어질 것입니다. 정치적 야망이 있는 분은 솔직하게 자신을 표현해야 합니다. 목사라는 직함을 떼고 일반 시민으로서 정치에 입문해야 합니다. 하나님의 뜻을 남용하지 말고 자신의 정치적 소신을 밝혀야 합니다. 이렇게 하는 것이 본인이나 지켜보는 자 모두를 살리는 정직한 행위입니다.

몇 년 전 우리 사회에 북한이 현재에도 남한에 파놓은 땅굴이 있다는 주장이 있었습니다. 이러한 주장이 너무 강하여 국방부는 공식적으로 부인까지 했습니다. 과학적 사례와 실제 측정을 통하여 땅굴이 존재할 가능성이 없다고 답변하였습니다. MBC는 이러한 양쪽의 주장을 비교하여 심층 있게 보도하며 땅굴이 없다는 주장에 비중을 두기도 했습니다. 그럼에도 땅굴이 존재한다고 주장하는 분들은 한국 정부가 북한과의 화해 분위기를 유지하기 위하여 땅굴의 존재를 부인하는 것이라면서 정부를 강하게 비판하였습니다.

그런데 저는 이런 주장을 또다시 교회 설교 시간에 들었습니다. 하나님의 말씀을 전해야 하는 설교 시간에 땅굴이 있다는 주장이 전개된 것입니다. 가까운 목사님들 중에도 이러한 주장을 하는 분이 계십니다. 이분들은 설교에 머물지 않고 교회 게시판에 땅굴이 존재한다는 내용을 붙이기도 하고, 실제로 성도들을 데리고 땅굴 시추 현장에 다녀오기도 합니다. 제가 땅굴에 관하여 이처럼 관심을 갖게 된 것도 주변의 목사님들이 이런 주장을 했기 때문에 놀란 마음으로 정말인지 확인하려고 신문과 인터넷을 뒤지다가 알게 된 것입니다.

저는 이분들의 땅굴에 대한 주장과 정치적 견해를 반박할 생각은 없습니다. 나름대로 근거와 확신을 가지고 있기 때문에 그런 주장을 한다고 생각하고, 정말로 땅굴이 존재한다면 이분들은 큰 역할을 한 셈이 됩니다. 다만 문제는 본인들의 주장을 신앙의 차원으로 돌리는 것입니다. 그냥 개인 자격으로 정치적 견해를 표명해야지 이것을 교회와 신앙으로 끌어들여 설교 시간에 땅굴 이야기를 하고, 교회 이름으로 교회 차량을 이용하여 교회 성도들을 데리고 현장에 다녀오는 것은 위험하고 옳지 않습니다.

앞으로 땅굴이 존재하지 않다는 것이 확실하다고 판명되면, 그동안 설교 강대상에서 땅굴이 존재한다고 설교한 것과 교회 이름으로 현장에 다녀온 행위들은 어떻게 되는 것입니까? 또 설교를 듣는 순간에 땅굴이 없다고 생각하는 성도들은 그 설교를 들으면서 상심하며 시험에 들지 않겠습니까? 그렇게 되면 그 후의 다른 설교에 대해서도 하나님의 종이 아니라 정치적 견해를 가진 한 사람이 전한 것으로 여길 것입니다. 실제로 이런 갈등을 가진 성도들과 상담까지 했고, 결국에는 그 교회를 떠나는 것도 보았습니다.

과거사 청산 문제도 그렇습니다. 에스라 10장을 보면 이방 여인과 결혼한 사람들의 명단이 나옵니다. 10장 18-43절에 걸쳐 직분과 이름까지 구체적으로 자세히 나옵니다. 누군가 이 구절을 들어 과거사는 이렇게 구체적으로 기록하고 알리며 청산하는 것이라고 주장하는 것도 성경을 임의적으로 사용하는 것입니다. 에스라 시대에 이방 여인과 결혼한 사람들은 이방 여인과 그 소생을 다 내버리는 것으로 문제를 해결했습니다. 이러한 해결법은 지금 시대의 관점으로 보면 너무나 비인간적이고 무책임한 처사입니다. 그럼에도 그 시절에 이렇게 했던 것은 이방 족속과 결혼하지 말라는 하나님의 말씀 때문입니다. 이방 족속과 결혼하면 그들의 영향을 받아 그들이 섬기는 신을 좇게 되기 때문입니다. 하나님은 인간적인 것을 넘어서 하나님을 바라보아야 하는 올곧은 신앙을 요구하십니다. 그래서 누가 이방 여인과 결혼하였는지 구체적으로 기록까지 한 것입니다. 그런데 이런 신앙의 차원을 고려하지 않고 바로 과거사 청산 문제에 연결하여 구체적으로 밝혀 기록으로 남기자는 주장은 논리적 비약입니다.

또 예수님이 사람의 죄를 용서하신 것을 갖고 과거사 청산을 반대한다는 주장도 비약입니다. 당장 과거사 청산을 주장하는 사람들은 과거를 용서하지 말자는 것이 아니라 용서하되 무엇이 옳고 그른지를 가려 역사를 올바로 세우자는 차원이라고 반발할 것입니다. 후세에 올바른 역사관을 심어 주어 시대의 양심을 높이는 것이 우리 시대에 필요한 진정한 화해고 용서라고 주장할 것입니다. 일제 시대의 과거사를 들추어내는 것은 어쩔 수 없는 그 시대상을 무시하는 처사고, 정적(政敵)을 몰아세우려는 정치적 의도가 있다면서 과거사 청산을 반대하는 주장에도 분명 일리가 있습니다. 하지만 그것을 예수님이 우리의 죄를 용서하는 것과 연결시킨 것에는 무리가 있습니다. 정치적 견해는 정치적 수준에 멈출 때 더 큰 타당성과 권위를 갖습니다. 함부로 신앙에 연결시키고자 할 때는 오히려 그 논리적 비약으로 인하여 타당성과 권위를 잃기 쉽습니다.

이런 면에서 목사님들은 특히 주의하여야 합니다. 목사님들은 앞의 경우에서 예를 든 것처럼 설교를 통하여 자신의 정치적 견해를 하나님의 뜻으로 표현할 위험이 있기 때문입니다. 일반 성도들은 그냥 사석에서 자신의 정치적 견해를 하나님의 뜻인 양 표현하지만 목사님들은 설교 강단이라는 공적인 자리에서 다수를 상대로 표현할 가능성이 높기 때문입니다. 목사님들은 다수에게 노출되므로 정치적 견해를 표명할 유혹이 더 많고, 표명시 큰 영향력을 끼칠 위험이 있습니다.

목사나 일반 성도나 모두 자신의 내부에서 일어나는 정치적 견해로 인한 감정을 조절할 줄 알아야 합니다. 대통령 탄핵이 국회에서 가결될 때 찬성하는 분들이나 반대하는 분들이나 모두 감정이 고양된 것을 쉽게 관찰할 수 있었습니다. 목사나 성도나 모두 이에 대한 견해를 표명할 수 있습니다. 하지만 어느 것이 하나님의 뜻이라고 말할 때는 주의해야 합니다. 특히 성경을 인용하면서 말할 때는 주의해야 합니다. 자신의 고양된 감정으로 인하여 자신의 주장에 더 큰 권위를 부여하기 위하여 성경을 인용할 때 논리의 비약이 없도록 해야 합니다. 자신의 사적 감정을 충족하려고 성경을 왜곡해서는 안 되는 것입니다.

이러한 것을 피하기 위해 성도들은 진리에 깊이 머물러야 합니다. 진리에 깊이 머물러 우리를 강하게 자극하는 정치적 현안들로 인하여 요동함을 당하지 말아야 합니다. 사람의 속성은 무언가에 대하여 견해를 표명하고 싶어하고, 자신에게 편한 것을 강하게 편들기를 원합니다. 이러한 저급한 인간의 속성을 성도들은 진리로서 제어해야 합니다. 시간이 흐르면 과연 어느 것이 옳은지 자연스럽게 판가름 난다는 것을 알아야 하고, 마음의 흥분과 열정이란 덧없는 것임을 알아야 합니다.

에베소서 4장 14절은 그리스도의 장성한 분량이 충만한 데까지 이르러 어린아이가 되지 아니하여 사람의 궤술과 간사한 유혹에 빠져 모든 교훈의 풍조에 밀려 요동치 않아야 한다고 말합니다. 신문과 인터넷을 보면 얼마나 많은 교훈들이 돌아다니는지 모릅니다. 민감한 정치적 사건이 등장할 때마다 신문과 인터넷은 자신들의 이념에 따라 자신들이 주장하는 쪽으로 정말 그럴 듯해 보이는 논리를 만들어 내고 다양한 방향으로 홍보를 합니다. 우리는 여기에 물들어서는 안 됩니다. 우리는 성경의 진리를 갖고 이 모든 것에 숨어 있는 동기와 인간의 욕심과 나약함을 보아야 합니다.

지금 한국 기독교는 다른 종교에 비해 상대적으로 더 많은 힘을 갖고 있습니다. 숫자적으로나 조직의 결집도나 인원 동원력이나 자본력에서 월등하다고 말할 수 있습니다. 이러한 힘은 그리스도인들에게 사회를 향하여 힘을 구사하고픈 충동을 갖도록 합니다. 성경의 가치를 이 사회에 구현한다는 미명하에 사회적 권력을 획득하여 행사하고픈 욕구를 강하게 갖도록 합니다. 하지만 이럴 때일수록 기독교의 힘을 절제할 줄 알아야 합니다. 하나님의 말씀에 근거하여 시간의 흐름에 상관없이 분명한 일에만 사용하는 분별과 절제가 있어야 합니다.

우리나라 기독교에 주어져 있는 현실적 힘을 기독교의 목사들과 장로들이 단체로 조직하여 사용할 때, 일반 시민 단체처럼 단순한 조직의 결집과 행위가 아니라 하나님의 이름으로 조직을 하고 견해를 표명하고 행동하는 것임을 알아야 합니다. 이렇게 하는 것을 하나님이 기뻐하시기 때문에 한다는 의미가 담겨 있는 것이고, 이렇게 하는 것이 하나님의 뜻이라는 전제가 은연중에 담겨 있는 것입니다. 그러므로 그리스도인들이 어떤 정치적 견해를 주장하거나 행동화할 때는 시간에 상관없이 옳은 것으로 인정받을 일에 대해서만 해야지, 논쟁의 여지가 있고 성도들간에도 의견 차이가 있는 일에 대해서는 해서 안 됩니다. 다르게 생각하는 성도들과 비그리스도인들의 반발을 불러일으켜 결국 기독교의 가치가 저하되고, 실제로 시간이 흐른 후에 주장한 것이 거짓으로 판명이 나면 하나님의 이름이 훼손되는 것이기 때문입니다.

요즘 진보 측이든 보수 측이든 하나님의 이름으로 집회를 하고 기도회를 하는 일이 많아지고 있습니다. 저는 그리스도인들에게 매겨진 진보와 보수라는 표현에 이미 기독교의 진리가 약화된 면이 있다고 봅니다. 하나님의 진리를 믿는 성도들에게는 보수와 진보가 없습니다. 다만 하나님의 진리를 편들 뿐이기 때문에 비그리스도인들의 눈으로 볼 때 어느 때는 진보고 어느 때는 보수일 수 있습니다. 비그리스도인들은 진보와 보수로 나누어져 가치 논쟁을 벌이지만 그리스도인들은 이미 성경의 가치를 받아들였고 이것을 기준으로 비그리스도인들의 보수와 진보의 논리를 판단할 뿐입니다. 그러므로 우리 그리스도인들이 그들의 보수와 진보 논리에 따라 일관되게 보수와 진보로 분류당한다면 이미 우리 자신에게 문제가 있는 것입니다. 성경의 가치보다 사회의 가치에 편향된 면이 있음을 알아야 합니다.

여하간 진보와 보수로 분류되는 그리스도인들은 신앙의 이름으로 집회와 대형 기도회를 열고, 어느 기관에 큰 무리를 이루어 몰려가 실력 행사를 하며 주장하는 바를 쟁취하고자 합니다. 저는 그들의 정치적 주장과 견해에 분명히 일리가 있음을 인정합니다. 다만 그것을 성경의 내용으로 합리화하면서 신적 권위를 부여하는 일을 지적하고자 하는 것입니다. 집회와 실력 행사를 통하여 원하는 바를 이룰지는 몰라도 그것은 단기적인 성과에 지나지 않는 것이고, 다른 성도들과 비그리스도인들로부터 강한 손가락질을 당하는 것임을 알아야 합니다. 이러한 행위는 오히려 하나님의 이름에 누가 되는 것임을 알아야 합니다. 순간의 감정으로 영원한 진리를 재단하는 일이 되어 하나님으로부터 오히려 재단받게 됨을 알아야 합니다.

가이사의 것은 가이사에게, 하나님의 것은 하나님에게

세례 요한과 예수님과 사도들이 이 땅에서 사역할 때 이스라엘은 로마의 식민지였습니다. 나라를 빼앗겨 식민 지배를 받던 그 당시 성도들은 이러한 체제와 상황에 대하여 얼마나 견해 표명을 할 것이 많았겠습니까? 현재의 대통령 탄핵과 행정수도 이전과 국보법 개폐와 과거사 청산 문제에 대한 견해 표명보다 더 강한 명분이 그들에게 있었을 것입니다. 그럼에도 불구하고 예수님이나 세례 요한이나 사도들은 식민 상황에 대한 정치적 견해 표명을 하지 않았습니다.

세례 요한이 분봉왕인 헤롯 왕에 대하여 비판한 것은 헤롯의 정치적 행위에 대해서가 아니라 그가 동생 빌립의 아내 헤로디아를 아내로 맞아들인 행위에 대해서입니다. 동생의 아내를 취한 것이 옳지 않다고 도덕적 판단을 했지, 다른 일들에 대한 정치적 견해는 표명하지 않았습니다.

그런데 세례 요한은 비록 도덕적 판단에 머물렀지만 실은 이것을 통하여 헤롯에게 모든 행위를 돌아보게 한 것입니다. 헤롯이 동생의 아내를 취한 것에 대하여 주변 사람들은 침묵하였습니다. 헤롯의 권력에 아부하다 보니 무엇이 옳고 그른지 판단을 포기하고 무조건 추종한 것이고, 이러한 진리에 대한 침묵은 헤롯에게 진리에 대한 무딘 마음과 무시하는 만용을 갖게 해 정치적 행위에 있어서도 옳고 그름이 아니라 자신에게 유리한가 그렇지 않은가 여부에 따라 행동하게 만듭니다. 세례 요한은 이처럼 근본적인 옳고 그름을 표명함으로써 그가 하고 있는 정치적 사항에 대해서도 고발하면서 옳은 것을 취하도록 강한 지적을 한 것입니다.

이에 바리새인들이 가서 어떻게 하여 예수로 말의 올무에 걸리게 할까 상론하고 자기 제자들을 헤롯 당원들과 함께 예수께 보내어 말하되 선생님이여 우리가 아노니 당신은 참되시고 참으로써 하나님의 도를 가르치시며 아무라도 꺼리는 일이 없으시니 이는 사람을 외모로 보지 아니하심이니이다 그러면 당신의 생각에는 어떠한지 우리에게 이르소서 가이사에게 세를 바치는 것이 가하니이까 불가하니이까 한대 예수께서 저희의 악함을 아시고 가라사대 외식하는 자들아 어찌하여 나를 시험하느냐 셋돈을 내게 보이라 하시니 데나리온 하나를 가져왔거늘 예수께서 말씀하시되 이 형상과 이 글이 뉘 것이냐 가로되 가이사의 것이니이다 이에 가라사대 그런즉 가이사의 것은 가이사에게, 하나님의 것은 하나님께 바치라 하시니 저희가 이 말씀을 듣고 기이히 여겨 예수를 떠나가니라(마 22:15-22).

로마의 식민 지배를 받고 있는 이스라엘 국가에서 로마 황제에게 세금을 바치느냐 안 바치느냐 하는 문제는 중요한 정치적 논쟁이었을 것입니다. 우리나라가 일본의 식민지로 있을 때 일본의 지배에 순응을 하느냐 대항하여 싸우느냐 하는 문제와 비슷하고, 이것은 지금 한창 논쟁중인 과거사 청산 문제와도 관련이 있습니다. 일제 시대의 활동에 대하여 어느 선까지 친일로 보고, 어느 선부터 어쩔 수 없는 시대 상황으로 보아야 하는지오 관련이 있기 때문입니다.

예수님은 체제 순응적인 헤롯 당원들과 독립 지향적인 바리새인들 앞에서 아주 민감한 정치적 견해를 강요당했습니다. 바치라고 하면 이스라엘 민족의 정통성을 부인한 민족 반역자로 몰릴 것이고, 바치지 말라고 하면 로마의 국법을 어긴 범죄자로 몰릴 지경이었습니다. 하지만 이들의 정치적 견해에 대하여 예수님은 정치적 견해로 답하지 않고, 정치보다 본질에 해당하는 신앙의 문제로 답하셨습니다. "가이사의 것은 가이사에게, 하나님의 것은 하나님께 바치라"는 말씀으로 무엇이 본질이고 근본인지를 밝히 드러내신 것입니다.

하나님의 것을 하나님께 바치면 이 세상의 모든 문제는 해결됩니다. 이 땅 위의 모든 만물이 하나님의 것이고, 모든 사람은 모든 것을 하나님께 빚지고 사는 것입니다. 하나님이 사람에게 생명과 물질을 주셨으므로 그들은 하나님이 주신 말씀대로 이 땅 위에서 생명을 영위해야 합니다. 마음과 목숨과 뜻을 다하여 하나님을 섬겨야 하고, 그대로 이웃을 자기 몸처럼 사랑해야 합니다. 이렇게 하는 자가 하나님의 것을 하나님께 바치는 자입니다.

그런데 이런 삶을 사는 자가 정치적 사항에 대하여 불의를 행하겠습니까? 정치적 논쟁과 대립에 있어 겉으로 드러난 견해 차이가 본질은 아닙니다. 그런 정치적 견해를 주장하는 근본 동기가 반드시 있습니다. 당사자들에게는 자신들의 주장이 합당하고 깨끗해 보일지 모르지만, 보다 본질로 들어가면 그 근본은 부패한 인간의 탐욕과 무지에 있습니다. 그래서 바리새인과 헤롯 당원은 이 땅 위의 모든 문제가 정치적인 일로 보이는 것이고, 예수님께는 신앙의 문제로 보이는 것입니다. 참된 신앙의 소유자는 정치적 사안에서도 외모가 아니라 중심을 봅니다.

아무리 외부의 정치적 상황이 악할지라도 참된 성도는 하나님의 것을 하나님께 바칠 수 있는 삶을 살아야 하고, 또 살 수 있음을 앞의 본문은 말하고자 한 것입니다. 가이사의 것은 가이사에게 바치면서도, 하나님의 것은 하나님께 충분히 바칠 수 있는 것입니다. 하나님을 향한 깨끗한 마음을 유지할 수 있는 것입니다. 외부의 정치적 상황과 인간이 씌운 사회적 멍에가 결코 하나님의 것을 바치는 일에 변명과 핑계가 될 수 없습니다. 가이사에게 하나님의 것을 줄 수 없을 뿐만 아니라 그는 이것을 요구해서 안 되고, 그의 이러한 요구에는 순교를 통해서도 거부해야 합니다. 실제로 많은 신앙의 선배들이 로마의 통치하에서 순교를 했습니다. 우리가 섬기는 분은 영원하신 하나님이시기에 영원한 가치를 좇아 그렇게 한 것입니다.

종들아 두려워하고 떨며 성실한 마음으로 육체의 상전에게 순종하기를 그리스도께 하듯 하여 눈가림만 하여 사람을 기쁘게 하는 자처럼 하지 말고 그리스도의 종들처럼 마음으로 하나님의 뜻을 행하여 단 마음으로 섬기기를 주께 하듯 하고 사람들에게 하듯 하지 말라 이는 각 사람이 무슨 선을 행하든지 종이나 자유하는 자나 주께 그대로 받을 줄을 앎이니라 상전들아 너희도 저희에게 이와 같이 하고 공갈을 그치라 이는 저희와 너희의 상전이 하늘에 계시고 그에게는 외모로 사람을 취하는 일이 없는 줄 너희가 앎이니(엡 6:5-9).
사환들아 범사에 두려워함으로 주인들에게 순복하되 선하고 관용하는 자들에게만 아니라 또한 까다로운 자들에게도 그리하라 애매히 고난을 받아도 하나님을 생각함으로 슬픔을 참으면 이는 아름다우나 죄가 있어매를 맞고 참으면 무슨 칭찬이 있으리요 오직 선을 행함으로 고난을 받고 참으면 이는 하나님 앞에 아름다우니라 이를 위하여 너희가 부르심을 입었으니 그리스도도 너희를 위하여 고난을 받으사 너희에게 본을 끼쳐 그 자취를 따라오게 하려 하셨느니라(벧전 2:18-21).

바울과 베드로는 종들과 사환들에게 상전과 주인에게 순종할 것을 말합니다. 공산주의와 같이 계급 투쟁을 지지하고 선호하던 사람들은 성경의 이런 구절들을 보면서 성경은 지배 계급이 하층 계급을 효과적으로 다스리기 위하여 만든 허구라고 가르쳤습니다. 하나님이 종교를 만든 것이 아니고, 사람이 종교와 하나님을 만들었다면서 종교는 인민의 아편이라고 교육했고 탄압도 했습니다.

하지만 이것은 성경에 담겨 있는 진리를 보지 못했기 때문입니다. 바울과 베드로는 결코 상전과 주인들의 편을 들고자 한 것이 아닙니다. 노예제도를 지지한 것도 아닙니다. 다만 무엇이 어느 시대 어느 장소에서나 성도들이 가져야 할 태도인지를 말한 것뿐입니다. 사도 바울도 에베소서 6장 9절에서 상전들도 종들에게 똑같이 하라고 말하지 않았습니까? 공갈을 그치라며, 너희들은 참된 상전이 아니고 하늘에 계시는 하나님이 상전이라고 하지 않았습니까? 외모로 사람을 취하는 일이 없는 하나님이 종이나 육체의 상전이 하는 행동 그대로 갚아 주신다고 하지 않았습니까?

사도 바울과 베드로는 노예제도에 대한 정치적 견해를 표명하지 않았습니다. 다만 종이나 상전이나 그리스도의 종들처럼 마음으로 하나님의 뜻을 행할 것을 말했을 뿐입니다. 이렇게 하면 노예제도의 문제가 근본적으로 해결되는 것이 아닙니까? 바로 이러한 해결을 위하여 예수님이 십자가에 죽으신 것이 아닙니까? 종과 상전보다 더 관계가 나쁜 이리가 어린 양과 함께 거하고 표범이 어린 염소와 함께 눕고 사자가 소처럼 풀을 먹는 일을 위하여 예수님이 부활 승천하신 후 다시 이 땅에 재림하실 것 아닙니까? 기독교는 단순한 효과 개선이 아니라 근본적인 문제를 해결하는 것입니다. 근본적인 한계와 죽음의 문제를 해결하는 것이지 이 땅에서의 단순한 향상을 말하는 것이 아닙니다.

우리 그리스도인들은 노사 대립에 대한 의견 표명을 자주 요구받습니다. 이에 대하여 우리가 할 수 있는 최대의 의견 표명은 앞에 있는 성경 말씀입니다. 이러한 마음을 회복하지 않으면 제도 개선에 한계가 있음을 분명히 말해야 합니다. 여기까지가 신앙의 이름으로 표현할 수 있는 것이지, 여기에서 더 나아가 사용자나 노동자의 편을 드는 것은 정치적 견해입니다. 똑같은 신앙을 가졌어도 자신이 자라면서 무엇을 경험했고, 자신의 현실적 지위가 어디에 속하였고, 주변 사람들이 어떤 사람들인가에 따라 노사 대립에 대한 의견은 다를 수 있습니다. 여기서부터는 신앙의 차원이 아닌 본인의 견해로 표명해야 합니다. 성경이 그렇게 말한다거나 하나님의 뜻이 이렇다고 할 것이 아니라 이미 치열한 노사대립을 경험한 나라들이 어떻게 이 문제를 바라보았그 해결하였는지 여러 사례를 참고하면서 본인의 견해를 말해야 합니다. 이때는 성경과 교회의 목사만이 아니라 관련 도서와 해당 전문가에게서 많은 정보와 자문을 구할 수 있습니다.

행정수도 이전 여부도 중요하지만 더 중요한 것은 사람들의 마음입니다. 더불어 나누며 열심히 살려는 마음이 있다면 행정수도가 어디에 있느냐는 부차적인 문제가 됩니다. 그러므로 우리 그리스도인들이 이러한 본질을 제쳐 놓고 행정수도 이전 여부에 대해서도 성경적 견해라는 말로 표현을 해서는 안 됩니다. 우리가 먼저 더불어 살려는 마음을 가져야 하고, 우리의 죄를 위하여 죽으시며 의롭게 해주신 하나님의 은혜를 감사하고 찬양하고 세상을 향하여 선포해야 합니다.

과거사 청산 문제도 사람의 별수 없음과 예수님의 용서하심을 깊이 안다면 청산을 하나 안하나 별 차이가 없습니다. 청산을 하는 자도 용서라는 차원에서 역사 세우기를 할 것이고, 청산하지 말자고 주장하는 자도 비록 청산하지 않지만 죄에 대한 결연한 의지가 있으므로 청산한 것이나 마찬가지입니다. 그러므로 청산 문제에 대한 논쟁이 분명 현실적으로 중요하지만, 이보다 더 중요한 것은 죄와 용서에 대한 성경적 인식입니다.

이런 일을 제쳐 놓고 교회와 노회와 총회의 이름으로 행정수도 이전과 국보법 개폐에 대한 견해를 표명하는 것은 너무나 많은 것을 잃게 되는 행위입니다. 먼저 같은 교회와 노회와 총회에 속하였을지라도 다른 견해를 갖는 목사와 성도를 잃는 것이고, 시간이 흐른 후 표명한 견해가 잘못 되었을 때는 하나님의 이름을 욕되게 하는 것입니다. 하나님의 이름으로 나온 시국 선언문을 지켜보는 비그리스도인들은 더욱 강한 정치적 성향을 가진 자들이므로, 자신들과 다른 견해라면 기독교 환자들이 별 쓸데없는 짓을 한다며 예배

당에서 처박혀 복 달라고 기도나 할 것이지 웬 분수 모르는 짓이냐고 비난할 것입니다. 찬성하는 자들일지라도 그리스도인들도 잘 이용하면 쓸모가 있다며 수시로 이용하려고 정치적으로 접근하려고 들 것입니다.

정치적 논쟁은 정치인들의 고도의 계산 속에서 펼쳐지는 논쟁들이 많습니다. 자신들의 정치적 목적을 달성하기 위하여 그럴 듯한 명분을 내세우고 논리를 만들어 냅니다. 그런데 순진한 목사들과 성도들이 이것을 모르고 그들이 쉽게 내세우는 명분과 논리에 빠져 먼저 흥분을 합니다. 정치인들에겐 국민을 다양한 내용과 기법으로 설득하고 흥분시켜 자신의 주장을 따르게 하는 속성이 있습니다. 그래서 언론을 통하여 국민들을 흥분시키고 설득할 것인지 살짝 시험해 보기도 합니다.

그런데 이런 일에 진리를 갖고 있는 그리스도인들이 오히려 비그리스도인들보다 흥분하여 더 빨리 지지와 반대를 표명하는 것은 그들의 정치적 의도에 걸려드는 성급하고 어리석은 행위입니다. 그럼에도 불구하고 그런 일에 기독교라는 이름을 내걸고 대형 집회와 기도회를 열고, 신문에 돈을 주고 광고 형태로 성명서를 실어야 하겠습니까? 이런 그리스도인들을 보면 볼수록 정치인들은 결코 기독교의 진리를 존중하지 않을 것이고, 오히려 자신들과 같은 유형의 사람들로 알고 만만하게 여기고 우습게 여기며 이용하려고만 들 것입니다.

그리스도인은 분명 사회에 속한 시민입니다. 그러므로 정치적 견해를 선거와 투표를 통하여 표현하고 견해가 같은 사람끼리 모일 수 있고 그 견해를 표현할 수도 있지만, 이것에 하나님의 뜻이란 이름을 붙이며 신앙의 차원으로 만들어서는 안 됩니다. 하나님의 뜻과 성경적 견해라는 말은 시대가 흘러도 변하지 않는 내용, 즉 성경이 명백하게 말하는 것에만 사용해야 합니다. 그렇지 않고 함부로 하나님의 뜻을 남발하다가 정말로 하나님의 이름을 욕되게 해서는 안 됩니다. 사람은 시대의 영향을 받기 때문에 시대의 강한 가치에 지배당하기 쉽습니다. 하지만 그리스도인은 이것을 이겨내야 합니다. 우리의 싸움은 진리로 시대의 가치를 이겨내는 싸움입니다.

> 우리가 육체에 있어 행하나 육체대로 싸우지 아니하노니 우리의 싸우는 병기는 육체에 속한 것이 아니요 오직 하나님 앞에서 견고한 진을 파하는 강력이라 모든 이론을 파하며 하나님 아는 것을 대적하여 높아진 것을 다 파하고 모든 생각을 사로잡아 그리스도에게 복종케 하니(고후 10:3-5).

우리의 마음에 이는 욕구들을 사로잡아야 합니다. 시대의 유행이 우리를 압박하며 시대의 가치를 따르라고 요구할 때 이를 뿌리쳐야 합니다. 요즘 드라마와 영화를 보십시오. 우리가 잘 느끼지 못하게 시대의 가치가 녹아 있습니다. 아름다운 청춘 남녀가 만난 지 얼마 되지 않았는데도 자연스럽게 성관계를 갖습니다. 결혼도 하지 않은 채 계약 동거를 하는 장면이 주변의 반발도 없이 묘사되어 이렇게 하는 것이 옳은 일이라는 인식을 시청자에게 심어 주고 있습니다. 사회의 가치를 따라 젊음을 바치고 목숨을 바치는 일이 아름답게 묘

사되고, 정말 목숨을 바쳐야 할 중요한 일이 무엇인지를 망각하게 합니다.

드라마와 영화와 책들은 성경의 진리를 가르치지 않습니다. 우리가 매일 접하는 텔레비전과 신문도 성경의 진리를 말하지 않습니다. 우리는 이런 환경에 살기 때문에 성경의 진리보다는 시대의 가치에 물들기가 쉽습니다. 우리도 모르는 가운데 시대 정신에 물들고 있습니다. 골로새서 2장 8절은 "누가 철학과 헛된 속임수로 너희를 노략할까 주의하라 이것이 사람의 유전과 세상의 초등 학문을 좇음이요 그리스도를 좇음이 아니니라"고 말하고 있습니다. 철학과 헛된 속임수가 교묘하게 다양한 형태로 우리를 넘보고 있는 것입니다. 골로새서 2장 18절은 세상 사람은 "본 것을 의지하여 그 육체의 마음을 좇아 헛되이 과장"한다고 말합니다. 하나님의 진리를 보지 않고 하나님의 영이 말씀하시는 것을 좇지 않고, 아름다움과 감동과 대의명분과 효율과 같은 다양한 이름으로 과장하여 우리를 미혹하는 것입니다.

정치적 견해도 그 중 하나입니다. 정치적 견해야말로 그 어느 것보다도 보는 것을 의지하고, 육체의 마음을 좇고, 과장 왜곡하는 대표적인 것입니다. 우리가 정치적 견해에 그 어느 것보다도 더 쉽게 빨려들고 흥분한다면 더욱 주의해야 합니다. 우리가 이미 그들의 헛된 과장에 속아 그들의 초등학문을 좇는 것이 아닌지 면밀히 검토해 보아야 합니다. 신문과 텔레비전과 인터넷을 통해 정치적 정보를 흡수하는 일은 단순히 정보를 얻는 것이 아니라 시대 가치에 우리가 스며드는 것이고, 그들의 논리에 따라 기뻐하고 분노하게 되는 것입니다. 우리가 그들에게 파헤침을 당하는 것이고 사로잡힘을 당하는 것입니다.

그러므로 우리는 먼저 하나님 말씀을 배워야 하고 성경을 읽어야 하고 하나님 앞에 깊이 기도하여야 합니다. 정치적 정보를 바라보는 말씀의 눈을 길러야 하고, 우리 마음에 이는 감정을 하나님의 진리에 순응하도록 깊이 기도할 줄 알아야 합니다. 우리는 모든 정치적 이론을 파해야 하고, 모든 감정을 사로잡아 그리스도께 복종케 해야 합니다. 우리는 오직 골로새서 2장 7절이 말하는 바와 같이 "예수 안에 뿌리를 박으며 세움을 입어 교훈을 받은 대로 믿음에 굳게 서서 감사함을 넘치게" 하는 자가 되어야 합니다.

그렇게 한 후에는 정치적 견해를 표명해도 무방합니다. 하나님을 아는 일에 장성한 자로 자라서 모든 이론을 파하고 모든 생각을 사로잡을 때 우리는 정치적 견해를 표명해야 합니다. 모든 시대의 가치는 한계가 있고, 사람의 욕심과 무지가 담겨 있습니다. 시간이 흐르면 초라한 모습으로 정체를 드러내게 됩니다. 오직 주의 말씀만이 세세토록 존재할 뿐입니다. 이 말씀을 먹고사는 자가 되어야 합니다.

∷ 곰곰이 생각해 봅시다

1. 설교 시간에 일방적인 정치적 견해를 들었을 때 어떤 느낌이었는지 나누어 봅시다.

2. 같은 신앙을 고백하면서도 다른 정치적 견해를 갖는 것은 자연스럽습니까 이상한 일입니까?

3. 기독교가 신앙의 이름으로 정치적 견해를 표명했다가 시간이 지난 후 잘못된 것으로 판명이 난 사례가 있다면 나누어 봅시다.

4. 마태복음 22장 15-22절을 읽고 나누되, 특히 "가이사의 것은 가이사에게, 하나님의 것은 하나님에게"라는 구절이 무엇을 의미하는지 나누어 봅시다.

5. 에베소서 6장 5-9절, 베드로전서 2장 18-21절은 노사 관계에 대하여 무엇을 말해 줍니까? 이 구절에 의거하여 구체적으로 노사 정책을 제안할 수 있습니까?

6. 드라마나 영화에 녹아 있는 잘못된 시대의 가치를 나누어 봅시다. 이것에 물들지 않기 위하여 성도들이 무엇을 해야 하는지도 나누어 보십시오.

6
'다르다'와 '틀리다'
다르다와 틀리다는 엄연히 다른 것

'다른 것'과 '틀린 것'

요즘 들어 '다르다'와 '틀리다'는 서로 다르다는 것을 신문과 방송에서 강조하는 것을 자주 접합니다. 우리나라 사람들이 얼마나 단일한 문화와 가치에 편중되어 있는가를 다룰 때 많이 나오는 말입니다. 우리나라처럼 단일 민족을 강조하는 나라도 그리 많지 않고, 강조하다 보니 단일 문화와 가치도 자연스레 강조됩니다. 길거리를 걸어 보아도 외국인이 눈에 많이 띄지 않습니다. 외국인 노동자가 많이 들어와 있다고 하지만 아직은 다양한 인종을 쉽게 볼 수 없습니다. 다양한 인종이 한 국민을 이루고, 한 국민이 아니더라도 한 생활권에 있는 나라들은 다양한 문화와 가치가 공존하는 연습을 오래 전부터 한 셈입니다.

그래도 지금은 국제화 시대다 보니 다양한 문화와 가치를 접하게 됩니다. 외국에서 생활하다 보면 눈에 확 튀는 옷차림을 종종 보게 됩니다. 저는 놀라서 쳐다보지만 주변 사람들은 개의치 않습니다. 저는 그런 그들에게 또 한 번 놀라게 됩니다. 요즘 우리나라도 소수의 목소리에 귀를 기울입니다. 인터넷의 발달은 그러한 경향을 부추겨 다양한 취미와 기호와 주장이 자기 목소리를 내고 있습니다. 인터넷은 카페, 동호회, 커뮤니티 등의 이름으로 전국에 흩어져 있는 사람들이 쉽게 모일 수 있는 공간을 허락해 소수 모임도 가능해졌습니다.

그런데 이렇게 서로 다른 것을 강조하는 것이 필요하고 또 중요하지만, 다른 것을 지나치게 강조하다 보면 정작 틀렸을 때 틀렸다고 말하기가 쉽지 않은 단점이 있습니다. 틀린 것마저도 다른 것으로 생각하기 쉬운 것입니다. 사회가 다른 것을 용인하는 분위기에서 그것은 '틀렸다' 라고 지적하면 눈총을 받기 쉽습니다. 절대 가치를 부인하는 지금 다른 것을 강조하는 것도 중요하지만, 틀린 것을 지적하는 일은 더 필요한 일이고 소중한 일입니다. 그리고 여기에는 많은 용기와 지혜가 필요합니다.

다르다와 틀리다는 하나님의 뜻을 분별하는 일에서도 문제가 됩니다. 성경이 명백하게 말하는 내용에 위배되는 것을 하나님의 뜻이라고 하며 행동에 옮기는 것은 분명 잘못된 것이고 틀린 것입니다. 이것은 어느 시대 어느 장소에서나 그리스도인이면 '틀렸다' 라고 말해야 합니다.

그런데 아침에 빵을 먹는 것이 좋은지, 밥을 먹는 것이 좋은지에 대해서는 어떤 것이 하나님의 뜻이라고 말할 수 없습니다. 인문계를 지원할 것인지 이공계를 지원할 것인지도 하나님의 뜻이라고 단정할 수 없습니다. 이런 것들은 개인의 적성과 선호에 따라 결정되어야 합니다. 그러므로 그리스도인은 다른 사람들과 함께 결정할 일이 있을 때 다른 것인지 틀린 것인지를 먼저 분별할 줄 알아야 합니다. 하나님의 말씀에 비추어 틀린 것이라면 절대 양보하지 말아야 합니다. 하지만 하나님의 말씀에 비추어 볼 때 틀린 것이 아니라 개인의 차이로 인한 다른 것이라면 상대방의 의견을 존중할 줄 알아야 합니다.

바울과 바나바는 무엇이 다른가?

바나바와 바울이 심하게 다툰 적이 있다는 것을 알고 있습니까? 초대 교회의 큰 지도자라 전혀 다툴 것 같지 않은 이 두 사람이 크게 다투었습니다. 다음 본문은 그들의 다툼을 보여 주는데, 이를 통해 하나님의 뜻을 기질에 따라 어떻게 분별하는지 살펴볼 수 있습니다.

바울과 바나바는 안디옥에서 유하여 다수한 다른 사람들과 함께 주의 말씀을 가르치며 전파하니라 수일 후에 바울이 바나바더러 말하되 우리가 주의 말씀을 전한 각 성으로 다시 가서 형제들이 어떠한가 방문하자 하니 바나바는 마가라 하는 요한도 데리고 가고자 하나 바울은 밤빌리아에서 자기들을 떠나 한 가지로 일하러 가지 아니한 자를 데리고 가는 것이 옳지 않다 하여 서로 심히 다투어 피차 갈라서니 바나바는 마가를 데리고 배 타고 구브로로 가고 바울은 실라를 택한 후에 형제들에게 주의 은혜에 부탁함을 받고 떠나 수리아와 길리기아로 다녀가며 교회들을 굳게 하니라(행 15:35-41).

여러 성에서 복음을 전하고 돌아온 바울과 바나바는 다시 이들 성으로 돌아가 사정이 어떠한지 살펴보고 싶었습니다. 이때 바나바가 마가를 데리고 가자고 하자 바울이 반대했습니다. 바울이 반대한 이유는 여러 성에서 복음을 전할 때 마가가 중간에 포기하고 다른 곳으로 떠났다는 것이었습니다. 이들이 이 문제로 얼마나 심하게 다투었는지 결국 갈라서 버렸습니다. 바나바는 마가를 데리고 떠났고, 바울도 실라와 떠났습니다.

바나바의 주장은 그의 전력을 보면 충분히 짐작이 되는 일입니다. 먼저 사도행전 4장 끝부분을 보면 바나바는 밭을 팔아 사도들에게 주고 사람들에게 필요한 만큼 나눠 주도록 했습니다. 이런 선한 행위들 때문에 원래 요셉이던 그의 이름이 격려자라는 뜻을 가진 바나바로 바뀌기까지 했습니다.

사도행전 9장 26절을 보면 바울은 예루살렘으로 가서 제자들을 사귀고 싶었지만 예전에 성도들을 핍박한 적이 있기 때문에 제자들이 그를 두려워해 사귈 수가 없었습니다. 이때 바나바가 사도들에게 바울을 데리고 가서 그가 어떻게 마음을 돌이켰는지, 그 후 어떻게 사람들에게 복음을 전했는지를 설명했습니다. 바나바의 설명 덕분에 바울은 제자들과 사귈 수 있었습니다. 사도행전 11장 25절을 보면 안디옥에서 복음을 전하고 복음을 굳힌 바나바는 바울을 찾아 다소로 갔고, 바울을 찾아 안디옥으로 데리고 와서 함께 큰 무리를 가르쳤습니다. 바울의 은사를 알기에 동역자로 발굴해 크게 사용한 것입니다.

이것들을 보면 바나바는 이름 그대로 있는 재산을 팔아 없는 자들을 도와주는 것을 기뻐하는 사람이고, 아직 충분히 신뢰를 얻지 못한 사람을 변호하는 것을 기뻐하는 사람이며, 그런 사람을 지도자로 세우는 것을 기뻐한 사람입니다. 바나바가 이런 성향과 기질을 가진 인물이라서 비록 마가가 복음을 전하다 떠난 적이 있지만, 다시 복음을 전하는 일꾼으로 세운 것입니다. 바나바는 바울에게 마가가 비록 선교 도중에 떠났지만 그렇다고 예수님을 떠난 것은 아니며, 반성하고 다시 선교에 헌신하고 싶어하고, 그의 나이가 아직 어리고 선교에도 초보자이므로 그에게 다시 한 번 기회를 주자고 말했을 것입니다.

이에 비해 바울은 어떤 사람이었습니까? 스데반이 돌에 맞아 순교할 때 그를 고발한 증인들이 옷을 벗어 어디에 두었느냐 하면 바로 바울 앞이었습니다. 바울은 제자들이 유다와 사마리아 모든 땅으로 흩어지자 남은 교회를 쓸어 버리기 위해 집집마다 쳐들어가 남녀를 끌어내 옥에 가두고, 흩어진 제자들을 잡아 결박해 예루살렘으로 데려오려고 대제사장에게 다메섹 여러 회당에 갈 공문을 청하기까지 한 사람이었습니다. 바울은 이처럼 살기등등하게 제자들을 핍박한 사람이었습니다. 한 번 시작하면 끝을 보는 성격이었습니다.

바울은 회심한 이후에도 그의 성격과 기질대로 열심히 복음을 전파했습니다. 회심하는 과정에서 바울은 사흘 동안 보지 못하고 식음을 전폐하다가, 다시 보게 되고 음식을 먹어 건강해지자 며칠 후 바로 각 회당을 돌며 복음을 전파했습니다. 죽음을 무릅 쓴 세계 선교를 세 번이나 했고, 돌에 맞아 거의 죽게 되었지만 다음날이면 다시 복음을 전했습니다. 때와 장소를 가리지 않고 복음을 전했는데, 그런 와중에도 여러 곳에 지도와 격려의 편지를 보냈습니다.

바울은 또 확인되고 검증된 사람을 택했습니다. 바울이 디모데를 택해 같이 선교 여행을 한 이유만으로도 알 수 있습니다. 성경은 "그 모친은 믿는 유대 여자요 부친은 헬라인이라 디모데는 루스드라와 이고니온에 있는 형제들에게 칭찬받는 자니"(행 16:1, 2)라고 말합니다. 바울은 디모데의 모친과 외할머니에게 거짓이 없는 믿음이 있음을(딤후 1:5) 확인하고, 그런 가정에서 자란 디모데도 거짓 없는 믿음을 가졌을 거라고 생각했습니다. 더구나 그는 주변 형제들에게 칭찬받고 있었으므로 그를 택한 것입니다. 그러므로 사역에 한 번 실수한 마가를 다시 고용하는 문제로 바나바와 첨예하게 대립했던 것입니다. 바나바는 현재보다 미래의 가능성을 보지만, 바울은 현재의 가능성으로 미래를 보았기 때문입니다.

둘 중 누가 옳습니까? 누가 옳다고 하기가 어렵습니다. 누구 한 명이 틀렸다기보다는 서로 다르다고 해야 합니다. 결과적으로는 바나바가 옳았다고 할 수 있습니다. 왜냐하면 마가는 그 후 마가복음까지 쓰는 큰 일꾼으로 자랐기 때문입니다. 하지만 결과적으로 바울이 틀렸다고 할 수는 없습니다. 야구 경기에서 두 점 차로 지고 있는데 노아웃에 1루에 주자가 나가 있는 상황에서 강공책을 써야 합니까,

번트 작전을 써야 합니까? 이 또한 감독의 성향에 따라 작전은 달라집니다. 결과만으로 감독을 책망하거나 칭찬할 수는 없습니다.

안디옥 교회는 바울의 손을 들어 주었습니다. 앞의 본문 39절과 40절을 비교해 보면 바울은 안디옥 교회의 환송을 받으며 떠나는데, 바나바는 어땠는지 언급이 없습니다. 그 후로도 성경은 바나바 일행 대신 바울 일행에 대해서만 기록하고 있습니다. 물론 이런 내용만으로 교회가 바울의 손을 들어 주었다고 속단할 수는 없지만 최소한 안디옥 교회가 바울에게 호의적이었다고 할 수는 있습니다.

또 바울이 마가를 데리고 가는 것을 거부했다고 해서 바울이 마가를 완전히 인정하지 않았고, 재기할 기회도 주지 않았다고 단정해서도 안 됩니다. 바울이 거부한 것은 선교 동행이었지 그의 됨됨이와 가능성까지 완전히 부인한 것은 아닙니다. 아마도 바울은 선교 여행이라는 중책을 다시 맡기기 전에 덜 중요한 일을 맡겨 잘하는지 확인한 후 선교에 동행하자고 바나바에게 제안했을지도 모릅니다. 바울은 마가라는 인간을 거부한 것이 아니라 검증되지 않은 그의 선교 자세를 거부했다는 사실은 강조되어야 합니다. 그러므로 바나바는 마음이 너그럽고 사람을 잘 수용해 마가라는 큰 일꾼을 키워 냈고, 바울은 많은 일을 하기는 했지만 너무 완고하고 엄격해 큰 일꾼을 놓칠 뻔했다고 결론 지어서는 안 됩니다. 결과적으로 이들을 평하기보다 이들은 단지 서로 다른 성향과 기질을 가진 사람들이었다고 기억하면 됩니다.

목회자의 다툼

교회 지도자들 사이에 벌어진 싸움 때문에 시험에 들었다고 하는 분들이 많습니다. 주일날 예배 때마다 사랑하고 용서하라고 가르치는 목사님이 어떻게 장로님들과 싸울 수가 있느냐 하는 것도 그런 예 가운데 하나입니다. 저는 이런 분들께 바울과 바나바가 심히 다투어 갈라서기까지 했다는 사실을 말씀드리고 싶습니다. 사랑과 용서를 누구보다 많이 말한 바울과 초대 교회의 큰 지도자인 바나바가 얼마나 심하게 싸웠으면 갈라서기까지 했겠습니까?

바울과 바나바도 사람이기 때문에 싸운 것입니다. 이들도 죄인이어서 자신들이 설교하고 가르치는 대로 완벽하게 살 수는 없었습니다. 그것을 지향하며 살아가지만 어쩔 수 없이 죄를 짓습니다. 디모데전서 3장 3절에서 바울은 감독 자격에 대해 말하면서 "다투지 아니하며"라고 말합니다. 이렇게 말한 사람이 심하게 싸웠으니, 바울은 말만 앞서는 사람인지도 모릅니다. 하지만 바울이 말한 '다투지 아니한다'는 한 번도 다투지 않는다는 것이 아니라 다투지 않으려고 노력하고 실제로도 잘 다투지 않는다는 뜻입니다. 다투고 나면 하나님 앞에서 부끄러워하고 회개하는 사람이라는 뜻입니다.

실제로 한 번도 다투지 않는 사람이 감독이 되어야 한다면 누구보다 제가 먼저 목사직을 내놓아야 하고, 다른 목사님들과 장로님들도 모두 그만두어야 합니다. 바울도 사도직에서 물러나야 합니다. 그러므로 교회에서 목사님과 장로님이 다툰다고 해서 큰 시험에 들지 말기를 바랍니다. 교회 지도자들도 싸울 수 있다는 것을 아시기 바랍

니다. 중요한 것은 싸운 그 다음입니다. 바울은 마가를 인정하지 않
겠다고 바나바와 싸운 후에 그 생각을 끝까지 유지한 것이 아니라,
디모데후서 4장 11절에서 "네가 올 때에 마가를 데리고 오라 저가
나의 일에 유익하니라"고 말했습니다. 바울은 마가가 바나바와 동
행한 선교에서 훌륭하게 임무를 완수해 내자 그를 다시 중요한 일
에 기용하였고, 그래서 디모데에게 마가를 데려오라고 했습니다.
그리고 기꺼이 그를 칭찬했습니다. 골로새서 4장 11절에서는 그를
하나님 나라를 위해 함께 역사하는 자이고 자신에게 위로가 되는
자라고 평했습니다. 빌레몬서 24절에서는 마가를 동역자라고 불렀
습니다. 여기에는 마가에 대한 불편한 심정도 전혀 보이지 않고, 그
를 낮게 보는 시각도 전혀 없습니다. 마가에 대한 바울의 이러한 변
화는 바나바에 대해서도 어떤 변화가 있었는지를 충분히 짐작할 수
있습니다.

　사람은 다툴 수 있습니다. 교회 지도자라도 다툴 수 있습니다. 중
요한 것은 다툼을 부끄러워하고, 앞으로는 다투지 않으려고 회개하
는 마음이며, 다툰 사람과 화해하는 것입니다. 이것이 다툼에 대한
하나님의 뜻으로, 다투었다고 무조건 비난하거나 자격이 없다고 못
박아서는 안 됩니다.

기질에 따라 다른 하나님의 뜻

아내와 결혼해 살면서 저도 여러 번 다투었습니다. 어느 날 다툰 것들을 종합해 보니 틀린 것 때문에 다툰 적은 몇 번 되지 않고, 대부분 다른 것 때문에 다투었다는 것을 알게 되었습니다. 다툰 후에 마음을 가라앉히고 왜 서로 그런 반응을 보였는지 확인해 보면 서로가 다른 환경에서 자란 문화적 차이 때문이고, 서로 다른 기질과 성향 때문이었습니다. 대화를 통해 서로에 대해 많이 알게 되면서 다투는 일이 점점 줄어들었습니다.

교회에서 발생하는 대부분의 분쟁도 이 '다른' 것 때문에 일어납니다. 본인들은 틀렸다고 싸우지만, 실상은 달라서 싸웁니다. 자신과 다르면 불편하고, 이런 불편이 쌓이면 그때부터는 상대방이 자신에게 적의와 불만을 가졌다고 생각합니다. 그러다 점점 날카로워져 작은 차이에도 민감하게 반응해 크게 다투고 마는 것입니다.

사람의 기질에 따른 차이를 연구해 놓은 것 중에 MBTI라는 성격 유형 검사가 있습니다. 성격에 따라 사람이 어떤 일정한 방향으로 행동하는 것을 알 수 있는데, 이를 파악하면 자신과 상대방에 대한 이해가 깊어져 불필요한 마찰과 갈등을 피할 수 있습니다. 왜 상대방이 이렇게 행동하는지, 왜 저 사람과는 자주 맞서고 이 사람과는 죽이 잘 맞는지 알게 되어 문제를 미연에 방지할 뿐만 아니라 문제가 생겼을 때도 잘 해결할 수 있습니다. 예를 들어 봅시다. 오갈 데 없는 장애아들을 돌보는 시골의 전드사님으로부터 긴급 후원 요청이 들어왔습니다. 기숙사가 화재로 전소되어 지금 당장 도움이 필요

하다는 것입니다. 교회는 제직회를 열어 구제에 관한 결정을 내리기
로 했습니다.

장로 A: (서기의 안건 보고가 있자마자 바로 일어나 애처로운 표정을 지은 채)
성경은 과부와 고아같이 약한 자를 돌보라고 말했으므로 우리 교회
가 장애인을 위한 기숙사를 짓는 데 드는 비용을 지원하는 것이 하
나님의 뜻이라고 생각합니다.

(잠시 침묵이 흐른다.)

집사 B: 장애인을 돕는 것도 좋지만 교회 예산을 생각해야 합니다. 제가
알기로 우리 교회는 다른 교회보다 더 많이 구제하는 것으로 알고
있고, 이미 재정 상태가 좋지 않은 것으로 알고 있습니다. 이런 상
태에서 무조건 구제를 늘리는 것만이 능사가 아닙니다. 교회 재정
을 건전하게 꾸리는 것도 하나님의 뜻이고, 교회에는 구제 못지않
게 중요한 사항들이 있습니다. 실제로 교육비 지출을 늘려 달라는
주일 학교의 요청이 많은 것으로 알고 있습니다. 구제만 하다 보면
교회가 아니라 마치 사회 사업을 하는 곳이 되어 버리고, 후원 요청
을 한다고 즉시 들어 주면 소문이 퍼져 전국에서 후원 요청이 쇄도
할 것입니다. 쉽게 결정하지 말고 앞뒤를 살펴보고 냉정하게 결정
하면 좋겠습니다.

집사 C: 교회 재정은 좋았다 나빴다 하는 것이고, 필요가 있으면 채워지
는 것이므로 너무 예산, 예산 할 필요가 없다고 생각합니다. 천지의
주인이신 하나님이 우리 교회가 좋은 일에 재정을 쓰면 더 많은 성
도를 보내 주시어 더 많이 헌금하게 하실 것입니다. 교회 헌금은 좋

은 곳에 쓰일 때 의미가 있는 것이지, 균형 예산을 맞추는 것에 의미가 있는 게 아닙니다. 계속해서 우리 교회에 후원 요청이 들어오는 것을 보니 하나님은 우리 교회가 이런 일에 집중하기를 원하시고, 이런 일에 하나의 모범이 되기를 원하시는 것 같습니다. 이번 기회에 아예 찔끔찔끔 후원을 할 것이 아니라 후원을 하는 곳들과 긴밀한 관계를 유지할 수 있는 조직을 만들어 크게 후원해 주면 좋겠습니다. 청년회와 남녀 전도회가 이들과 일대일 관계를 맺어 이들의 상황을 파악한 후에 통 크게 도와주는 것도 생각해 보면 좋겠습니다.

장로 D: 우리가 도와야 한다 말아야 한다, 균형 예산이냐 재정 적자냐를 따지기 전에 정확하게 우리의 재정 상태와 후원을 요청한 곳의 재정 상태를 알 필요가 있다고 봅니다. 우리 교회가 전체 예산의 몇 퍼센트를 외부 구제에 사용하고 있는지, 매월 적자가 정확히 얼마나 되는지 실제 자료를 통해 알아보고, 그곳이 정말로 후원이 필요한 곳인지, 후원금은 얼마나 필요한지, 얼마나 급하게 필요한지 답사해 보고 나서 후원 여부와 후원 액수를 결정하는 게 하나님의 뜻이라고 생각합니다.

집사 E: 장로님은 항상 무슨 일이 있을 때마다 정확한 상태를 알아볼 것을 강조하십니다. 물론 그러한 일도 필요하겠지만, 그러한 과정을 밟다가 몇 번인가 큰 낭패를 본 적이 있습니다. 몇 년 전 교회를 짓기에 좋은 땅이 나와 제직회를 열었을 때 정말로 그 땅이 싼지, 싸다면 왜 주인이 그 가격에 내놓았는지, 그 땅에 교회를 건축하는 데 법적인 하자는 없는지, 인근 주민들의 반대는 없는지 등을 너무 꼼

꼼히 살피는 동안 다른 교회가 그 땅을 구입했습니다. 그 교회는 정말 싼 가격에 구입해 얼마나 멋진 교회당을 지었는지 모릅니다. 이번 일도 너무 자세히 알아보다 필요한 때 돕지 못하면 안 됩니다. 그러므로 일단 백만 원을 후원하기로 하고, 자세한 상황을 파악한 후에 더 지원할 것인지 여부를 결정하는 것이 하나님의 뜻이라고 생각합니다.

집사 F: 저는 제직회에 참여할 때마다 시험에 듭니다. 설교 말씀을 통해 받은 은혜를 모두 잃어버리는 것 같습니다. 도대체 하나님의 뜻이 왜 그렇게 많습니까? 서로 양보하고 상대방을 존중해 결정했으면 좋겠습니다. 그리고 제발 함부로 하나님의 뜻이라는 말을 하지 않았으면 좋겠습니다. 저는 어떤 결정도 좋으니 상대방을 무시하고 자기만 옳다는 식으로 말하지 않았으면 합니다. 저는 이것이 바로 하나님의 뜻이라고 생각합니다.

집사 G: 여러 사람이 의견을 말했지만 한 가지 의견으로 좁혀지지 않고 있습니다. 이렇게 하다가는 밤을 새워도 결론이 나지 않을 것 같습니다. 토론은 이 정도로 하고 이제 다수결로 결정했으면 합니다. 의견이 다를 때는 다수결로 하는 게 하나님의 뜻이라고 봅니다. 먼저 지원을 할 것인지 말 것인지를 다수결로 결정하고, 지원하기로 결정이 나면 얼마를 지원할 것인지도 다수결로 물었으면 합니다. 회의는 짧을수록 좋지 너무 길면 정말 회의에 빠지게 됩니다. 벌써 제직회를 끝내기로 한 약속 시간을 넘기고 있습니다. 시간을 잘 지키는 것도 하나님의 뜻이라고 생각합니다.

장로 H: 정해진 시간 안에 결정하는 것도 좋지만 이 상태로 끝나 버리면

대충대충 결정하는 게 됩니다. 아직 의견을 발표하지 않은 회원들의 의견도 일단 간략하게나마 들은 후 조금 더 생각하고 결정했으면 합니다. 시간이 걸리더라도 다수결로 하지 말고 될 수 있으면 전체가 동의하는 의견을 만들어 냈으면 합니다. 다수결은 항상 소수를 배제하는 느낌이 들어서 마치 교회가 둘로 나뉘는 것처럼 마음이 아픕니다. 무엇보다 하나님은 우리가 하나 되는 것을 원한다고 생각합니다.

앞의 대화에서 모든 사람은 자기 의견이 하나님의 뜻이라고 말했습니다. 한 안건을 놓고 저마다 하나님의 뜻이라고 말했으니 한 사람만 맞고 나머지는 틀린 셈이 되는 것입니다. 하지만 그렇지 않습니다. 사람마다 하나님의 뜻으로 우선하는 것이 달라서 그렇지, 한 사람만 빼놓고 다 틀렸다고 할 수 없습니다. 이 사람들이 갖고 있는 문제점은 다른 사람들의 의견을 충분히 존중하지 않는 자세일 뿐이지, 그들 한 명 한 명의 의견은 모두 옳다고 할 수 있습니다. 앞의 대화를 MBTI 유형에 따라 간단하게 살펴봅시다.

사람은 외향적인 성격과 내향적인 성격으로 나뉩니다. 외향적인 성격은 말하면서 자기 의견을 정리하는 편입니다. 이런 사람들은 회의에서 제일 먼저 발표하고, 말을 가장 많이 하며, 처음 말과 나중 말이 틀려도 별로 신경 쓰지 않습니다. 앞에서 가장 먼저 발언한 장로 A가 이에 속하는데, 이런 분은 회의 말미에서 자신이 낸 처음 의견과는 다른 표현도 기꺼이 합니다. 이에 비해 내향적인 성격은 말하기 전에 몇 번씩 생각하고, 자기 말의 일관성을 유지하려고 하고,

자신의 약점이 드러날까 봐 신경을 많이 씁니다. 앞의 대화에서 발언은 하지 않고 듣기만 한 회원들이 여기에 속하는데 회의가 끝난 뒤 이들 대부분은 자신이 발언하지 않은 것을 후회합니다. 그리고 만약 발언했을 때는 자신이 발언을 잘했는지 자꾸만 되짚어 봅니다.

그래서 외향적인 사람은 내향적인 사람들이 숙고하는 것을 두고 겉과 속이 다른 이중성으로 오해하고, 그들이 뜸을 들이는 것을 답답해합니다. 무슨 꿍꿍이속이 있는가 하고 불안해하고 경계하는 것입니다. 반면에 내향적인 사람들은 외향적인 사람들의 두서없는 말과 장황한 말을 참고 듣기가 힘듭니다. 그들의 '참을 수 없는 가벼움'에 자신마저 싸구려가 되는 것 같다고 생각합니다.

정책을 결정하려면 정보를 수집하여야 하는데 수집하는 방법에서는 감각형과 직관형으로 나뉩니다. 감각형은 자신의 감각에 전달되는 정보를 중시합니다. 그러므로 눈, 귀, 코, 입, 피부의 오감을 통해 실제로 느낄 수 있는 구체적 정보를 선호하고 이런 형태의 정보가 가치 있다고 여깁니다. 그러다 보니 현실적입니다. 장로 D가 이에 속한다고 할 수 있습니다. 이에 비해 직관형은 하는 일의 의미와 가치를 중시합니다. 현재보다 미래를 바라봅니다. 그러다 보니 현실성이 결여된 뜬구름 같은 소리, 공상 같은 소리처럼 느껴집니다. 집사 C는 오감이 아닌 마음으로 세상을 보는 경향이 있습니다.

정보를 수집했으면 결정을 내려야 합니다. 결정하는 방법에는 사고형과 감정형이 있습니다. 사고형은 말 그대로 무엇을 결정할 때 깊이 생각해 앞뒤의 논리적 연관성을 중요시하고, 그것이 객관적이고 공정한지를 중요하게 생각합니다. 자기 편이라고 해서 무조건 편들지 않는 경향이 있습니다. 집사 B가 이에 속합니다. 감정형은 말 그대로 감정을 중요하게 생각합니다. 그래서 결정할 때 옳은가 그른가보다는 좋은가 싫은가로 결정합니다. 자신의 결정으로 타인에게 미치는 결과를 중요하게 생각하는 것입니다. 집사 F와 장로 H가 여기에 속합니다.

결정하는 시점에는 판단형과 인식형 두 가지가 있습니다. 둘은 아주 대조적입니다. 판단형은 지금 있는 정보를 토대로 빨리 결정하기를 원하기 때문에 미리 세운 계획에 따라 움직이기를 좋아해 늦게 결정하는 것을 보면 책임을 회피한다거나 우유부단하다고 생각합니다. 이에 비해 부드럽고 자연스러우며 포용적이고 호기심 많은 인식형은 최대한 결정을 뒤로 미룹니다. 가변성을 염두에 두고 어딘가 다른 정보가 또 있을 거라고 생각하고 결정을 뒤로 미루거나, 한번 결정을 내린 뒤에라도 새로운 정보가 있으면 결정을 바꾸는 일도 마다하지 않습니다.

심지어는 목회자가 되는 결정을 할 때도 기질에 따라 차이를 보입니다. 외향성은 성장하면서 경험한 사건이나 주변 환경을 통해 큰 영향을 받습니다. 예를 들어 그들은 오지로 봉사를 갔다가 그곳 사람들이 열심히 사역하는 목사님께 변화되어 영적으로나 물질적으로 혜택을 받아 목사님을 매우 존경하는 것을 보면 자신도 그런 목사가 되겠다고 결정하는 사람들입니다. 하지만 그런 사람은 나중에 이보다 더 강렬한 경험을 하게 되면 또 그쪽으로 쏠립니다. 그래서 목회자가 되겠다는 결정을 내린 후에도 언제든지 그 결정을 바꿀 수 있습니다.

이에 반해 내향적인 사람은 내적으로 깊이 있는 사고와 논리적인 귀결을 가지고 결정합니다. 교역자의 삶이 고단하고 힘들어 보여 그만둘까 하다가도 내부로 들어가 깊이 사고하면 다시 결론이 그렇게 나므로 잘 번복하지 않는 사람들입니다. 이런 사람들은 외부적인 경험에 상대적으로 영향을 덜 받기 때문에 한 번 결정한 것은 잘 바꾸지 않습니다.

다르다는 것을 이해하고 받아들여라

앞에서 말한 두 유형들은 서로 맞서기 쉽습니다. 바울과 바나바처럼 심하게 다툴 수도 있습니다. 한쪽은 다른 쪽을 냉정하고 엄격하다고 생각하고, 다른 쪽은 상대방을 너무 감정적이고 우유부단하다고 생각합니다. 하지만 절대로 이들 중 한쪽이 잘못된 것은 아닙니다. 단지 다른 것뿐입니다. 이 두 유형은 상대방이 자신을 반대한다고 생각할 게 아니라 그게 그 사람의 성향이라는 걸 알아야 합니다. 실제로 두 유형은 서로를 보완합니다. 적대하고 거부하는 것이 아니라 서로가 서로를 보완해 더 좋게 나아가는 힘이 됩니다.

이런 것들을 미리 알았다면 저도 군대 생활을 그때보다 쉽게 할 수 있었을 것입니다. 군대의 특징은 만일의 위험을 예상해 미리 대비하는 측면이 강합니다. 그러므로 군대 생활을 오래 한 사람들은 혹시 발생할지 모르는 위험에 대비하는 경향이 있습니다. 그런데 저는 위기 성향입니다. 위기를 예상해 미리미리 준비하는 타입이 아니라 위험이 닥쳤을 때 빨리 대처하는 편입니다. 그래서 제 상급자가 비위기 성향으로 있을지 모르는 위험에 대비해 미리 준비하는 사람이라면 제가 무척 힘들어집니다. 제 입장에서는 있지도 않은 미래의 위험에 대비해 많은 시간과 정력을 소비하는 것이 소심하게 보이고, 자꾸 하급자들을 못살게 굴고 잔소리하는 것처럼 느껴지기 때문입니다. 반대로 상급자의 입장에서는 위기 성향의 하급자들이 너무 안일하고 무사태평하게 보이며, 위험이 발생했을 때 허겁지겁 대처하는 등 가볍게 보입니다.

저의 이러한 위기 성향은 사회에 나와서도 확인되었습니다. 제 상급자가 비위기 성향이면 여지없이 두 사람 사이에 긴장감이 발생하는 것을 볼 수 있었습니다. 반대로 제 하급자가 비위기 성향이면 서로 편합니다. 밑에 있는 사람은 제가 시키지 않아도 미리미리 열심히 준비하고, 저는 나무보다 숲을 브기 때문에 밑에 있는 사람에게 방향을 지시해 줄 수 있습니다. 저는 교회에서도 운영위원들 가운데 비위기 성향인 사람이 있으면 불편합니다. 하지만 이제는 군대 시절과 다르게 대처하고 있습니다. 그분과 기질에 대해 솔직하게 대화하고 조화를 찾습니다. 그러면 여전히 서로 다른 기질 때문에 서로 다른 결론을 좋아하더라도 큰 긴장감은 생기지 않습니다.

그런데 이러한 일을 가지고 서로가 하나님의 뜻이라고 주장한다면 어떻게 되겠습니까? 동료 목사님들과 이야기해 보면 목회할 때 가장 힘든 점이 당 회원과의 문제라고 하는 분들이 많습니다. 장로님들과 의견을 맞추어 가는 것이 그렇게 힘들다는 것입니다. 그런데 의견이 틀릴 때마다 하나님의 뜻이라고 서로 주장하면 분열하고 갈라설 수밖에 없습니다. 대신 서로의 차이를 인정하고 장점을 활용하려고 한다면 교회는 더 많은 일들을 효과적으로 기쁨 속에서 할 수 있습니다. 사도 바울은 이것에 관해 다음과 같이 말하고 있습니다.

> 몸은 한 지체뿐 아니요 여럿이니 만일 발이 이르되 나는 손이 아니니 몸에 붙지 아니하였다 할지라도 이로 인하여 몸에 붙지 아니한 것이 아니요 또 귀가 이르되 나는 눈이 아니니 몸에 붙지 아니하였다 할지라도 이로 인하여 몸에 붙지 아니한 것이 아니니 만일 온 몸이 눈이면 듣는 곳은 어디며 온 몸이 듣는 곳이면 냄새 맡는 곳은 어디뇨 그러나 이제 하나님이 그 원하시는 대로 지체를 각각 몸에 두셨으니 만일 다 한 지체뿐이면 몸은 어디뇨 이제 지체는 많으나 몸은 하나라 눈이 손더러 내가 너를 쓸데없다 하거나 또한 머리가 발더러 내가 너를 쓸데없다 하거나 하지 못하리라(고전 12:14-21).

성경은 우리를 그리스도의 몸이요 지체의 각 부분이라고 말합니다. 다른 성도들도 나와 같은 한 지체입니다. 이들은 절대 쓸데없는 사람들이 아니고 틀린 사람들이 아닙니다. 귀와 눈이 정보를 다르게 인식하듯이, 나와 다른 성도가 정보를 서로 다르게 인식할 뿐입니다. 감각형만 있다면 직관형이 인식하는 것들을 놓쳐 정말로 하나님의 뜻을 놓치게 됩니다. 그렇기 때문에 서로 다투고 반목하더라도 이 과정을 통해 궁극적으로는 하나님의 뜻을 찾아가게 되는 좋은 점이 있습니다. 서로 다르기 때문에 궁극적으로 하나님의 뜻을 올바로 찾는 것입니다. 앞에서 예로 든 제직 회의가 내릴 결정도 서로 다른 사람이 있기 때문에 결과적으로 더 올바를 수 있는 것입니다. 구제 결정을 하며 자칫 놓치기 쉬운 여러 면을 살펴본 셈이니 말입니다.

잘 생각해 보면 같은 것보다 다른 것이 더 자연스럽고 당연합니다. 하늘에서 내리는 눈은 육각형이라고 합니다. 하지만 그 모습은 모두 다르다고 합니다. 같으면서 다른 것입니다. 사람의 얼굴도 눈, 코, 입, 귀, 머리라는 요소는 같지만 모양이 모두 다르듯이 말입니다. 손의 지문도 다르고, 눈의 홍채도 다릅니다. 소나무들은 다른 나무와 구별되는 특징을 갖고 있지만, 같은 소나무끼리도 다릅니다. 다른 것이 정상입니다. 다르기 때문에 더 아름답고 더 효율적입니다.

다름을 해결하는 노력

직장 생활을 하는 성도들의 상담 요청은 업무 자체보다는 동료 직원과의 갈등 문제가 압도적으로 많습니다. 업무가 감당하기에 벅찰 정도로 힘든 경우보다 주위 동료들과의 인간 관계가 더 문제가 되고 있습니다. 그리고 대부분의 이 문제들은 틀림이 아니라 다름으로 인한 것들입니다. 가정이나 친구들과의 관계에서 분노와 좌절감에 빠져 상담을 요청하는 분들도 옳고 그름의 문제가 아니라 다름으로 인한 문제가 압도적으로 많습니다. 이때는 기도를 하고 성경을 보고 하나님의 말씀을 깊이 새겨 보라는 권면도 하지만, 동시에 자신과 동료의 기질이 어떠한지를 아는 것이 중요하다는 말을 빼놓지 않습니다. 이를 잘 설명한 책자도 소개해 줍니다. 어쩌면 이런 조언이 더 효과적일지 모르고, 실제로 다름에 대한 이해를 통해 문제를 해결하는 경우를 많이 보게 됩니다.

물론 누구나 쉽게 하나님의 뜻이라고 말해서도 안 되고, 한 번 하나님의 뜻이라고 말하면 번복해서도 안 됩니다. 하지만 기질에 따라 결정하는 시점이나, 정보를 받아들이고 해석하는 법이 다르므로 그 차이를 인정할 줄도 알아야 합니다. 여러 사람이 하나님의 뜻이라고 같은 말을 하지만 그 무게와 의미는 다 다른 것입니다. 이러한 차이를 이해한다면 한쪽을 너무 경솔하고 가변적이라고 비난하지 않게 되고, 또 다른 쪽을 너무 완고하고 냉혈한이라고 비난하지 않게 될 것입니다. 바나바와 심한 다툼을 경험한 사도 바울은 다음과 같은 말씀을 하나님으로부터 받아 우리에게 성경으로 남겨 주었습니다.

내가 모든 사람에게 자유하였으나 스스로 모든 사람에게 종이 된 것은 더 많은 사람을 얻고자 함이라 유대인들에게는 내가 유대인과 같이 된 것은 유대인들을 얻고자 함이요 율법 아래 있는 자들에게는 내가 율법 아래 있지 아니하나 율법 아래 있는 자같이 된 것은 율법 아래 있는 자들을 얻고자 함이요 율법 없는 자에게는 내가 하나님께는 율법 없는 자가 아니요 도리어 그리스도의 율법 아래 있는 자나 율법 없는 자와 같이 된 것은 율법 없는 자들을 얻고자 함이라 약한 자들에게는 내가 약한 자와 같이 된 것은 약한 자들을 얻고자 함이요 여러 사람에게 내가 여러 모양이 된 것은 아무쪼록 몇몇 사람들을 구원코자 함이니(고전 9:19-22).

바울은 자신과 다른 사람을 자신에게 맞추도록 하지 않았습니다. 자신이 그 사람에게 맞추었습니다. 바울이 이렇게 할 수 있었던 것은 진정 자유한 자이기에 가능했습니다. 아무것에도 얽매이지 않는 내면의 자유가 있어서, 심리적으로 압박당하는 것이 없어서, 자존감이 높아서 할 수 있었습니다. 자신이 가진 모든 것을 예수님을 아는 지식을 인하여 잃어버리고 배설물로 여기는 자세 때문에 가능한 것이었습니다.

우리도 먼저 바울과 같이 이런 과정을 거쳐야 합니다. 남에게 자신을 맞추는 자는 영적으로 남보다 뛰어날 때 가능합니다. 하나님 앞에서 자신이 얼마나 귀중한 존재인 줄을 알고, 예수님 안에서 새로운 피조물인 것을 알 때 자격지심은 사라집니다. 남에게 맞추어도 자신이 못나서 맞추는 것이 아님을 알기에 마음이 편합니다. 그러므로 먼저 예수님 안에서 거듭난 자신의 신분에 대한 명확한 인식과 누림이 필요합니다. 그러고 나서 맞추어 나가면 됩니다.

바울은 그리스도 예수의 마음을 품으라고(빌 2:5) 하면서 "예수님은 근본 하나님의 본체시나 하나님과 동등됨을 취할 것으로 여기지 아니하시고 오히려 자기를 비어 종의 형체를 가져 사람들과 같이 되었고"라고 말합니다. 예수님은 자신을 낮추시고 죽기까지 복종하신 것입니다. 이런 마음을 우리가 품으면 다름으로 인한 갈등이 현격하게 줄어들 것입니다.

이 일을 위하여 우리가 얼마나 기도하고 우리를 쳐 복종해야 하는지 모릅니다. 깊은 경건의 훈련이 없으면 불가능한 일입니다. 매일 기도하며 회개하지 않는 한 불가능한 일입니다. 깊이 하나님의 말씀을 묵상하지 않고는 실현할 수 없는 일입니다. 바울은 이 말을 한 후에 "항상 복종하여 두렵고 떨림으로 너희 구원을 이루라"(빌 2:12)고 말합니다. 우리에게는 두렵고 떨림이 필요합니다. 너무 가볍게 신앙생활을 해서는 안 되고, 너무 가볍게 예수님의 죽으심을 받아들여서는 안 됩니다. 예수님이 죽으시며 주신 선물이 얼마나 값지고 무게가 있는 줄 깨닫고, 그에 맞는 삶을 살기 위하여 항상 두렵고 떨림이 있어야 합니다. 이것이 있을 때 다름으로 인한 갈등이 해결됩니다.

마지막으로 이 장을 쓰면서 가장 걱정되는 것은 상대주의임을 강조하고 싶습니다. 이 시대는 절대주의보다는 상대주의로 인하여 많은 문제가 발생하고 있습니다. 절대 가치를 인정하지 않습니다. 소수에 대한 배려라는 미명하에 허락해서는 안 될 틀린 것도 인정하는 분위기입니다. 그러므로 교회에서도 다양성을 인정하고 각 개인을 있는 그대로 존중하기를 바라고 있습니다. 이러한 때에 다름을 강조하다 보면 틀린 것까지도 허용하기 쉽습니다. 다른 것과 틀린 것을 구분하는 것은 생각보다 어렵고, 다른 것을 허용하다 보면 틀린 것이 있을 때 엄격하게 집어 내기가 어렵습니다. 부디 이러한 병폐가 다름을 강조하다 발생하지 않기를 바라고, 다름에 대한 이해로 다른 형제에 대한 깊은 이해가 있기를 바랍니다. 틀린 것은 반드시 지적되고 제거되어야 하나님의 거룩이 교회에서 유지됩니다.

1. '다르다' 와 '틀리다' 는 어떻게 다릅니까? 예를 들어 보십시오.

2. 바나바와 사울은 어떻게 다릅니까? 이들의 다른 점이 마가가 훌륭한 전도자가 되는 데 어떤 역할을 했습니까?

3. 갈등 관계에 있는 사람이 있습니까? 서로의 성격이나 기질에 대해 생각해 보았습니까?

4. 주위에서 자신을 어떻게 평가합니까? 자기가 생각하는 자신의 단점과 남이 생각하는 자신의 단점은 무엇입니까? 혹시 자신을 과소 평가하거나 과대 평가하고 있지는 않습니까?

5. 바울은 자유자임에도 스스로 모든 사람에게 종이 되었다고 합니다. 그런 포용력과 유연성이 자신에게 많다고 생각합니까?

내 인생을 향한 하나님의 뜻 ^{3부}

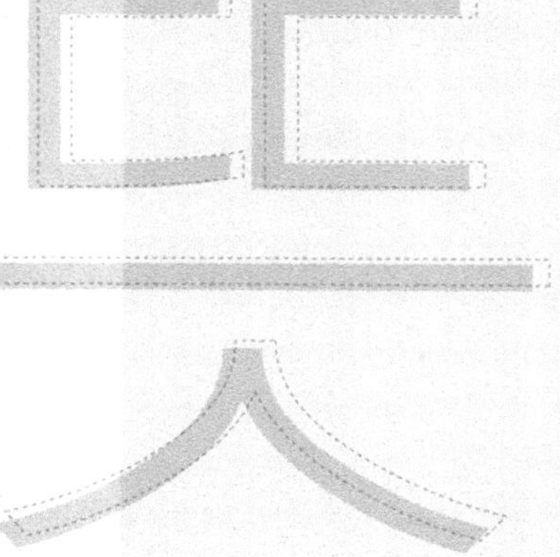

1

결혼

마음을 다스릴 수 있다면

늦은 결혼이 주는 서러움들

저는 서른일곱 살에 결혼했으니 늦게 한 편입니다. 그런데 결혼을 늦게 하면 주위 사람들이 이상하게 봅니다. 몸에 어디 이상이 있어서 그런 것은 아닌지, 성격이 특이하거나 괴팍해서 그런 것은 아닌지, 이성을 싫어해서 그런 것은 아닌지 의심합니다. 처음 보는 사람들은 아직 결혼을 안했다고 하면 경계심을 갖고 대하곤 합니다. 오해와 질책도 받았습니다.

신학교에 들어가기 전 교회에서 고등부 교사를 한 적이 있습니다. 여학생들은 남학생들보다는 섬세하고 감정 변화도 많습니다. 이런 것에 익숙하지 않았던 저는 교사 회의 시간에 지나가는 소리로 "저는 여학생보다 남학생이 편해요"라고 말했습니다. 그랬더니 이 말이

"정요석 형제는 여자를 싫어한대. 여자 기피증이 있어 아직까지 결혼을 안한 거래"라는 식으로 청년회에 소문이 퍼졌습니다.

신학교 시절에 결혼한 동기생의 집들이에서 있었던 일입니다. 제가 "A를 이렇게 늦은 시각에 오라고 전화하는 것보다는 안하는 것이 합리적인 것 같다"라고 말하자 한 사람이 흥분하면서 "너는 그 합리적인 것 때문에 장가를 못 가는 거야!"라고 응수하는 것이었습니다. 그 순간 음식을 맛있게 먹으며 웃음꽃을 피우던 자리는 찬물을 끼얹은 듯 조용해지고 사람들은 제 눈치만 살폈습니다. 말한 사람도 해 놓고 보니 너무 심한 표현이었던지 겸연쩍은 표정을 짓고 있었습니다. 도대체 장가를 못 간 것과 합리성하고 무슨 상관이 있습니까? 단지 장가를 못 갔다는 이유 하나로 이런 말까지 들어야 하다니, 그렇지 않아도 노총각이란 자괴감 때문에 힘든데 얼마나 비참했겠습니까? 늦게 결혼한 분들은 제 심정을 이해할 것입니다.

토론이나 논쟁을 하다가도 상대방이 느닷없이 결혼 문제를 들고 나오면 난감했습니다. 아직 장가를 안 가서 사회 물정을 몰라 그런 소리를 한다는 둥, 아직 자식을 낳아 보지 않아 부모의 심정을 몰라 그런다는 둥, 아이가 있는 가정이 어떤지 모르고 총각의 입장에서만 사물을 바라본다는 둥, 사람은 결혼해서 마누라에게 들볶여 봐야 세상을 안다는 둥 하는 말을 들을 때면 맞는 말인 것 같기도 하고 틀린 말인 것 같기도 했습니다. 심술 고약한 사람은 토론을 하다가 자기가 불리해지면 꼭 이런 말로 제 속을 긁어 놓았습니다. 그러면서 위로인지 약을 올리는 것인지 좋은 여자 한 명 소개시켜 줄까 하면서 마무리합니다. 실제로 소개나 시켜 주면 밉지나 않지, 그런 사람들은 여자도 소개시켜 주지 않으면서 말로만 인심을 씁니다.

막상 결혼하고 아이를 셋 낳고 보니, 결혼과 합리성은 아무런 관계도 없었습니다. 기본적으로 삶을 충실히 살며 남을 배려할 줄 아는 사람이면 결혼을 하지 않고 아이가 없어도 인생과 사회를 이해하는 데 문제가 없다는 걸 알게 되었습니다. 그래도 결혼해서 아이를 낳으니 이런 소모적인 비판과 지적을 받지 않아도 되어 얼마나 좋은지 모릅니다. 그렇다고 제게 그런 말을 한 사람들이 정말로 결혼 생활을 잘 유지하고 자식들을 잘 키우는 것도 아닙니다. 결혼과 자식의 중요성을 아는 사람일수록 남을 잘 배려해서 함부로 다른 사람을 비판하지도 않습니다.

오랜만에 만나는 사람들은 여지없이 제가 미혼이라는 사실을 끄집어내어 대화를 시작했습니다. 긴장도가 높은 내용으로 회의를 하는 사람들도 처음의 어색한 분위기를 깨기 위해서 제가 미혼이라는 사실을 이용하곤 했습니다. 처음 한두 번이야 괜찮지만 이것도 반복되면 얼마나 스트레스가 되는지 모릅니다. 특히 명절 때 오랜만에 모인 친척들은 너나 할 것 없이 모두 제 결혼을 화제로 삼습니다. 올해는 장가 가라는 덕담도 몇 번 들으면 더 이상 듣고 싶지 않은 말이 됩니다.

그래서 저는 명절이 부담스러웠습니다. 저보다 나이 어린 사촌들이 아이들을 데리고 오는 명절이면 부모님도 저도 스트레스를 받았습니다. 그래서 명절날은 가까운 산에 올라갑니다. 그런데 명절날 산에 가 보면 일찍 산에 오시는 분들이 꽤 많습니다. 명절이라고 해서 모든 사람들이 즐거운 것은 아니었습니다. 그래서 명절이기에 더 힘든 분들이 많다는 걸 알았습니다. 가족끼리 오는 사람들은 괜찮지만, 혼자 오는 사람들은 얼굴을 쳐다보기만 해도 쉽게 알 수 있을 정도로 대부분 우울하고 상처받은 분들 같았습니다.

그런데 아직 결혼하지 못한 저에 대한 과도한 관심도 서른다섯 살을 넘으니 줄어들었습니다. 그 후부터는 오히려 제 눈치를 보며 최대한 결혼 이야기를 꺼내지 않으려고 했습니다. 그 누구보다 제가 힘들어한다는 사실을 알기 때문에 배려해 주는 것이었습니다. 이 글을 읽는 분들 주위에 결혼이 늦은 미혼 남녀가 있다면 주부들 못지않게 그들 또한 '명절 스트레스'에 시달린다는 것을 알고 배려해 주시기 바랍니다. 명절하면 떠오르는 것에 대한 설문조사에서도 미혼 남녀는 '결혼하라는 웃어른 잔소리'를 31퍼센트로 가장 많이 꼽았습니다.

과부가 홀아비 심정 안다고 늦게 결혼한 저는 노총각과 노처녀 심정을 잘 압니다. 그래서인지 제가 서른일곱 살에 결혼해 아이를 셋씩이나 낳고 잘 산다고 하면 노총각, 노처녀들은 마음이 편해지는지 얼굴이 환해집니다. 서른일곱 살에 결혼했다는 이유만으로 노총각과 노처녀들이 마음의 문을 열고 마음속 깊은 문제까지도 상담하는 것을 자주 경험합니다.

저는 청년회 활동을 매우 열심히 했습니다. 모든 활동과 모임에 대부분 참여해 많은 것을 배웠고, 순수하고 꿈이 많은 나이대의 사람들과 즐거운 교제를 나누었습니다. 그런데 이 모든 모임에 참여하며 느낀 것은 어떤 주제로 대화가 시작이 되었든 그 끝은 이성 교제와 결혼으로 마무리된다는 것입니다. 청년들이 얼마나 이 일에 관심이 많은가를 말해 주는 대목입니다. 미혼자는 독신이라는 특별한 은사가 주어지지 않는 한 결혼과 이성에 관심이 많습니다. 저 또한 그런 은사가 없었기에 다른 청년들처럼 결혼에 무척 관심이 많았고, 이에 대한 하나님의 뜻은 무엇인지 항상 생각했습니다. 이번 장에서 말하는 결혼에 관한 하나님의 뜻은 단지 이론이 아니라 저의 땀과 눈물과 고뇌가 밴 체험의 산물이기도 합니다.

이방 여인과의 결혼

솔로몬 왕이 바로의 딸 외에 이방의 많은 여인을 사랑하였으니 곧 모압과 암몬과 에돔과 시돈과 헷 여인이라 여호와께서 일찍이 이 여러 국민에게 대하여 이스라엘 자손에게 말씀하시기를 너희는 저희와 서로 통하지 말며 저희도 너희와 서로 통하게 말라 저희가 정녕코 너희의 마음을 돌이켜 저희의 신들을 좇게 하리라 하셨으나 솔로몬이 저희를 연애하였더라 왕은 후비가 칠백 인이요 빈장이 삼백 인이라 왕비들이 왕의 마음을 돌이켰더라 솔로몬의 나이 늙을 때에 왕비들이 그 마음을 돌이켜 다른 신들을 좇게 하였으므로 왕의 마음이 그 부친 다윗의 마음과 같지 아니하여 그 하나님 여호와 앞에 온전치 못하였으니(왕상 11:1-4).

결혼에 관해 쉽게 알 수 있는 명백한 하나님의 뜻이 있다면 그것은 이방인과 결혼하지 말라는 것입니다. 이방인과 결혼하면 그들은 우리의 마음을 흔들어 이방 사상에 물들게 하기 때문입니다. 천하의 솔로몬도 이방 여인을 사랑해 결혼했다가 그들의 영향을 받아 늙어서는 마음이 돌아섰습니다. 젊었을 때는 그나마 올바른 정신을 유지하지만 나이가 들어 판단력과 의지력이 떨어질수록 배우자의 영향을 많이 받습니다. 잠자리에 들어 배우자와 나누는 가벼운 베갯밑공사가 큰 영향을 주는가 봅니다. 저 자신만 해도 그렇습니다. 제 아내가 다른 사람에 대해 무심코 평하는 말이 그 사람에 대한 이미지를 형성하고, 교회 일들에 대한 아내의 견해가 올바른 방향인 듯 착각을 일으키곤 합니다. 될 수 있으면 아내가 좋아하는 사람과 깊은 관계를 맺고 싶어하고, 아내가 좋아하는 쪽으로 일을 처리하고 싶은 것이 남편들의 자연적인 성향일 것입니다. 물론 아내의 경우도 마찬가지입니다.

그래도 이것들은 사람 사이의 문제이지만, 이방 여인과 결혼하면 사람이 아닌 하나님에 대해 편견을 갖고 다른 신을 선택하게 됩니다. 지혜가 가장 많다는 솔로몬도 이방 여인에게 받은 영향이 점차 쌓여 말년에는 하나님께 등을 돌렸다는 것을 명심해야 합니다. 이방 여인과 결혼한 자는 끊임없이 여인과 하나님 중에 하나를 선택하라는 위협과 유혹을 받습니다. 주위에도 이방인과 결혼하는 그리스도인이 많습니다. 속사정은 어떨지 모르지만 겉으로는 행복해 보이고, 그리스도인끼리 결혼과 별반 차이가 없어 보입니다. 하지만 시간이 지나면 반드시 부작용이 나타납니다. 결혼은 결코 낭만이 아닙니다. 결혼은 준비하는 순간부터 실생활임을 뼈저리게 느끼게 됩니다. 결혼은 당사자만의 문제가 아니라 집안과 집안의 문제이기도 해서 어떤 가치관을 갖고 사는 집안이냐에 따라 결혼 전부터 서로 충돌하게 됩니다.

결혼을 준비하는 남녀들을 보면 모두 힘들어합니다. 결혼을 준비하는 이들의 스트레스가 가까운 사람의 죽음을 맞이한 것과 거의 비슷하다고 합니다. 대부분의 커플들에게 결혼을 아예 취소하려는 생각까지 했다는 말을 자주 듣는 이유도 이 때문입니다. 비그리스도인과 결혼은 이런 긴장감에다 서로 다른 가치관 때문에 생기는 긴장감까지 더해집니다. 예식 장소, 주례자, 피로연 방법 등에서도 같은 그리스도인이라면 겪지 않아도 될 긴장감을 겪는 것입니다. 결혼하면 당장 십일조 때문에 다투게 됩니다. 십일조의 액수는 비그리스도인에게는 너무나 큰 액수입니다. 매월 붓는 웬만한 적금보다 더 많은 액수를 매월 교회에 바쳐야 하는 것을 비그리스도인인 배우자가 쉽게 받아들일 리 없습니다.

주일 성수는 어떻습니까? 주 5일제 근무로 주말에 레저를 즐기고 싶은 마음에 들뜬 비그리스도인인 바우자가 매주 교회에서 많은 시간을 보내는 걸 좋아하겠습니까? 예배 이외의 교육과 행사는 참여하기가 더 어렵고, 봉사도 할 수 없고, 그저 명목적인 신앙 생활을 하게 되기 쉽습니다. 십일조 문제로 저를 찾아온 한 남편은 주일이면 자기가 좋아하는 산에 같이 가고 싶은데 아내가 매주 교회에 가는 통에 함께 가지 못한다고 불평했습니다. 산은 이른 아침에 가야 신선한 공기를 마실 수 있는데 교회에 가다 보면 그럴 수 없다는 것입니다.

결혼 전에는 그저 결혼하겠다는 생각이 앞서 비그리스도인인 배우자의 경우 십일조나 주일 성수에도 동의할지 모르지만 결혼을 하고 나면 달라집니다. 처음 한두 달, 처음 일이 년은 어떨지 모르지만 서로 알 것 다 알고 나면 달라지는 것입니다. 부부는 많은 시간을 같이 보내는 사이여서 서로의 장·단점도 잘 알고 서로에게 실수도 가장 많이 합니다. 단점과 실수가 축적되면 비그리스도인인 배우자는 즉시 하나님을 믿는 사람이 이 정도밖에 못 하느냐고 비수를 들이댑니다. 교회에 다니지 않고 자기 양심껏 사는 게 더 낫다면서 기독교 진리를 짓밟습니다.

저를 전도한 분이 비그리스도인과 결혼을 했는데, 평생을 두고 후회하셨습니다. 미국에서 유학할 때 잘생긴 외모와 뛰어난 능력에 반해 결혼했는데, 이 부분은 충당되었지만 가볍게 생각한 신앙 문제가 평생을 힘들게 했다고 합니다. 몇 번이나 이혼을 결심했다고 합니다. 특히 자녀 교육 문제로 인한 갈등은 더 컸다고 합니다. 창조론을 가르치면 배우자는 옆에서 진화론을 가르쳤다고 합니다. 배우자와 진정한 하나됨을 경험하기가 힘들었다고 합니다. 이분이 저에게 신신당부하기를 꼭 신앙을 보고 결혼하라는 것이었습니다. 물질이나 학벌은 없어도 괜찮지만 신앙이 없으면 핵심이 없는 것이고, 기쁨과 평안과 진정한 행복이 빠진 것이라고 하셨습니다.

배우자를 신자로 만들겠다는 전도 차원의 생각도 버려야 합니다. 왜 갑자기 결혼할 즈음 전도에 열을 내는 것입니까? 전도는 다른 곳에서 다른 때 열심히 하면 됩니다. 물론 주변에 비그리스도인인 배우자가 좋은 신앙인으로 변하는 경우가 있기는 합니다. 하지만 이것은 일반적인 경우가 아닙니다. 귀납법으로 결론을 얻으려고 할 때 우리가 주의해야 할 것은 논리의 비약입니다. 두서너 가지 경우를 가지고 전체에 적용하면 안 됩니다. 주변에 비그리스도인 배우자와 결혼하여 평생 힘들어하는 분들이 훨씬 더 많음을 꼭 명심해야 합니다. 성경은 곳곳에서 이방인과의 결혼이 하나님을 떠나게 한다는 것을 경고하고 있으며, 이방인과의 결혼은 바로 그 시대가 타락했음을 말해 주는 것이라고 지적하고 있습니다.

너는 삼가 그 땅의 거민과 언약을 세우지 말지니 이는 그들이 모든 신을 음란히 섬기며 그 신들에게 희생을 드리고 너를 청하면 네가 그 희생을 먹을까 함이며 또 네가 그들의 딸들로 네 아들들의 아내를 삼음으로 그들의 딸들이 그 신들을 음란히 섬기며 네 아들로 그들의 신들을 음란히 섬기게 할까 함이니라(출 34:15-16).

또 그들과 혼인하지 말지니 네 딸을 그 아들에게 주지 말 것이요 그 딸로 네 며느리를 삼지 말 것은 그가 네 아들을 유혹하여 그로 여호와를 떠나고 다른 신들을 섬기게 하므로 여호와께서 너희에게 진노하사 갑자기 너희를 멸하실 것임이니라(신 7:3-4).

너희가 만일 퇴보하여 너희 중에 빠져 남아 있는 이 민족들을 친근히 하여 더불어 혼인하며 피차 왕래하면 정녕히 알라 너희 하나님 여호와께서 이 민족들을 너희 목전에서 다시는 쫓아내지 아니하시리니 그들이 너희에게 올무가 되며 덫이 되며 너희 옆구리에 채찍이 되며 너희 눈에 가시가 되어서 너희가 필경은 너희 하나님 여호와께서 너희에게 주신 이 아름다운 땅에서 멸절하리라(수 23:12-13).

그들의 딸을 취하여 아내와 며느리를 삼아 거룩한 자손으로 이방 족속과 서로 섞이게 하는데 방백들과 두목들이 이 죄에 더욱 으뜸이 되었다 하는지라 내가 이 일을 듣고 속옷과 겉옷을 찢고 머리털과 수염을 뜯으며 기가 막혀 앉으니(스 9:2-3).

내가 책망하고 저주하며 두어 사람을 때리고 그 머리털을 뽑고 이르되 너희는 너희 딸들로 저희 아들들에게 주지 말고 너희 아들들이나 너희를 위하여 저희 딸을 데려오지 않겠다고 하나님을 가리켜 맹세하라 하고 또 이르기를 옛적에 이스라엘 왕 솔로몬이 이 일로 범죄하지 아니하였느냐 저는 열국 중에 비길 왕이 없이 하나님의 사랑을 입은 자라 하나님이 저로 왕을 삼아 온 이스라엘을 다스리게 하셨으나 이방 여인이 저로 범죄케 하였나니 너희가 이방 여인을 취하여 크게 악을 행하여 우리 하나님께 범죄하는 것을 우리가 어찌 용납하겠느냐(느 13:25-27).

너희는 믿지 않는 자와 멍에를 같이하지 말라 의와 불법이 어찌 함께 하며 빛과 어두움이 어찌 사귀며 그리스도와 벨리알이 어찌 조화되며 믿는 자와 믿지 않는 자가 어찌 상관하며 하나님의 성전과 우상이 어찌 일치가 되리요 우리는 살아 계신 하나님의 성전이라 이와 같이 하나님께서 가라사대 내가 저희 가운데 거하며 두루 행하여 나는 저희 하나님이 되고 저희는 나의 백성이 되리라 하셨느니라(고후 6:14-16).

이방인과 결혼하면 하나님이 진노하사 이스라엘을 멸하겠다고 하시고, 이방 족속은 올무와 덫과 가시가 되어 이스라엘을 멸절하게 된다고 말씀하십니다. 시대가 타락하면서 이스라엘의 방백들과 두목들이 먼저 이방인과 결혼해 이 죄를 짓는 데 앞장섰습니다. 느헤미야를 보십시오. 이방인과 결혼하는 것을 경계하기 위해 솔로몬을 예로 들고 있습니다. 솔로몬이 지혜가 많고 하나님으로부터 많은 사랑을 입었어도 이방 여인과 결혼함으로써 그 명성이 퇴색했고, 후세 사람들에게 어리석은 결혼의 표본으로 남게 되었습니다. 고린도후서는 그리스도인과 이방인을 간단하게 의와 불법으로 나누어 버립니다. 신자와 불신자의 차이는 의와 불법의 차이인데 어찌 결혼할 수 있느냐는 것입니다.

아무리 이방인에게 매력을 느끼고 사랑하는 마음이 일어도 절제할 수 있는 능력을 길러야 합니다. 이것은 결코 불가능하고 힘든 일이 아닙니다. 충분히 할 수 있는 일입니다. 저의 경우 삼십대 중반에 이르니 아무리 매력적인 여자라도 아니다 싶으면 마음속에서 지우는 데 이삼 일이 걸리지 않았습니다. 예전에는 생각지도 못하던 일이었는데 나이를 먹으며 안정이 되니 여자에 대한 감정도 절제할 수 있었습니다. 그러므로 성경은 이방인과 결혼하지 말라고 간단히 말합니다. 마음속에 이는 감정을 절제할 수 있으므로 이런 명령도 있는 것입니다. 너무 감정에만 충실하지 말고 하나님의 진리로 언제든 통제할 수 있게끔 자신을 만들어 가야 합니다.

물론 이미 결혼을 한 후에 자신만 그리스도인이 되었다면 어쩔 수가 없습니다. 이에 대해 고린도전서 7장 16절은 "아내된 자여 네가 남편을 구원할는지 어찌 알 수 있으며 남편된 자여 네가 네 아내를 구원할는지 어찌 알 수 있으리요"라고 하며 갈라서지 말라고 말씀하십니다. 하지만 이것도 "구원할는지 어찌 알 수 있으며"라고 말해 항상 구원한다고 말하지 않습니다. 그러므로 미혼인 그리스도인은 불법과 같이 동거함으로써 죽을 때까지 고통당할 수 있다는 것을 명심하고, 절대로 비그리스도인과 결혼해서는 안 됩니다.

감정은 단지 감정일 뿐이다

이방 여인이라고 해서 매력이 없겠습니까? 예쁜 얼굴과 귀여운 몸짓과 잘 빠진 몸매를 이방 여인이라고 갖고 있지 않겠습니까? 이방 남자 또한 남자다운 호탕함과 근육질의 몸매와 강한 남성미가 물씬 풍기지 않겠습니까? 어쩌면 하나님을 모르는 사람들이기 때문에 외모에 더욱 신경을 써 그리스도인들보다 더 매력적일 수 있는데다 윤리와 도덕에 크게 얽매이지 않기 때문에 거침없이 행동하는 화끈함도 있을 것입니다. 그들은 아마 그리스도인보다 더 순간적으로 마음을 빼앗고 강한 연정이 일게 할지도 모릅니다. 하지만 설령 그렇다고 하더라도 거부해야 합니다. 요즘은 이성에 대한 사랑이라는 감정을 너무 높게 보는 것 같습니다.

사랑만이 아니라 다른 감정까지 존중하는 시대이다 보니 마음속에 이는 감정대로 행동하는 것을 나쁘게 여기기는커녕 오히려 강조하는 듯합니다. 모든 감정이 무시되어선 안 되겠지만 가장 높은 자리에 두기에는 너무 변하기 쉽고 기반이 약합니다. 그 순간만 지나면 언제 그런 감정이 있었나 싶을 정도로 다른 감정에 빠지고, 또 감정에는 내성이 있어서 점점 강해지지 않으면 그것을 느낄 수도 없습니다.

다말이 그 오라비 암논의 집에 이르매 암논이 누웠더라 다말이 밀가루를 가지고 반죽하여 그 보는 데서 과자를 만들고 그 과자를 굽고 그 남비를 가져다가 그 앞에 쏟아 놓아도 암논이 먹기를 싫어하고 가로되 모든 사람을 나가게 하라 하니 다 저를 떠나 나가니라 암논이 다말에게 이르되 식물을 가지고 침실로 들어오라 내가 네 손에서 먹으리라 다말이 자기의 만든 과자를 가지고 침실에 들어가 그 오라비 암논에게 이르러 저에게 먹이려고 가까이 가지고 갈 때에 암논이 그를 붙잡고 이르되 누이야 와서 나와 동침하자 저가 대답하되 아니라 내 오라비여 나를 욕되게 말라 이런 일은 이스라엘에서 마땅히 행치 못할 것이니 이 괴악한 일을 행치 말라 내가 이 수치를 무릅쓰고 어디로 가겠느냐 너도 이스라엘에서 괴악한 자 중 하나가 되리라 청컨대 왕께 말하라 저가 나를 네게 주기를 거절치 아니하시리라 하되 암논이 그 말을 듣지 아니하고 다말보다 힘이 세므로 억지로 동침하니라 그리하고 암논이 저를 심히 미워하니 이제 미워하는 미움이 이왕 연애하던 연애보다 더한지라 곧 저에게 이르되 일어나 가라…… 그 부리는 종을 불러 이르되 이 계집을 내어보내고 곧 문빗장을 지르라 하니 암논의 하인이 저를 끌어내고 곧 문빗장을 지르니라(삼하 13:8-18).

앞의 본문을 보면 감정이 얼마나 허망한 것인가를 잘 알 수 있습니다. 암논은 상사병이 들 정도로 근친인 다말을 사모했습니다. 그래서 병든 척하여 침실로 유인해 억지로 동침했습니다. 그런데 동침을 하고 나니 이번에는 갑자기 좋아하던 마음보다 미워하는 마음이 더해 그녀를 쫓아냈습니다. 사람의 감정이라는 것이 이렇게 단 몇 분 만에 변하기도 합니다.

그러므로 남자나 여자나 자기의 감정에 즉시 반응해서는 안 됩니다. 살피고 또 살펴서 그것이 정제된 감정인가를 확인해야 합니다.

시간이 지나도 변하지 않는 감정인지, 하나님의 말씀을 분별하는 마음에서 오는 감정인지, 삶의 경험에서 깨닫는 지혜와 어긋나는 감정은 아닌지 살펴야 합니다. 이런 것을 살피지 않고 감정이 시키는 대로 결혼하는 자는 첫날밤을 보내자마자 암논처럼 갑자기 변할지도 모릅니다. 평생을 이런 상태로 산다고 생각해 보십시오. 이것은 결혼 생활이 아니라 지옥입니다.

감정이 시키는 대로 했다가는 평생을 이렇게 후회하며 살 수도 있습니다. 그 대가가 너무 가혹하지 않습니까? 그러므로 감정을 절제할 줄 알아야 합니다. 느끼는 대로 행하는 것은 이 시대의 사악한 가르침이지 성경의 가르침이 아닙니다. 감정은 감정일 뿐입니다. 감정은 하나님의 말씀을 통해 인도받을 때 아름다운 것이지 그 선을 넘어서면 어떻게 변할지 모릅니다. 종잡을 수 없는 바람의 방향 같고 장마철 구름처럼 언제 어디로 흘러갈지 모릅니다. 폭풍처럼 한바탕 불고 나면 혼란과 찌꺼기만 남을 뿐이고, 시간이 지나 정신을 차리고 나면 감정의 흔적은 큰 비용을 지불하며 정리해야 합니다.

감정으로 시작은 하겠지만 끝까지 감정으로만 유지해서는 안 됩니다. 하나님의 말씀과 인생의 경험과 하나님이 주신 합리적인 마음으로 분별해야 합니다. 반드시 결혼 전에 점검과 냉각과 절제의 과정을 거쳐야 합니다. 결혼 전에 이것을 하지 않는 사람은 반드시 결혼 후에 하게 됩니다. 그것도 평생을 후회하면서 말입니다. 감정으로 일을 처리한 암논은 그 후 다말의 오빠인 압살롬에게 비참하게 죽습니다. 감정에 따른 한 번의 행동이 죽음으로까지 가는 것입니다. 우리에게도 이 같은 일이 생길 수 있다는 걸 알아야 합니다.

배우자를 고르는 필요조건과 충분조건

그리스도인과 결혼해야 한다는 것은 결혼의 필요조건이지 충분조건은 되지 못합니다. 같은 그리스도인끼리도 서로 잘 맞는지 살펴야 합니다. 결혼은 낭만이 아니라 생활임을 명심해야 합니다. 생활은 잠자고 씻고 먹고 경제 활동을 하고 부모 형제와 가족 관계를 이루는 모든 일이 포함됩니다. 자녀를 기르는 일도 포함됩니다. 우리 부부가 자녀 셋을 데리고 바깥에 나가면 사람들이 예쁘다고 합니다. 특히 미혼인 청춘 남녀들은 귀엽다면서 서로 껴안으려 하고 머리를 쓰다듬어 줍니다. 아이를 좋아한다면서 진심으로 놀아 줍니다.

하지만 이것은 아이들이 가진 단면일 뿐입니다. 아이 셋이 이런 예쁜 모습으로 나타나기까지 우리 부부는 집안에서 얼마나 극심한 전쟁을 치렀는지 모릅니다. 우선 늦잠 자는 아이들을 깨워야 합니다. 그 다음에는 밥을 먹지 않고 딴 짓을 하려는 아이들을 붙잡아 밥을 먹여야 합니다. 씻겨야 합니다. 옷을 입혀야 합니다. 이 모든 것을 아이들이 적극적으로 도와주면 별 문제가 되지 않지만 아이들은 딴 짓을 많이 합니다. 때로는 심한 꾸중을 듣고 엉덩이를 한두 대 맞아야만 따라옵니다. 아이들이 예쁘게 보이는 건 이 모든 과정을 거쳤기 때문입니다.

며칠 전에 아기를 낳은 성도 집에 심방을 다녀왔습니다. 사십 일 정도 된 아이인데, 산모가 무척 힘들어했습니다. 밤낮이 바뀐 아이 때문에 잠을 못 자 얼굴은 부어 있고, 갓난아기와 집에만 있다 보니 아무도 만날 수 없어서 산후 우울증까지 있어 보였습니다. 그런데 제 아내도 아이를 낳을 때마다 이런 과정을 겪었습니다. 아이들의 예쁜 겉모습만 보고 결혼한 사람들은 아이를 낳고 기르는 일이 얼마나 많은 노동과 정신적 스트레스를 요하는지 모르기 때문에 쉽게 지쳐 버립니다.

어찌 아이뿐이겠습니까? 모든 악의 뿌리가 되는 돈 문제도 만만치 않습니다. 수입이 신통치 않아 생기는 불편함과 갈등이 얼마나 큰지 모르는 사람은 아직 세상을 몰라도 너무 모르는 사람입니다. 양가 부모님과의 관계도 그렇습니다. 요즘은 고부 갈등만 아니라 장모와 사위간의 갈등도 심해지고 있습니다. 매일 붙어사는 사람들에게는 식성과 기호도 중요한 문제가 됩니다. 이것들이 가지는 영향을 염두에 두어 본 사람들이 이 문제를 잘 해결하고 안정된 결혼 생활을 하는 것이지, 낭만과 감정만으로 바라보는 사람은 작은 문제에도 넘어지기 쉽습니다.

결혼 생활의 실제적인 면을 잘 알아서 이것을 꾸려 나갈 수 있도록 자기의 인격과 능력을 미리미리 준비한 사람은 결혼 생활을 잘합니다. 그런 사람이 배우자도 잘 고릅니다. 배우자는 하나님이 직접 누구와 결혼하는 것이 하나님의 뜻이라고 말씀해 주셔서 결정하는 것이 아닙니다. 배우자는 자기가 인생을 얼마만큼 이해하고 결혼 생활을 얼마만큼 이해하느냐에 따라 결정되는 것이지 어느 날 갑자기 결정되는 것이 아닙니다. 그런 사람은 자기 수준과 준비에 상관없이 어느 날 백마 탄 왕자나 공주가 나타나기를 기다리는 신데렐라와 온달 콤플렉스에 빠져 있습니다. 성경 어디에도 결코 이런 식으로 배우자를 결정하라고 나와 있지 않습니다. 성경은 같은 그리스도인과 결혼해야 한다든가, 남편은 아내를 사랑해야 한다든가, 아내는 남편에게 순종해야 한다든가 하는 기본이 되는 조건을 말할 뿐이지 신비한 방법으로 어떤 특정 사람을 알아내라고 말하지 않습니다.

잠언 31장은 현숙한 여인을 말하며 10절에서 그 값은 진주보다 더하다고 말합니다. 30절은 "고운 것도 거짓되고 아름다운 것도 헛되나 오직 여호와를 경외하는 여자는 칭찬을 받을 것이라"고 하며 여호와를 경외하는 여자가 중요하다는 것을 말하고 있습니다. 성경은 이처럼 어떤 사람이 값나가는 귀한 사람인가를 말하고 있지 어떤 특정한 사람을 신비한 방법으로 알아내라고 말하고 있지 않습니다. 따라서 배우자에 관한 하나님의 뜻을 구하는 사람은 현숙한 여인이 귀한 여자임을 알아야 하고, 주위의 어떤 사람이 현숙한 여인인지를 볼 줄 아는 눈이 있어야 합니다. 그런 현숙한 여인은 배우자를 구할 때 외모를 보지 않고 마음의 중심을 볼 줄 알아야 하고, 현숙한 여인을 얻으려는 남자는 자기 자신이 먼저 자격을 갖춘 사람이 되도록 노력해야 합니다.

성경은 곳곳에서 아내는 남편에게 복종하고, 남편은 아내 사랑하기를 그리스도께서 교회를 사랑하시고 위해 자신을 주심같이 하라고 말합니다. 이 말씀 또한 배우자를 찾는 기준을 말해 주고 있습니다. 먼저 남자는 남편에게 복종할 수 있는 여자를 찾아야 하고, 자기 몸같이 사랑할 수 있는 여자를 찾아야 하며, 아내를 자기 몸같이 사랑할 수 있는 인격과 절제력을 길러야 한다고 말합니다. 그리고 여자는 자기를 제 몸처럼 사랑할 수 있는 남자를 찾아야 하고, 자기가 복종할 수 있는 남자를 찾아야 하며, 남편이 아내의 머리가 되는 줄 인식하고, 그렇게 복종하기 위해 평소 노력해야 합니다.

이런 인식과 훈련이 되어 있는 사람이 하나님의 뜻에 맞는 배우자를 찾게 됩니다. 골방에 틀어박혀 신비한 계시나 추구하는 사람은 결코 자기에게 맞는 배우자를 찾지 못합니다. 키는 얼마고, 몸무게는 얼마고, 어느 대학을 나와 어떤 직업을 갖고 있으며, 집안도 좋은 사람과 결혼하게 해 달라고 기도하는 것은 자기 욕심을 늘어놓는 것이지 하나님의 뜻에 맞는 기도를 하는 게 아닙니다. 이렇게 기도를 구체적으로 했더니 딱 맞는 사람이 나타나 결혼했다는 간증도 있습니다. 하지만 그런 경우는 지극히 드물어 우연히 일어난 확률 수준입니다. 그렇게 나타난 사람과 하나님의 뜻으로 알고 결혼했지만, 결혼 생활은 그리 행복하지 않았다는 간증을 들은 적도 있습니다. 그런 식의 결혼은 동화 속에서 왕자와 공주가 만나 사랑에 빠져 결혼했다는 수준입니다. 첫눈에 반해 결혼하는 사랑이 현실에서는 얼마나 힘든지를 알아야 합니다.

열왕기상 21장 25절은 "예로부터 아합과 같이 스스로 팔려 여호와 보시기에 악을 행한 자가 없음은 저가 그 아내 이세벨에게 충동되었음이라" 하고 말합니다. 이세벨은 바알을 섬기는 시돈 사람의 왕 엣바알의 딸로 이방 여인입니다. 이런 자를 아내로 받아들였기 때문에 아합은 가장 악한 왕으로 기록되고 있습니다.

열왕기하 8장 18절은 "여호람이 이스라엘 왕들의 길로 행하여 아합의 집과 같이 하였으니 이는 아합의 딸이 그 아내가 되었음이라" 하고 말합니다. 여호람은 아합의 딸을 아내로 맞아들였기 때문에 아합과 같은 짓을 한 것입니다. 27절은 "아하시야가 아합의 집 길로 행하여 아합의 집과 같이 여호와 보시기에 악을 행하였으니 저는 아합의 집의 사위가 되었음이러라”고 말합니다. 아하시야 왕도 아합 집의 사위가 되어 그 아내의 영향을 받아 여호와 보시기에 악을 행한 자가 되었습니다.

아합이나 여호람이나 아하시야 왕이 평소 하나님의 말씀에 대한 분별력이 있었다면 우상을 숭배하는 이방 여인을 아내로 맞아들이지 않았을뿐더러 악명 높은 아합의 딸들을 아내로 맞아들이지도 않았을 것입니다. 이방 여인이나 아합의 딸들을 아내로 맞아들일 것인가 여부는 기도해 볼 필요조차 없습니다. 성경이 이미 금한 내용이므로 특별한 계시를 요구할 필요가 없기 때문입니다. 하나님의 특별한 계시를 요구하는 것은 성경 말씀만으로 잘 분별이 되지 않을 때 하는 것입니다. 그러므로 좋은 배우자를 맞으려면 특별한 계시를 요구할 게 아니라 이미 있는 하나님 말씀에 대한 분별력을 길러야 합니다. 배우자를 고르는 조건은 성경어 나와 있는 것만으로도 충분합니다. 성경 말씀을 깊이 이해하면 이해할수록 결혼에 대한 하나님의 뜻을 쉽게 분별할 수 있습니다.

절제할 수 없다면 결혼하라

독신으로 있는 것이 하나님의 뜻이겠습니까, 결혼하는 것이 하나님의 뜻이겠습니까? 이에 대해 고린도전서 7장 9절은 “만일 절제할 수 없거든 혼인하라 정욕이 불같이 타는 것보다 혼인하는 것이 나으니라"고 말합니다. 바울은 8절에서 혼인하지 않은 자들과 과부들에게 자기와 같이 독신으로 지내는 것이 좋다고 말했습니다. 하지만 독신으로 지내는 것은 아무나 하는 것이 아니라 하나님으로부터 은사를 받은 사람이어야만 하므로 절제할 수 없거든 혼인하라고 말합니다.

가끔 성 문제를 상담할 때가 있습니다. 건강한 신체가 요구하는 자연스런 욕구로 고민하는 사람도 있고, 성 중독으로 괴로워하는 사람도 있습니다. 이들에게 해 줄 수 있는 최고의 조언은 결혼하라는 것입니다. 절제할 수 없으면 결혼해야 합니다. 지금 당장 눈앞에 닥친 일이 바쁘고 중요하겠지만, 정욕으로 밤마다 괴로워하는 일도 그 어떤 일 못지않게 빨리 처리해야 할 중요한 문제입니다. 특히 눈이 턱없이 높아 결혼하지 않는 것은 바람직하지 않습니다. 성 중독은 단순히 결혼하는 것만으로는 부족하고 전문가의 처방과 도움을 받아야겠지만, 성에 대한 정상적인 욕구를 가진 사람들은 성경이 허락하는 유일한 방법인 결혼을 택해야 합니다.

바울은 결혼과 독신 중에 어느 것이 더 행복하다고는 말하지 않았습니다. 그의 관심사는 결혼과 독신 중에 어느 것이 더 하나님을 위한 삶이냐 하는 것에 있습니다. 그런 관점에서 볼 때 독신으로 지내는 것이 더 좋지만 아무나 독신으로 살 수 있는 게 아니므로 절제할 수 없거든 결혼하라고 말합니다. 물론 결혼해서도 주를 기쁘게 하는 삶을 살기 위해 최대한 노력해야 합니다.

독신으로 지내든 결혼을 하든 그 삶은 주를 기쁘게 하는 삶이어야 합니다. 공동체보다 개인의 가치가 중요시되는 요즘 가정 이기주의에 빠지기 쉽습니다. 무엇보다 가정의 행복을 우선해 의사 결정을 내리기 쉽습니다. 하지만 성경은 가정 우선이 아니라 하나님 우선임을 말하고 있습니다. 이런 사람이 오히려 가정의 행복을 위해서 노력하는 사람이고, 가정의 행복을 제대로 누리는 사람입니다. 자기 가정만을 위해 사는 사람은 참된 행복을 누리지 못합니다. 하나님보다 다른 것을 우선하기 때문에 남을 잘 배려하지도 못할 것입니다.

성경은 의외로 결혼과 가정의 행복에 대해 자세히 언급하고 있지 않습니다. 결혼과 가정에 대해 언급한 곳은 많아도 결혼 학교에서 다루는 것같이 엄청난 양은 아닙니다. 결혼과 가정이 분명 중요하고 하나님이 이 땅에 세우신 첫 제도이기는 하지만, 결혼과 가정이 사회의 다른 생활과 독립적으로 존재하지 않기 때문입니다. 다른 생활을 잘하면 결혼 생활도 잘하게 마련입니다. 결혼 생활이든 다른 생활이든 모두가 하나님의 영광을 위한 삶이어야 하고 주를 기쁘게 하는 삶이 되어야 합니다. 결혼 생활은 다른 것과 구별되겠지만 분리되지는 않습니다. 결혼 생활만이 갖는 독특한 내용이 있기에 배워야 하고 주의하여야 하겠지만, 이것만 유달리 크게 포장해서는 안 됩니다.

저는 가정을 위해 많은 것을 배려하고 있습니다. 아이 셋을 아내 혼자 키우기가 벅차기 때문에 많이 도와야 합니다. 아이들 때문에 지친 아내의 기분을 전환할 수 있는 여러 가지 내용도 개발했습니다. 아내와 저 사이에 쓸데없는 긴장감이 생기지 않도록 남자와 여자의 차이점에 대해 책도 읽고 강의도 들었습니다. 그렇다고 해서 가정이 가장 중요하다거나 가정의 행복을 가장 먼저 생각해야 한다

는 것은 아닙니다. 고린도전서 7장 32-34절은 "장가 가지 않은 자
는 주의 일을 염려하여 어찌하여야 주를 기쁘시게 할꼬 하되 장가
간 자는 세상 일을 염려하여 어찌하여야 아내를 기쁘게 할꼬 하여
마음이 나누이며 시집 가지 않은 자와 처녀는 주의 일을 염려하여
몸과 영을 다 거룩하게 하려 하되 시집 간 자는 세상 일을 염려하여
어찌하여야 남편을 기쁘게 할꼬 하느니라"고 말합니다. 장가 가고
시집 간 자들이 어떤 올무에 빠지기 쉬운가를 말하고 있습니다.

아내와 남편이 어떻게 하면 서로를 기쁘게 할 수 있는지 평생 고
민하며 사는 것은 참 좋은 일입니다. 하지만 대부분의 사람들은 결
혼 초기에는 그렇게 하지만, 몇 년 지나면 서로에게 무관심해집니
다. 나중에는 무관심 때문에 서운해하고 싸웁니다. 그러다 심해지면
이혼을 할 수도 있습니다. 그러므로 평생 아내와 남편을 기쁘게 하
는 사람이 되고 싶다면, 먼저 주를 기쁘게 해야 합니다. 하나님을 사
랑하고 이웃을 사랑하는 자가 아내와 남편도 평생 동안 기쁘게 할
수 있습니다. 이렇게 하는 것이 하나님의 뜻입니다.

배우자 선택의 폭

앞에서 살펴본 것처럼 절제할 수 없거든 결혼해야 합니다. 그리스
도인은 하나님이 허락하신 성의 기쁨을 오직 배우자를 통해서만 맛
보아야지 다른 사람과 맛보아서는 안 됩니다. 독신의 은사가 없는
제가 결혼을 늦게 할 때 가장 부담스러웠던 것은 제 육신의 욕구를

참으면서까지 너무 꼭 맞는 배우자를 찾으려 한 것은 아닌가 하는 점이었습니다.

저는 결혼하지 않겠다는 생각을 허 본 적도 없고, 여자를 기피한 적도 없습니다. 오히려 남자와는 다른 여자에게 매력을 느껴 결혼하고 싶었습니다. 그래도 서른네 살까지는 결혼에 자신이 있었고 여유도 있었습니다. 주위에서 선을 보라고 해도 보지 않고 자연스럽게 만나 가정을 이루는 낭만적인 결혼을 꿈꾸었습니다. 그런데 서른다섯 살이 되면서부터 제 자신이 정말로 노총각이란 생각이 들었습니다. 그래서 그때부터 적극적으로 선을 보았습니다. 처음 선을 볼 때는 어떤 사람이 나올까 하고 기대도 갆이 했습니다. 하지만 몇 번을 보고 나자 선보러 갈 때마다 도살장어 끌려가는 소가 된 기분이었습니다.

나이가 들면서부터는 여자의 모든 면이 보이기 시작했습니다. 좋은 점 한두 가지 때문에 다른 면들이 보이지 않아야 사랑에 빠져 계속 사귀고 싶어질 텐데 자꾸 이성이 앞서는 바람에 연애 감정이 잘 생기지 않았습니다. 상대방 여성들도 또래들이라 저와 비슷한 생각을 하는 것 같았습니다. 서른다섯 살 때부터 본격적으로 선을 보기 시작해 쉰 번도 넘게 보았습니다. 처음 몇 번까지는 그동안 선을 몇 번 보았는지 횟수도 기억하고 나왔던 사람들 이름과 얼굴도 기억했는데, 열 번을 넘기면서부터는 횟수도 이름도 얼굴도 헷갈리기 시작했습니다. 자매를 소개시켜 주시겠다는 주위 분들의 청을 거절하지 못해 하루에 두 번 보는 날도 생겼습니다. 두 번 다 실패하고 집으로 돌아오는 발걸음을 한번 상상해 보십시오. 그 심정이 얼마나 비참했는지 모릅니다.

아마도 이런 씁쓸한 경험이 있기 때문에 누구보다 결혼이 중요하고 가정이 귀하다는 것을 알게 된 것 같습니다. 서른여섯 살이 되니 여자도 여자이지만 아이들이 예뻐 결혼하고 싶었습니다. 다른 노총각 노처녀도 그렇다고 합니다. 이런 간절한 마음으로 결혼해서 그런지 아이를 낳을 때 얼마나 감사하고 기뻤는지 모릅니다. 아이들이 클 때도 너무나 사랑스러웠습니다.

아이가 셋이라고 하면 사람들은 아들을 낳기 위해 셋을 낳았나 보다고 생각합니다. 하지만 저와 아내는 아이가 좋아서 셋을 낳았습니다. 특히 저는 노총각으로 오래 살아서 그런지 아이가 좋습니다. 새벽 기도를 마치고 집에 들어가 잠자는 아이들을 보면 즐겁고, 그들과 티격태격하며 아침밥을 먹는 자리가 좋습니다. 이것도 하나님이 허락하셔야만 되는 자리라는 것을 누구보다 뼈저리게 체험했기에 더욱 그렇습니다.

서른일곱 살이 가까워 오니 이러다가는 평생 노총각으로 지낼지도 모르겠다는 불안한 마음까지 들었습니다. 마음은 이미 지쳐 있어 결혼을 위한 노력은 하지도 못한 채 어떻게 되겠지, 하나님이 사랑하시는 자녀의 결혼을 못 본 척하시지 않겠지 하는 마음으로 살았습니다. 그러다 하나님의 은혜로 지금의 아내를 만났고, 만난 이후에는 노총각과 노처녀들이 으레 그렇듯이 만난 지 백일 만에 후닥닥 결혼식을 올렸습니다.

이렇게 결혼했지만, 저는 독신으로 지낸 그 긴 시간에 대한 반성을 많이 했습니다. 독신의 은사가 없는 제가 육신의 욕구를 참아 가면서까지 늦게 결혼한 이유를 숙고했습니다. 그러면서 내린 결론은 이성을 수용하는 폭이 좁다는 것이었는데, 간단히 말하면 제가 눈이 높다는 것이었습니다. 물론 사람의 결혼은 동물의 짝짓기하고는 달라서 나이가 찼다고 아무하고나 결혼할 수는 없습니다. 두 사람이 잘살 것 같다는 주변의 객관적인 평도 중요하지만 당사자들이 느끼는 감정도 중요합니다. 객관적인 조건이 맞다고 해서 무조건 결혼할 수는 없습니다.

하지만 기본적으로 이성을 받아들이는 폭이 얼마나 넓은가 하는 게 중요합니다. 자기에게 딱 맞는 이성을 찾는 게 아니라 자기가 맞출 수 있는 이성을 찾으면 결혼할 수 있는 가능성이 훨씬 높아집니다. 바울은 고린도전서 9장 19절에서 "내가 모든 사람에게 종이 된 것은 더 많은 사람을 얻고자 함이라" 하고 말했습니다. 유다인들에게는 유다인과 같이 되었고, 율법 아래 있는 자들에게는 율법 아래 있는 자와 같이 되었고, 약한 자들에게는 약한 자와 같이 되었다고 합니다. 여러 사람에게 여러 모양으로 사람들을 구원하려고 한 것입니다. 결혼이 사람을 구원하기 위한 것은 아니지만, 결혼을 하는 데 있어서도 바울과 같은 자세가 필요합니다. 자기 모양에 맞는 이성을 찾는 것이 아니라 자신이 언제든 여러 모양이 될 수 있는 사람은 선택의 폭이 넓어지기 때문입니다.

서른다섯 살의 막바지에 이르렀을 때 제게 변화가 생겼습니다. 이제 웬만한 자매라면 맞추어 살 수 있겠다는 생각이 들었고, 어느 정도 자신감도 생겼습니다. 그것은 그만큼 눈이 많이 낮아졌다는 소리고, 겸손해졌다는 소리며, 제 자신을 알았다는 소리였습니다. 실제로 사모가 되기에 좋은 성격과 인격이라고 여겨지면 감정이 확 끌리지 않아도 교제해 보려는 시도도 해 보았습니다. 그렇게 일년을 지내다 지금의 아내를 소개받았습니다. 아내는 신학교 일년 후배입니다. 일년 반 넘게 자연스럽게 알고 지내던 중에 소개를 받았는데, 두 번째 만났을 때 저는 이 사람이 바로 배우자감이라고 결정했습니다. 하나님이 결혼할 배우자라고 특별히 계시하셨기 때문이 아니라 마음과 감정이 모두 적합한 배우자로 받아들여서 결정한 것이었습니다. 그동안 눈이 낮아지는 과정을 거치며 상대방의 장점을 더 많이 볼 줄 알게 되었고, 맞추어 살 수 있는 가능성을 더 많이 볼 줄 알게 된 덕분이었습니다.

물론 결혼에는 궁극적으로 하나님의 섭리가 들어 있습니다. 저하고 아내만 해도 일년 반 넘게 신학교 생활을 같이하면서도 서로를 이성으로 인식하지 못했던 것입니다. 결혼 후 아내가 해 준 말인데, 신학교에 들어온 지 일년 반이 넘어서야 사모가 되겠다는 생각을 했다고 합니다. 목회자이신 장인어른을 보면서 목회자 일이 힘들게 느껴져서 자기는 일반 직장인에게 시집을 가고 싶었다고 합니다. 하지만 장인어른이 계속 권유하는 바람에 교역자의 아내가 되겠다고 생각을 바꾸었는데, 그때가 2학년 2학기 끝나 갈 무렵이었습니다. 그리고 저도 그때를 전후로 해서 아내가 이성으로 느껴졌습니다. 이런 변화들이 조화를 이루어 저는 아내를 배우자로 결정했고, 아내도 사모가 되겠다고 마음을 굳혔습니다.

저는 우리 교회에 있는 만혼의 청춘 남녀들에게 하나님은 당신들보다 더 당신들의 결혼에 관심을 갖고 계시니 걱정하지 말라고 합니다. 이 말은 맞습니다. 하지만 동시에 이성을 받아들이는 폭을 넓히라는 말도 빼놓지 않습니다. 쓸데없는 욕심을 버리고, 주를 기쁘게 하기 위한 결혼 생활이 될 수 있도록 배우자를 고르라고 합니다. 하나님은 이미 그들 앞에나 제 앞에 좋은 배우자감들을 많이 두셨는지도 모릅니다. 다만 어리석은 우리가 배우자를 알아보지 못하고 지나치거나 거부했는지 모릅니다. 더 일찍 깨달았다면 지금보다 빨리 배우자를 만날 수 있었을지도 모르는데 말입니다.

이제 결혼 적령기에 있는 사람들을 한 발 떨어져서 보게 됩니다. 청년들은 아름답습니다. 모두 매력이 있습니다. 모두가 남의 집 귀한 자식들입니다. 그리고 청년들은 그때나 지금이나 여전히 이성에 관심이 많고 결혼을 원하고 있습니다. 상담을 요청하는 청년들의 문제는 대부분 진로 아니면 이성 문제입니다. 그들의 이야기를 듣고, 상담하고, 때로는 헤어지는 것을 지켜보고, 때로는 결혼 주례를 서고, 그들이 낳은 아이가 성장하는 것을 보며 저는 결혼에 대해 더 많은 것을 알게 됩니다.

하나님 앞에 깊고 올바르게 선 사람일수록 그가 택할 수 있는 이성도 많습니다. 자기의 감정에만 충실한 자일수록 그가 택할 수 있는 이성은 상대적으로 적습니다. 저의 경우 결혼이 늦은 것은 제가 합리적이어서가 아니라 저만의 감정에 충실했기 때문입니다. 사실 합리적이었던 게 아니라 감정적이었던 것입니다. 저처럼 자기의 감정에 충실한 자가 바로 야곱입니다.

야곱은 에서를 속이고 아버지의 축복을 받은 후 분노에 떠는 에서를 피해 삼촌 라반의 집으로 도망을 갔습니다. 그는 거기서 삼촌의 딸 라헬에게 반해 그녀를 아내로 얻는 조건으로 삼촌에게 칠 년 동안 봉사했습니다. 칠 년이 되자 라반은 잔치를 베풀고 저녁에 라헬 대신 큰딸 레아를 주었습니다. 아침에 잠에서 깬 야곱은 라헬이 아니라 레아라는 것을 깨닫고 라반에게 따지지만, 라반은 자기네 고향에서는 아우를 형보다 먼저 시집 보내는 일은 없다고 하면서 다시 칠 년 동안 봉사하겠다고 맹세하면 칠 일 후에 라헬을 주겠다고 했습니다. 야곱은 라헬을 사랑했기 때문에 이를 승낙하고 라헬을 아내로 맞아들였습니다.

그런데 하나님은 레아가 야곱에게 사랑받지 못하는 것을 보시고 레아에게 아기를 잉태하도록 하시고 라헬에게는 아기를 주시지 않았습니다. 하나님이 이렇게까지 하신 것을 보면 야곱이 자신의 감정에만 충실해 드러내 놓고 라헬만 사랑했다는 것을 알 수 있습니다. 그리하여 하나님은 레아에게만 출산의 기쁨을 주셨던 것입니다. 그리고 레아는 첫째를 낳은 후에 여호와께서 자기의 괴로움을 권고하셨다면서 이름을 르우벤이라고 지었습니다. 둘째는 자기가 사랑받지 못함을 들으시고 이를 주셨다며 시므온이라 하고, 셋째는 야곱이 지금부터 자기와 연합하리라면서 레위라 했고, 넷째는 이제는 여호와를 찬송하리라면서 유다라 했습니다.

야곱이 삼촌 라반 집에서 라헬을 얻기 위해 보낸 시간은 십사 년이었습니다. 그 십사 년 동안 라반을 섬기며 많은 경험을 쌓았는지도 모릅니다. 하지만 이것은 하나님의 섭리 차원에서 그런 것이고, 여인을 위하여 십사 년을 보낸 것은 칭찬할 만한 일은 아닙니다. 물론 현숙한 여인을 얻기 위해 지불해야 할 비용은 많지만, 야곱을 서로 차지하기 위해 라헬이 레아와 질투하며 경쟁하는 것을 보면 그녀가 현숙하다기보다는 평범해 보입니다. 라헬이 특별히 자식을 더 잘 키운 것도 아니고 야곱의 일을 번창하게 일으킨 것도 아닙니다. 한편 레아는 아들들의 이름을 지을 때 모두 남편의 사랑에 관한 내용으로 지었는데, 남편에게 사랑받지 못하는 것이 깊은 상처가 되었기 때문입니다. 여섯째를 낳고도 "내가 남편에게 여섯 아들을 낳았으니 이제는 그가 나와 함께 거하리라" 하며 스불론이라고 이름 지었습니다. 여섯째 아이를 낳았어도 남편에게 사랑받지 못한 한이 그토록 깊었나 봅니다.

야곱은 보다 적절히 행동했어야 합니다. 하나님은 그런 레아에게 여섯 아들을 주시고, 제사장 가문인 레위를 주시고, 다윗과 예수님이 나신 유다를 주셨습니다. 야곱은 라헬에 대한 감정에 충실해 그녀만 사랑했고, 하나님은 레아의 아픔을 배려해 많은 자식을 주셨습니다. 우리가 하나님의 이런 마음을 배우려고 노력한다면, 야곱과 달리 레아와 결혼했다고 해도 그녀를 사랑할 수 있을 것입니다. 누구와 결혼하는 것도 중요하지만, 이미 결혼한 사람을 최대한 배려하고 사랑하는 것은 더 중요합니다. 자기의 감정도 중요하지만 남의 감정을 더 중요하게 여기는 사람은 분명히 하나님의 뜻이 무엇인 줄 알고 행동하는 사람일 것입니다. 어떤 배우자를 달라고 기도하는 것이 아니라 어떤 배우자하고든 살 수 있는 마음을 달라고 기도하는 자가 결혼에 대한 하나님의 뜻을 더 잘 아는 자입니다.

배우자는 어떻게 선택해야 하는가

마음에 드는 이성이 있는데 하나님이 이 만남을 허락하시는지 아닌지 알고 싶을 때 어떤 방법을 쓰십니까? 일단은 전화를 걸어 상대방이 승낙하면 하나님의 뜻으로 알고, 거부하면 하나님의 뜻이 아닌 것으로 알거나, 받지 않으면 다시 시도해 보는 것으로 결정합니까? 만약 그렇다면 이것은 열린 문, 닫힌 문으로 결정하는 것이 됩니다. 그리고 이 방법은 도박에 가깝습니다.

상대방도 호감은 있지만 서로 충분히 알지 못하면서 함부로 데이트 신청에 응할 수는 없습니다. 데이트를 하면 어떻게 소문이 날지 모르므로 주변도 의식해야 합니다. 남자라면 이런 소문으로부터 상대적으로 자유롭겠지만, 여자는 아무래도 신경이 쓰이는 것이 우리 사회의 분위기입니다. 그래서 호감이 있음에도 불구하고 데이트 신청에 불응할 수도 있습니다. 밖에서 둘이 데이트하는 것보다 교회 청년회 같은 공동체 속에서 자연스럽게 교제하며 알아 가기를 원해 거부할 수도 있습니다.

아브라함은 이삭을 자기 족속과 결혼시키려고 자기가 신뢰하는 늙은 종을 자기가 살던 고향으로 보냈습니다. 종이 주인이 가진 좋은 것들을 가지고 아브라함의 고향으로 가서 성 밖 우물가에 이르렀을 때 마침 저녁때라 여인들이 물을 길러 나왔습니다. 그때 그는 "우리 주인 아브라함의 하나님 여호와여 내가 우물 곁에 섰다가 한 소녀에게 이르기를 청컨대 너는 물 항아리를 기울여 나로 마시게 하라 하리니 그의 대답이 마시라 내가 당신의 약대에게도 마시우리라 하면 그는 주께서 주의 종 이삭을 위하여 정하신 자로 알겠나이다"(창 24:12-14)라고 기도했습니다. 그리고 기도한 대로 리브가가 늙은 종만이 아니라 약대도 배불리 마시게 했습니다.

늙은 종이 이런 방법으로 이삭의 아내를 정한 것이 성경에 나와 있기 때문에 많은 성도들이 이런 방법으로 배우자를 결정하려고 합니다. 바로 기드온의 양털 뭉치 방법입니다. 하지만 우리는 이미 양털 뭉치 방법은 믿음이 없는 자가 하나님의 뜻을 거듭 구하는 것임을 배웠습니다. A 아니면 B라는 식은 하나님이 사람에게 주신 판단력을 버리고 도박과 요행으로 주사위를 던지는 것과 흡사합니다. 하나님이 주신 건전한 능력을 스스로 버리고 요행의 포로가 되는 것입니다. 하나님이 기드온에게 진노하지 않으시고 이슬을 내리는 것으로 응답하신 것은 그런 심약한 자까지도 성장시켜 사용하시는 하나님의 큰 은혜 때문이고, 또 기드온을 사사로 임명해 특별히 사용하기 위해 오래 참으신 것입니다.

그런데 바로 아브라함의 종에게도 이런 면이 있습니다. 종이 아브라함의 명을 받고 고향으로 떠나기 전에 아브라함과 이런 말이 오갔습니다.

여자가 나를 좇아 이 땅으로 오고자 아니하거든 내가 주인의 아들을 주인의 나오신 땅으로 인도하여 돌아가리이까 아브라함이 그에게 이르되 삼가 내 아들을 그리로 데리고 돌아가지 말라 하늘의 하나님 여호와께서 나를 내 아버지의 집과 내 본토에서 떠나게 하시고 내게 말씀하시며 내게 맹세하여 이르시기를 이 땅을 네 씨에게 주리라 하셨으니 그가 그 사

자를 네 앞서 보내실지라 네가 거기서 내 아들을 위하여 아내를 택할지
니라(창 24:5-7).

아브라함은 자신의 정체성을 올바르게 인식하고 있었습니다. 자기
가 고향을 떠나 여기에 정착한 것은 이 땅을 자기 씨에게 주리라는
여호와의 말씀 때문이므로, 자기의 아들은 반드시 이 땅에서 산다는
확신을 갖고 있었던 것입니다. 여호와께서 이삭에게 아내를 허락하
시고 이곳에 살게 한다는 확신이 있었으므로 당연히 자기 아들과 결
혼할 여자가 있다는 것도 확신하였습니다. 그래서 여호와께서 사자
를 너 앞서 보내어 예비하실 것이라고 늙은 종에게 말한 것입니다.
늙은 종도 아브라함처럼 이것을 믿었기 때문에 고향의 우물가에
도착해서 여호와께 그녀를 만나게 해 달라고 기도한 것입니다. 오랜
삶을 산 지혜로운 종이 도박하는 심정으로 요행을 바라며 이러한 기
도를 올린 것이 아닙니다. 얼핏 보면 요행을 바라는 것 같지만, 자세
히 보면 믿음의 기도이자 믿음으로 하나님의 뜻을 분별하는 법입니
다. 종은 자신의 기도대로 리브가가 약대에게도 물을 마시게 했을
때, 여호와께서 정말로 평탄한 길을 주셨는지 확인하는 신중함까지
보여 주었습니다. 늙은 종은 신중한 사람이지 결코 경솔하게 하나님
의 뜻을 분별하는 사람이 아닙니다.
그러므로 우리는 이런 방법을 함부로 자신에게 적용해서는 안 됩
니다. 수많은 이성을 만날 수 있는 사회에서 살면서 함부로 이러한
방법을 쓰는 것은 위험합니다. 자칫 하나님께 자기의 욕심이 들어간
내용을 기도하고서 하나님이 응답하셨다면서 당사자의 의사와는 상

관없이 '당신과 결혼하는 것이 하나님의 뜻'이라고 우기는 잘못을 범하기 쉽습니다. 우리는 이러한 경우를 주변에서 종종 보곤 합니다. 자신의 객관적인 처지와 상관없이 자기 맘대로 배우자를 결정하곤 느닷없이 찾아가 하나님이 허락하신 결혼이라면서 막무가내로 떼를 쓰는 것입니다.

스타를 집요하게 따라다니는 스토커들드 자기가 일방적으로 스타를 좋아하는 것이 아니라 그 스타도 자기를 좋아한다고 여기고, 스타가 자신에게 분명히 그런 표시를 했다그 믿고 있다고 합니다. 연예인은 그저 연기를 했을 뿐인데, 그 연기 중 어떤 것이 자신에게 보낸 표시라는 것입니다. 심리적으로 정신적으로 문제가 있지 않고서는 연기자의 평범한 연기 행위를 그렇게 해석할 수 없습니다. 한 이성을 집요하게 쫓아다니는 사람들을 본 적이 있습니다. 대부분 심리적으로나 정신적으로 문제가 있는 사람들이어서 정신과 치료를 받아야 할 정도였습니다. 그들은 그 이성과 결혼하는 것이 하나님의 뜻이라고 분명히 응답을 받았다고 하지만, 상대방은 전혀 받은 적이 없다고 합니다. 이런 경우 하나님의 뜻이라는 엄청난 권위를 통하여 인정받았다고 믿기 때문에 비그리스도인 스토커보다 문제가 훨씬 심각합니다.

늙은 종과 리브가의 부모는 리브가를 이삭의 아내로 결정하기 전에 그녀의 의사를 물었다는 것을 알아야 합니다. 늙은 종은 비록 자기가 기도한 대로 일이 진행되고 있지만, 이것이 정말 하나님이 응답하신 것인지를 확인하는 신중함을 보입니다. 그런데 요즘은 아브라함의 종처럼 결혼에 관한 하나님의 뜻을 묻는 자들이 기도하는 절차는 밟으면서도 그 응답을 확인하는 신중함은 보이지 않습니다. 다들 자기 편한 대로 성경을 골라서 보기 때문입니다.

주변에는 열린 문, 닫힌 문이나 양털 뭉치 방법으로 배우자를 정한 사례가 있을 것이고, 그런 신앙 간증도 있을 것입니다. 하지만 대부분 성공한 경우만 알려지는 법입니다. 열린 문, 닫힌 문과 양털 뭉치 방법으로 배우자를 정하려고 했다가 실패한 경우가 얼마나 많은지 모릅니다. 그런데 이런 이야기들은 알려지지 않습니다. 물론 열린 문, 닫힌 문과 양털 뭉치 방법을 사용하는 그리스도인들이 모두 심리적·정신적으로 문제가 있는 것은 아닙니다. 하지만 자칫하면 자기의 주관적인 뜻이 개입된 것을 잊고 하나님의 뜻으로 오인할 가능성이 매우 높습니다. 이렇게 되면 비록 그 사람이 건강한 정신을 갖고 있다 하더라도 하나님이 주시는 많은 이성 교제와 결혼 기회를 놓치기 쉽습니다. 설령 이런 식으로 결혼을 한다 해도 불행해질 수 있다는 것도 명심해야 합니다.

오늘날에도 하나님이 꿈이나 환상이나 예언을 통해 주시는 특별한 계시가 있을 수 있습니다. 이것을 부인하거나 무시해서는 안 되겠지만, 이것에 얽매여서도 안 됩니다. 이것이 있으면 아브라함의 종처럼 하나님으로부터 온 뜻인지 현실의 상황을 통해 면밀히 확인하면서 배우자를 결정해야 됩니다. 큰 교회의 청년회는 회원이 수백 명이 넘습니다. 특히 청년회 임원은 신앙과 인격과 성품에서 본이 되기 때문에 외모도 좋은 편입니다. 이런 청년회 회장을 배우자로 사모하는 여성들을 주변에서 많이 봅니다. 그들 중 몇 명은 하나님이 분명히 그를 자기의 남편으로 보여 주셨다고 했습니다. 청년회 회장 한 명을 두고 그런 계시를 받았다는 여성이 몇 명인지 모릅니다.

이런 확신을 가진 사람들 가운데 일부는 계시받은 이야기를 하면서 적극적으로 돌진하고, 일부는 하나님이 보여 주셨으므로 반드시 이루시리라 생각해 기도하며 느긋하게 기다리기도 합니다. 하지만 그 청년회 회장에게는 하나님으로부터 아무 계시가 없었습니다. 그래서인지 그는 아무도 예상하지 못한 사람과 결혼을 했습니다. 하나님으로부터 계시를 받았다는 그 여성들은 도대체 어떻게 된 것입니까? 그러므로 함부로 하나님의 계시를 받았다는 말을 해서는 안 됩니다. 반드시 사실인지 확인하는 신중한 과정을 거쳐야 하고, 왜 이런 계시를 자신에게 주었는지 돌아보는 겸손한 시간을 가져야 합니다. 자신의 욕구와 의지가 하나님의 계시라는 형태로 표현된 것은 아닌지 깊이 살펴보아야 합니다. 또 하나님이 직접 꿈에 나타나거나 계시하지 않으시는 것은 성도들을 특별히 사랑하시지 않기 때문이 아니라는 것도 알아야 합니다. 왜냐하면 그들이 너무나 정상이기 때문에 특별히 계시하시지 않아도 시행착오를 거쳐 그들 스스로 해 낼 수 있기 때문입니다. 그러므로 우리는 하나님이 주신 정상적인 분별력을 더욱 갈고 닦는 일에 힘쓰며, 이러한 과정을 즐겨야 합니다.

늦은 결혼이 주는 기쁨

제 친구들의 자식들은 대부분 초등학교 고학년이거나 중학생입니다. 그런데 제 자식은 아직 초등학교에도 들어가지 못했습니다. 하지만 늦게 자녀를 봐서 좋은 점도 많습니다. 정부는 출산율 저하로 인한 인구 감소와 급속한 노령화를 막기 위해 출산 장려책을 쓰고 있습니다. 그러면서 셋째 아이부터는 놀이방이나 어린이집에 보내는 보육비를 보조해 주고, 몇 년 후부터는 유치원도 무상 교육이라고 합니다. 제 자식들은 이런 혜택을 볼 수 있습니다. 유치원에 자녀를 종일 보내는 데 드는 총 비용이 일년에 3백만 원이 넘는다고 합니다. 우리 가정은 이 비용을 모두 줄일 수 있습니다. 지금은 중학교까지 무상 교육이지만 제 자식들이 고등학교에 갈 때 즈음이면 고등학교도 무상 교육이 될 확률이 높습니다. 우리나라가 경제적으로 깊은 불황에 빠졌거나 예기치 않은 불상사를 만나지만 않는다면 말입니다.

또한 늦게 결혼하면 결혼의 소중함뿐만 아니라 가정의 소중함도 알게 됩니다. 제 친구 중 한 명은 일찍 결혼해서 아이를 빨리 낳았는데 초등학교 4학년 될 때까지 아이들이 소중하고 사랑스러운 줄 몰랐다고 합니다. 아이들을 제대로 껴안아 주지도 못했다고 후회하는 소리도 들었습니다. 하지만 저는 다릅니다. 제가 원래 아이를 좋아하거나 아이에 대한 배려심이 많아서가 아니라 나이가 들어 아이를 보게 되니 저절로 아이가 귀하고 소중하다는 것을 알게 되었기 때문입니다.

첫아이가 태어난 날의 감동을 지금도 기억하고 있습니다. 이전에 없던 생명체가 새롭게 태어나 제 자식이 된 것입니다. 동사무소에 출생 신고를 하고 주민등록등본을 떼었을 때 제 이름 밑에 있는 '정다은'이란 이름을 본 그 순간을 잊을 수가 없습니다. 강한 소속감과 함께 큰 감동을 느꼈습니다. 그리고 눈도 뜨지 못하던 아이가 눈을 뜨고 웃고 뒤집고 기어다니는 모습도 신기하고, 엄마 아빠 소리를 할 때는 전율을 느꼈습니다. 모든 것을 우리 부부에게 맡기고, 우리를 안식처로 생각하는 자식들을 보면 무한한 책임감과 사랑을 느꼈습니다. 정말이지 가족간에는 무한대의 책임과 사랑이 존재하는 것 같습니다.

그동안 인생을 살며 배우고 느낀 것을 그대로 전할 수 있는 자식이 있다는 것도 뿌듯합니다. 지금은 내가 이렇게 돌보아 주지만, 내가 늙어서 힘이 빠질 때는 이들이 나를 돌보아 줄 것을 생각하니 안도감도 느껴집니다. 나이가 들어 아이를 기르다 보니 젊었을 때보다는 상대적으로 안정된 성품과 인격으로 기를 수 있어 좋습니다. 아이들을 혼낼 때도 분노한 상태로 혼내지 않고, 아이들 앞에서도 실수하는 모습을 덜 보일 수 있습니다.

나이를 먹어 가면서 사람은 자연스럽게 인생을 관조하고 자연을 관조하는 관조자의 삶을 삽니다. 그러므로 아이들 자라는 것도 많이 관찰하게 됩니다. 아이들이 자라는 과정을 통해 성경이 말하는 진리를 더 잘 인식하게 되는 것 같습니다. 스스로에 대한 이해도 높아져 제 자신에 대해 갖고 있던 편견을 버리고 자존감을 높일 수 있습니다. 그리고 아내 귀한 줄도 압니다. 일찍 결혼했더라면 제가 잘나서 결혼했고, 적어도 결혼은 아무나 하는 대수롭지 않은 것으로 여겼을 것입니다. 하지만 이것들은 모두 하나님의 선물입니다. 그래서 저는 가정을 귀하게 여기고, 아내를 귀하게 여기며 삽니다. 지금의 아내이기에 귀하고, 그냥 아내라는 사실로 귀한 것입니다. 항상 남편과 아빠의 역할을 제대로 해내는 것은 아니지만 열심히 노력하며 살고 있습니다.

하지만 결혼의 단점도 있는 게 사실입니다. 한창 일해야 할 나이인데 아이들을 돌보는 데 시간과 정열을 빼앗기는 것도 사실입니다. 더 많은 일에 집중하고 싶은데 아이들 씻기고 밥 먹이고 놀아 주다 보면 힘도 들고 하고 싶은 일도 제대로 못 합니다. 이 글을 쓰는 지금 이 순간에도 수시로 와서 방해를 하고 놀아 달라고 합니다.

어쩌다 가족 나들이라도 한 후 집에 도착해 보면 아이들은 모두 차 안에서 잠들어 있기 일쑤입니다. 아이들을 한 명씩 안고 업고 집으로 옮기다 보면 좀더 젊었을 때 아이들을 키우는 건데 하는 생각이 들기도 합니다. 아이를 키우려면 힘도 세야 하기 때문입니다. 세 명을 목욕시키는 일도 그렇고, 밤에 한두 번씩 깨어 오줌을 뉠 때도 그렇습니다. 항상 이들과 씨름해야 하는 아내는 말할 것도 없습니다.

외로운 것만 빼면 독신만이 누릴 수 있는 행복도 있습니다. 저는 그리스도인이 되면서 다니던 직장을 그만두고 공부를 시작했습니다. 그것은 급격한 진로 변경이었습니다. 영국으로 건너가 대학원 공부를 했지만 다시 신학으로 진로를 바꾸었습니다. 만약 결혼한 상태였다면 이 일들을 제대로 해내지 못했을 것입니다. 많은 책을 읽는 것도 불가능했을 것이고, 취미 생활도 자유롭게 즐길 수 없었을 것입니다. 여행 가고 싶으면 여행을 가고, 무슨 일이 하고 싶으면 즉시 행동으로 옮길 수 있었습니다. 혼자라서 외롭기는 했지만 순수하고 치열하게 살 수 있었습니다. 더 순수하게 세상을 바라보았고, 더 순결하게 살았습니다.

　미혼 남녀들을 보면 많은 사람들이 결혼을 부정적으로 생각하고 있습니다. 부모님의 결혼 생활을 보면서 이럴 바에는 차라리 결혼하지 않는 편이 낫다고 생각하는 것입니다. 그런 그들이 우리 부부가 사는 모습을 보며 결혼하고 싶다는 생각을 가졌으면 참 좋겠습니다. '이렇게 건강하게 사는 부부가 있고, 이렇게 활력과 애정과 행복이 넘치는 가정이 있구나' 라고 느껴 결혼하고 싶어한다면 좋겠습니다. 그렇다면 우리 부부는 사회적으로 이룬 것이 없을지라도 성공한 부부 축에 들 것입니다. 교회를 외적으로 크게 성장시키지 못했을지라도 훌륭하게 목회를 한 부부라고 할 수 있을 것입니다.

　우리 교회는 아이를 많이 낳는 분위기입니다. 우리 부부가 세 아이를 키우는 모습이 좋게 보인 이유도 있습니다. 성도들로부터 "목사님 가정처럼 아이를 셋 낳겠어요"라는 말을 들을 때면 얼마나 행복하고 감사한지 모릅니다. 더불어 우리 아이들이 하나님을 공경하고 타인을 배려할 줄 아는 아이들로 자란다면 좋겠습니다. 이러한 아이들을 보고 주위 사람들이 아이를 더 낳고 싶어하는 마음이 생기길 바랍니다. 그렇게 된다면 이 일만으로도 우리 부부는 신앙 생활에서 승리한 사람이라고 할 수 있을 것입니다.

　배우자를 선택하는 명확하고 간단한 지침을 기대하며 이 장을 읽는 분들이 있을지 모르겠습니다. 그런 분들은 이 장의 내용에 혹시 실망할지도 모르겠습니다. 하지만 이 장에 들어 있는 내용은 결코 허망한 내용이 아닙니다. 자극적이지 않을 수는 있지만 근본적인 내용을 담고 있습니다. 어떤 사람과 결혼하는 게 하나님의 뜻인지 지금 당장 알아낼 방법은 없습니다. 이러저러한 사람과 결혼하는 게 하나님의 뜻이라고 말하면 좀더 속이 시원할지 모르지만 그렇게 말하는 것은 결코 옳은 일이 아닙니다.

하루 세 끼 밥을 꼬박꼬박 챙겨 먹고 적당한 운동을 하는 것이 건강에 좋듯, 매일매일 하나님의 뜻이 담긴 성경을 즐거운 마음으로 깊이 읽어야 합니다. 그러는 동안 하나님의 뜻을 깨달아 갈 것이고, 세상을 보는 눈도 밝아질 것이며, 결국 밝은 눈으로 자연과 역사와 사람을 보게 될 것입니다. 그러다 보면 반드시 고기 낚는 법을 깨치듯 결혼만이 아니라 모든 일을 선택할 때도 성숙한 결정을 할 수 있을 것입니다.

:: **곰곰이 생각해 봅시다**

1. 비그리스도인과 결혼한 성도가 있습니까? 신자들의 결혼 생활과 비교할 때 어떻습니까?

2. 마음에 드는 이성이 하나님을 믿지 않거나, 인격이나 성격에 결함이 있다면 어떻게 하시겠습니까?

3. 결혼 생활에서 성이 얼마나 중요한 부분을 차지한다고 생각합니까? 텔레비전이나 영화에 나오는 성은 매우 과장되고 왜곡되었다는 사실을 아십니까?

4. 사귀는 이성 친구가 하나님이 원하는 배우자인지를 어떻게 분별하고 있습니까?

5. 결혼한 배우자를 진심으로 사랑하기 위해 서로간에 고치거나 노력해
   야 할 점은 무엇입니까?

6. 자녀에게 하나님의 말씀을 가르치고, 좋은 가정의 문화를 만들기 위하
   여 어떤 노력을 해야 할까요?

2
목회의 길

내적 조명과 외적 조명을 통한 확인

다른 사람의 서원으로 이루어진 목회자의 길

목회자가 되는 것이 하나님의 뜻인데 이를 어기고 일반 직업을 택했다는 죄책감 속에 사는 사람을 만날 때가 있습니다. 한편 목회자 중에는 본인을 위해서나 성도들을 위해서나 목회자가 되지 않았더라면 좋았을 뻔했다는 말을 듣는 분도 있습니다. 동료 목회자 중에는 목회보다 다른 일에 더 관심과 소질이 있는데, 부모님이 한 서원 때문에 어쩔 수 없이 목회자가 된 분도 있습니다. 목회자가 되는 것이 하나님의 뜻인지를 분별하는 일은 중요합니다. 우리나라 신학교의 입학 정원이 4천 명이 넘는데 두 배, 세 배도 넘는 경쟁률을 생각하면 매년 신학교 지원자가 1만 명이 넘는 셈입니다. 이 사람들은 모두 목회자에 대한 하나님의 뜻에 관해 진지하게 고민하였을 것입니다.

이런 고민은 신학교에 입학해서도, 신학교 졸업 후 목회 현장에서도 이어집니다. 동료 목회자들 중에는 목회자의 길이 이렇게 힘들 줄 알았다면 절대 이 길로 들어서지 않았을 거라고 하는 분도 있습니다. 어떤 직업이든 그 나름대로 힘들겠지만, 목회자의 길에도 많은 어려움과 스트레스가 있습니다. 한 예로, 의사가 육신의 생명을 치료한다면 목회자는 영적인 생명을 치료하고 인도하므로 중요한 일을 하는 것입니다. 그러므로 이런 중요하고 힘든 길을 너무 쉽게 결정하고 중도에 포기해서는 안 될 것입니다. 그리고 목회자가 되어서는 안 될 사람이 목회자가 되어 주변에 피해를 끼쳐서도 안 될 것입니다. 그리고 목회자의 길을 걸어야 할 사람이 목회자의 길을 걷지 않아서도 안 될 것입니다.

디모데전서 3장 1절은 "미쁘다 이 말이여, 사람이 감독의 직분을 얻으려 하면 선한 일을 사모한다 함이로다"라고 말합니다. 목회자가 되기를 원하는 사람은 스스로가 이 직책을 원하고 사모해야 합니다. 주변의 권유나 강요로 선택할 것이 아니라 본인의 마음이 중요합니다. 그런데 자신의 뜻이 아니라 부모의 권유와 강요로 목회자가 되는 사람들이 있습니다. 부모님이 목회자가 되길 원하기 때문인데, 그런 부모 중 상당수는 자식이 태어나기 전에 하나님께 목회자로 바치겠다고 서원 기도를 한 경우가 많습니다. 이는 사무엘이 태어나기 전 하나님께 바치겠다고 기도한 한나의 영향을 받은 것이라고 할 수 있습니다.

한나는 아이를 낳지 못해 괴로울 때 하나님께 "만군의 여호와여,

만일 주의 여종의 고통을 돌아보시고 나를 생각하시고 주의 여종을 잊지 아니하사 아들을 주시면 내가 그의 평생에 그를 여호와께 드리고 삭도를 그 머리에 대지 아니하겠나이다"라고 서원했습니다. 기도 대로 아들을 얻자 한나는 자신이 말한 대로 아들을 하나님께 바쳤습니다. 하지만 이 성경 구절을 가지고 자식을 못 낳는 사람이 한나처럼 자신도 아들을 낳으면 하나님께 바치겠다고 서원하면 자신도 자식을 낳을 수 있다고 믿는다거나, 그렇게 해서 낳은 자식을 서원한 대로 꼭 바쳐야 한다고 믿어서는 안 됩니다.

그 당시뿐만 아니라 지금까지 한나만 그런 기도를 했겠습니까? 아이를 낳지 못하는 많은 그리스도인 부부들은 대부분 이런 기도를 했을 것이고, 그들 중 상당수는 그래도 아이를 얻지 못했을 것이며, 아이를 얻었다고 해도 아들이 아닌 딸을 얻었을 것입니다. 그러므로 아이가 없을 때 아들을 달라고 기도한다고 해서 아들을 얻는 것도 아니고, 아들을 못 얻었다고 해서 기도에 정성이 부족한 것도 아니며, 영력이 떨어지는 것도 아닙니다. 또 기도대로 아들을 얻은 경우라고 해도 무조건 하나님께 바치는 것은 옳은 일이 아닙니다.

사무엘은 제사장 엘리 밑에서 자라났는데, 엘리의 두 아들 홉니와 비느하스도 제사장으로 섬겼습니다. 그런데 이들은 불량한 자들이어서 여호와를 알지 못했습니다. 여호와의 제사를 멸시했고, 회막 문에서 시중 드는 여인과 동침했습니다. 하나님은 엘리에게 나타나 "너희는 어찌하여 내가 나의 처소에서 명한 나의 제물과 예물을 밟으며 네 아들들을 나보다 더 중히 여겨 내 백성 이스라엘의 드리는 가장 좋은 것으로 스스로 살지게 하느냐"라고 경고하셨습니다. 이

두 아들은 자신들의 죄에 대한 벌로 끝내 전쟁에 나갔다가 죽음을 당했습니다. 엘리는 자신의 아들이라고 해서 무조건 제사장을 시킬 것이 아니라 아들의 됨됨이부터 보아야 했습니다. 엘리가 기도를 해서 한나처럼 두 아들을 얻었다고 하더라도 말입니다.

놀라운 것은 사무엘의 아들들도 좋지 않은 소리를 들었다는 것입니다. 사무엘이 늙자 두 명의 아들을 사사로 삼았는데, 그들은 아비의 행위를 따르지 않고 뇌물을 받고 엉터리로 판결을 내렸습니다. 이스라엘 백성은 사무엘에게 열방과 같이 왕을 달라고 했는데 그 중 한 이유가 사무엘의 아들들이 아버지의 행위를 따르지 않는다는 것이었습니다. 사무엘이 사역에 너무 바빠 자식 교육을 등한히 해서였는지, 자식 농사라는 것이 부모 마음대로 되는 게 아니었기 때문인지는 몰라도 사무엘의 자식들은 사사로 적합하지 않았습니다. 그러므로 사무엘도 아들을 사사로 삼지 말았어야 했습니다. 하나님께 자식을 바치겠다고 서원했다면 사사가 아닌 다른 일을 시켜야 했습니다. 그것이 자식을 위해서나 백성을 위해서 올바른 일이었습니다.

앞의 예들만 보아도 부모가 서원했다는 이유만으로 자식이 목회자가 되도록 강요할 수는 없습니다. 권유할 수는 있겠지만, 당사자가 원하지 않거나 당사자의 자격이 합당하지 않으면 권유를 취소하는 것이 본인과 성도들을 위해 좋습니다. 그런데 권유를 넘어 강요를 하면서 목회자가 되지 않으면 하나님께 벌을 받는다고 위협하는 것은 부모의 욕심으로 자식과 성도들에게 해를 끼치는 일입니다. 구약에서 말하는 서원에 개인적인 욕심이 들어가서는 안 됩니다. 서원은 순수해야 하고, 오직 하나님의 영광을 위해 해야 하는 것입니다.

일반적으로 삼손과 세례 요한도 서원대로 하나님께 바쳐진 경우로 알고 있습니다. 삼손과 세례 요한의 부모가 자식을 낳으면 나실인으로 바치겠다고 서원했고, 그 서원대로 바쳤다는 것입니다. 하지만 이것은 잘못된 내용입니다. 삼손의 어머니가 잉태하지 못했을 때 여호와의 사자가 나타나 "보라 네가 잉태하여 아들을 낳으리니 그 머리에 삭도를 대지 말라 이 아이는 태에서 나옴으로부터 하나님께 바치운 나실인이 됨이라 그가 블레셋 사람의 손에서 이스라엘을 구원하기 시작하리라"(삿 13:5)고 말씀하셨습니다. 삼손의 부모가 나실인으로 바치겠다고 서원한 것이 아니라 여호와의 사자가 명하자 삼손의 부모가 따른 것뿐입니다.

세례 요한도 마찬가지입니다. 그의 부모인 사가랴와 엘리사벳은 자식이 없는 채 나이를 많이 먹었습니다. 사가랴가 제사장의 직무를 수행하러 주의 성소에 들어가 분향할 때 주의 사자가 나타나 아들을 줄 테니 이름을 요한이라고 지으라고 하면서 그가 주 앞에 큰 자가 되며 포도주나 술을 마시지 않는다고 말씀했습니다. 이 일도 세례 요한의 부모가 서원한 것이 아니라 주의 사자가 나타나 말씀하신 것이고, 부모는 그것을 따른 것뿐입니다.

성경에서 부모가 자식을 나실인으로 바치겠다고 먼저 서원한 경우는 한나뿐입니다. 부모는 함부로 자식을 두고 서원하지 않았습니다. 부모에게 그럴 권리가 없다는 게 아니라 그만큼 신중했다는 말입니다. 자기 자식이 오직 하나님만을 향해 살기를 바라고 하나님께 기도하라고 교육하지만, 그가 나중에 어떤 길을 걸을 것이며, 하나님께 자신의 생애를 바칠 것인가 어떤가 하는 일은 부모의 역량을 넘어선 일입니다. 미래를 알지 못하기 때문에 함부로 서원해선 안 되는 것입니다.

한나가 사무엘에 대해 서원한 것도 사무엘은 레위 지파였기 때문이라는 것을 알아야 합니다. 한나의 서원에 상관없이 태어나는 아들은 하나님의 일에 바쳐진 자가 됩니다. 한나는 여기서 한 발 더 나아가 나실인으로 살도록 한 것뿐이지, 사무엘의 인생을 그녀가 완전히 규정해 버린 것은 아닙니다. 한나 또한 자기가 바친 사무엘이 제사장으로서 자격이 미흡하다면 즉시 제사장의 길을 걷게 하는 일을 그만두게 해야 할 것입니다. 이것이 그녀의 서원을 올바로 집행하는 길입니다.

목회는 스스로 선택해야 한다

항상 말하듯이, 성경에 나오는 한두 가지의 예를 가지고 보편화해서는 안 됩니다. 그 한두 가지의 예도 하나님의 특별하신 섭리 차원에서 바라보아야지 모든 일반 사람에게까지 확대해 적용해서는 안 됩니다. 창세기 12장을 보면 하나님이 아브라함에게 본토 친척 아비 집을 떠나 내가 네게 지시할 땅으로 가라고 하셨는데, 이 경우를 가지고 하나님은 우리들 한 사람 한 사람도 이렇게 인도하신다고 생각해서는 안 됩니다. 하나님은 아브라함을 선택하셔서 그를 통해 의로운 후손이 퍼지게 하도록 결정하셨습니다. 하나님은 이 결정을 집행하시려는 목적 때문에 그에게 나타난 것이지 아무에게나 나타나시지 않습니다.

우리도 아브라함같이 귀한 하나님의 자녀입니다. 이런 면에서는 우리가 아브라함보다 못한 것이 없습니다. 우리가 아브라함과 다른 것은 하나님의 일에 쓰임을 받는 내용입니다. 하나님이 아브라함을 통해 이루고자 하신 일이 있었기 때문에 그에게는 보다 구체적으로 말씀하실 필요가 있었던 것입니다. 하나님은 아브라함일지라도 항상 구체적으로 말씀하신 것이 아니라 대부분은 그의 판단에 맡기셨습니다.

창세기 13장을 보면 아브라함이 조카 롯과 갈라서는 장면이 나옵니다. 두 일행이 같이 살기에는 땅이 좁아 갈라서야 했습니다. 동쪽과 서쪽 한 곳을 택해야 했습니다. 이런 중요한 순간 하나님은 아브라함에게 나타나지 않으셨고, 아브라함도 하나님께 어떤 길이 적합한지 알려 달라고 요구하지도 않았습니다. 아브라함은 오히려 롯에게 선택의 우선권을 양보했습니다. 이것은 아브라함이 어떤 길을 택하든 하나님이 인도하실 것을 믿었다는 것이고, 어떤 길을 선택하든 성실히 사는 것이 중요하다는 것을 알고 있었다는 것입니다.

이것이 바로 성경이 말하는 바입니다. 성경은 인생을 통해 감찰하시는 하나님을 믿으라고 말하지, 모든 일을 선택할 때마다 하나님께 꼭 집어 달라고 기도하라고 말하지 않습니다. 감찰하시고 인도하시는 하나님을 믿고 올바른 것을 선택해 나아가는 것이 하나님의 뜻이지, 매사에 구체적으로 무엇을 택하는 것이 하나님의 뜻인지 알려 달라고 하는 것은 하나님의 뜻이 아닙니다. 하나님께 자식을 바치겠다고 하는 것은 올바른 기도이지만, 어떤 직업으로 바치겠다고 결정하는 것은 부모의 욕심이라는 것입니다. 목회 일만 귀한 직업은 아닙니다. 도덕적으로 나쁜 직업이 아니라면 무슨 직업이든 하나님을 향하여 살 수 있습니다. 그러므로 브모는 자식이 하나님께 영광을 돌리고 하나님을 즐거워하는 삶을 살도록 하겠다는 의미에서 하나님께 바치겠다는 기도는 해도 되지만, 구체적 직업까지 말하는 것은 잘못된 기도입니다.

목회자가 멋있어 보이거나, 법조인이나 의사가 멋있어 보이기 때문에 이 길로 자식을 바치겠다고 하는 것은 말이 서원이지 욕심입니다. 자신의 욕심을 서원이란 표현으로 미화한 것입니다. 또한 부모는 자식에게 태어나기 전에 네 진로를 하나님께 서원했다고 쉽게 말할지 모르지만, 이 말을 듣는 자식에게는 평생 짐이 됩니다. 물론 자식의 앞길을 쉽게 말하는 부모는 없겠지만, 본의 아니게 자식의 미래를 왜곡하는 것입니다.

그래서 성경은 사람의 범위를 벗어나는 맹세와 서원을 금지하고 있습니다. 야고보서 5장 12절은 "내 형제들아 무엇보다도 맹세하지 말지니 하늘로나 땅으로나 아무 다른 것으로도 맹세하지 말고 오직 너희의 그렇다 하는 것은 그렇다 하고 아니라 하는 것은 아니라 하여 죄 정함을 면하라" 하고 말합니다. 하나님이 주신 말씀에 따라 예인 것은 '예' 라고, 아닌 것은 '아니다' 라고 주변의 위협과 압력에 굴복하지 않고 담대하게 말해야 합니다. 괜히 혈기와 욕심으로 자기가 할 수 없는 것에 대하여 맹세해서는 안 됩니다.

웨스트민스터 신앙 고백 제22장(250-251쪽 참조)은 합법적 맹세와 서원에 관해 다루고 있는데 7절은 "어떠한 사람도 하나님의 말씀에 금지된 것이나, 명령된 의무를 방해하는 것이나, 자기 자신의 능력을 벗어나는 것이나, 하나님으로부터 가능의 약속을 받지 않는 것을 이행하겠다고 서원하지 말아야 한다"라고 말하고 있습니다. 자신의 미래도 알 수 없는데, 심지어 자식의 미래 일을 어떻게 알고 결정하려고 한단 말입니까? 진정 하나님의 뜻을 구하는 자는 자식을 하나님께 전적으로 맡겨야지, 하나님께 이렇게 저렇게 하라고 지시해서는 안 됩니다.

사람은 자기가 하고 싶은 것을 할 때 성취도가 높습니다. 단지 성취도만 높은 것이 아니라 일 자체에서 느끼는 기쁨도 큽니다. 그래야 주위 사람도 편합니다. 목회 일은 이러한 측면이 더욱 강합니다. 목회 일은 일반 직장인과 같이 정해진 출퇴근 시간도 없고, 정해진 일과 방법도 없습니다. 당사자가 직접 시간을 분배해 사용하고, 스스로 일을 만들어 해야 합니다. 일을 하자고 들면 할 것이 많은 게 목회이고, 일을 하지 않으려 들면 할 것이 없는 게 목회입니다. 무엇보다 자발성이 중요합니다. 심방을 가되 목회자가 억지로 간다면 심방이라고 할 수 없습니다. 목회만큼 자발성이 중요한 일도 없습니다.

사역에는 다른 사람들이 힘들어하고 싫어하는 일들도 많습니다. 오지에 가서 열악한 환경을 견디며 선교하는 일도 힘들고, 선교가 금지된 지역에서 목숨을 걸고 선교하는 일은 사명감 없이 할 수 없으며, 빈민이나 알코올 중독자나 버려진 병자를 섬기는 일도 이들을 긍휼히 여기는 자발적인 마음이 없으면 힘듭니다. 힘든 정도가 아니라 할 수가 없습니다. 부모의 서원이나 주변의 권유와 강요 때문에 억지로 한다면 오래 버틸 수 없고, 그런 사역을 받는 사람들도 불편하고 기쁘지 않습니다. 따라서 목회 일은 하고 싶어서 하는 자가 아니면 절대로 하지 말아야 합니다.

목회자의 외적 소명

앞에서 목회자가 되기를 원하는 사람은 무엇보다 스스로가 사모해야 한다는 것을 살펴보았습니다. 하지만 이것은 필요조건이지 충분조건은 아닙니다. 무식하며 용감한 사람이 가장 무섭고, 책 한 권 읽은 사람이 가장 위험하다는 말이 있습니다. 목회자가 되고 싶은 마음은 굴뚝 같아도 자격과 능력이 없는 사람이 목회자가 되었다면 그의 목회를 받는 사람들은 너무 힘들고 때로는 위험하기까지 합니다. 자격 미달인 의사가 환자를 치료하고 수술하면 오히려 증상을 악화시키고 위독하게 하듯이, 이런 사람이 목회자가 되면 성도들의 영적 생명을 약화시키고 해칠 수 있습니다. 그러므로 목회자가 되기를 원하는 사람은 무엇보다 자신의 됨됨이와 능력을 살펴야 합니다. 먼저 자신을 돌아보고 자신에 대한 주위의 평도 들어야 합니다.

목회자가 되려면 설교하는 능력이 있어야 합니다. 좋은 설교를 하기 위해서는 신학적인 지식과 성경 원어에 대한 지식은 물론 일반 학문과 시사에 대한 기본적인 이해도 있어야 합니다. 단지 많은 것을 안다고 되는 것이 아니라 아는 것을 성도들이 잘 알아듣게 표현할 수 있는 능력도 있어야 합니다.

목회자는 설교만 하는 것이 아니라 성경 공부도 인도해야 합니다. 일대일 대화와 소모임을 인도할 수 있어야 하고, 심방과 상담도 할 수 있어야 합니다. 이러한 사역을 통해 성도들의 어려운 마음을 긍휼히 여기고 그들을 적절하게 인도할 수 있어야 합니다. 또한 목회자는 교회를 행정적으로도 이끌 줄 알아야 하고, 당회와 제직회를 이끄는 능력도 있어야 합니다.

물론 사람이 이 모든 것을 잘할 수는 없습니다. 이 모든 것을 잘하는 자만이 목회자가 되어야 한다면 지금 당장 그만두어야 할 목회자가 너무 많을 것입니다. 중요한 것은 다 잘하는 것이 아니라 전반적으로 할 줄 알아야 하고, 적어도 최소한의 능력을 갖춰 성도들을 불편하게 해서는 안 된다는 것입니다. 특히 하나님의 말씀을 분별해 성도들에게 설교하고 가르칠 능력이 부족하면 목회자가 되는 것을 다시 생각해야 합니다. 아무리 많은 것이 부족하다고 해도 최소한 말씀에 대한 분별력만은 갖추고 있어야 합니다. 이것은 목회자의 생명이므로 이것이 없다면 다른 것을 아무리 잘해도 소용이 없습니다.

그런데 분별력 못지않게 중요한 것이 바로 사람의 됨됨이입니다. 목회자의 인격은 중요합니다. 능력이 아무리 뛰어나도 이것이 없다면 그 사람은 목회자로서 존경과 인정을 받지 못합니다. 정직과 겸손에 관한 성경 말씀의 깊은 뜻을 발견해 논리적이면서도 쉽게 설교를 한다고 하더라도 설교자 자신이 정직과 겸손과는 거리가 먼 사람이라면 성도에게 인정받을 수 없습니다. 그런 사람이 설교를 하면 성도들은 설교자가 먼저 그 말을 명심하고 실천하라고 반발할 것입니다. 주변에서 인정을 받지 못하고 자기 자신만이 스스로를 인정하는 것은 위험합니다. 주변에서 잘못 볼 수도 있지만, 장기간에 걸쳐 많은 사람들이 평하는 바는 틀릴 가능성이 적습니다. 주위로부터 나쁜 평을 들은 사람은 목회자가 된 뒤에도 여전히 나쁜 평을 듣기 쉽다는 사실을 알아야 합니다.

연말이 되면 제가 담임하는 교회에도 후원을 부탁하는 선교사들이 자기소개서와 선교 계획서를 부쳐 옵니다. 보내 온 서류가 얼마나 정성스러운가, 자기소개서와 향후 계획서가 얼마나 짜임새 있는가에 따라 후원 여부를 결정할 수도 있지만, 대부분은 그 사람에 대한 종합적인 판단에 따라 이루어집니다. 그 사람의 됨됨이가 갖추어졌는지, 얼마나 선교를 하고 싶어하는지, 선교를 위해 그 나라의 언어와 문화를 충분히 공부했는지 등을 종합해 결정하게 되는 것입니다.

어떤 선교사를 후원하는 것이 하나님의 뜻인지 결정할 때 절대로 신비한 방법을 쓰지 않습니다. 하나님이 꿈과 환상 같은 방법으로 말씀해 주시기를 바라지도 않고, 열린 문과 닫힌 문으로 분별하지도 않고, 양털 뭉치 방법은 더군다나 쓰지 않습니다. 우리 교회는 그 선교사에 대한 구체적인 정보를 갖고 결정합니다. 물론 기도를 합니다. 성도들의 귀한 헌금이 올바른 곳에 사용되도록 하나님께 지혜를 구하고, 후원을 정말로 필요로 하는 선교사가 누구인지 분별하게 해 달라고 기도합니다. 이런 하나님의 도움 속에서 종합적인 판단을 내리는 것입니다.

성경이 말하는 목회자의 길

성경에는 목회자가 되고 선교사가 될 때 이런저런 신비한 방법으로 하나님의 뜻을 구하라는 말이 없습니다. 그 대신 구체적인 자격 조건에 대해 말하고 있습니다. 한두 가지가 아니라 여러 가지를 구체적으로 말해 어떤 사람이 목회자가 될 수 있는지 쉽게 구별하도록 해 줍니다. 또 목회자가 되려는 사람은 무엇을 준비해야 하는지도 자세히 알려 주고 있습니다. 성경이 말하는 목회자에 대한 하나님의 뜻은 다음과 같습니다.

미쁘다 이 말이여, 사람이 감독의 직분을 얻으려 하면 선한 일을 사모한다 함이로다 그러므로 감독은 책망할 것이 없으며 한 아내의 남편이 되며 절제하며 근신하며 아담하며 나그네를 대접하며 가르치기를 잘하며 술을 즐기지 아니하며 구타하지 아니하며 오직 관용하며 다투지 아니하며 돈을 사랑치 아니하며 자기 집을 잘 다스려 자녀들로 모든 단정함으로 복종케 하는 자라야 할지며 (사람이 자기 집을 다스릴 줄 알지 못하면 어찌 하나님의 교회를 돌아보리요) 새로 입교한 자도 말지니 교만하여져서 마귀를 정죄하는 그 정죄에 빠질까 함이요 또한 외인에게서도 선한 증거를 얻은 자라야 할지니 비방과 마귀의 올무에 빠질까 염려하라(딤전 3:1-7). 감독은 하나님의 청지기로서 책망할 것이 없고 제 고집대로 하지 아니하며 급히 분내지 아니하며 술을 즐기지 아니하며 구타하지 아니하며 더러운 이를 탐하지 아니하며 오직 나그네를 대접하며 선을 좋아하며 근신하며 의로우며 거룩하며 절제하며 미쁜 말씀의 가르침을 그대로 지켜야 하리니 이는 능히 바른 교훈으로 권면하고 거스려 말하는 자들을 책망하게 하려 함이라(딛 1:7-9).

디도서 1장 9절은 "미쁜 말씀의 가르침을 그대로 지켜야 하리니"라고 말합니다. 만약 목회자에게 이런 신앙 훈련이 없으면 성도들은 그를 목회자로 인정하지 않습니다. 능히 바른 교훈으로 권면하기 위해서는 인격이 뒷받침되어야 하고, 목회자 자신이 먼저 행동으로 본을 보여야 합니다. 그러므로 이러한 인격이 현저하게 떨어지는 자는 먼저 인격을 높이라는 것이 하나님의 뜻입니다. 이것은 하나님께 더 물어 볼 필요도 없는 일입니다. 성경에 명백하게 이미 나와 있는 하나님의 뜻을 물어 보는 행위는 자기 마음에 있는 욕심 때문이지 결코 하나님의 뜻을 구하려는 순수한 마음이 아니기 때문입니다. 지혜로운 자는 하나님의 뜻이 성경에 나와 있으면 이것을 빨리 추구하려고 노력할 뿐, 어떻게 하나님의 뜻을 다시 얻을 방법이 없는가 하며 시간을 낭비하지 않습니다.

사도행전 16장 1-2절을 보면 사도 바울이 디모데라는 선교사를 채용하는데, 디모데의 모친이 믿는 유다 여자라는 점과 디모데가 루스드라와 이고니온에 있는 형제들에게 칭찬받는 자라는 점이 나옵니다. 사도 바울은 기도해 본 후에 하나님의 응답을 구체적으로 받고 디모데를 지목한 것이 아니라 그가 가진 조건을 검토한 것입니다. 모친이 믿는 여자이므로 어려서부터 신앙 교육을 받은 점과 주변 형제들에게서 칭찬받은 점을 높이 사 선교사로 택한 것입니다.

바울이 에바브로디도를 빌립보 선교사로 파송한 이유를 보여 주는 다음 성경 말씀을 보십시오.

> 그러나 에바브로디도를 너희에게 보내는 것이 필요한 줄로 생각하노니 그는 나의 형제요 함께 수고하고 함께 군사된 자요 너희 사자로 나의 쓸 것을 돕는 자라 그가 너희 무리를 간절히 사모하고 자기 병든 것을 너희가 들은 줄을 알고 심히 근심한지라 저가 병들어 죽게 되었으나 하나님이 저를 긍휼히 여기셨고 저뿐 아니라 또 나를 긍휼히 여기사 내 근심 위에 근심을 면하게 하셨느니라 그러므로 내가 더욱 급히 저를 보낸 것은 너희로 저를 다시 보고 기뻐하게 하며 내 근심도 덜려 함이니 이러므로 너희가 주 안에서 모든 기쁨으로 저를 영접하고 또 이와 같은 자들을 존귀히 여기라(빌 2:25-29).

25절을 보면 바울은 그가 함께 수고하고 함께 군사된 자로 이미 능력과 자세에서 인정받은 자라고 말하고 있습니다. 자기의 쓸 것을 돕는 유용한 자라고 말하고 있습니다. 그런 자가 또 빌립보 무리를 간절히 사모하고 있습니다. 내적 조건과 외적 조건을 모두 갖춘 자입니다. 그래서 바울은 그를 빌립보 지역으로 파송하면서, 그런 자를 기쁨으로 영접하고 귀하게 여기라고 말합니다. 바울은 그렇게 하는 것이 하나님의 뜻이라고 말한 것입니다. 이렇듯 바울이 결정하는 과정을 보면 신비한 방법을 추구하거나 막연한 느낌을 따르지 않고 철저하게 검증된 내용을 중시합니다.

목사 안수와 내림굿

우리가 지금까지 살펴본 것처럼 성경은 목회자와 선교사가 되는 자격에 관하여 명백히 말하고 있습니다. 그럼에도 불구하고 적지 않은 사람들이 지금도 목회자와 선교사가 되는 일에 신비한 방법을 구하는 것은 성경에 나오는 한두 가지의 예를 보편화시키는 잘못을 저질렀기 때문입니다. 밑에 있는 성경 구절은 그렇게 오해할 수 있는 대표적인 본문입니다.

> 안디옥 교회에 선지자들과 교사들이 있으니 곧 바나바와 니게르라 하는 시므온과 구레네 사람 루기오와 분봉왕 헤롯의 젖동생 마나엔과 및 사울이라 주를 섬겨 금식할 때에 성령이 가라사대 내가 불러 시키는 일을 위하여 바나바와 사울을 따로 세우라 하시니 이에 금식하며 기도하고 두 사람에게 안수하여 보내니라(행 13:1-3).

바나바와 바울이 안디옥 교회에서 선교사로 파송되는데, 이를 결정한 방법은 성령께서 직접 알려 주신 것입니다. 안디옥 교회의 성도들이 주변 상황을 종합해 적합한 선교사로 결정한 게 아니라 성령께서 바나바와 사울을 따로 세우라고 직접 지시하고 그에 따라 결정을 했습니다. 이것 때문에 요즘도 교회의 직분자와 선교사를 세울 때 성령이 직접 말씀해 주시기를 바라고, 성령님이 주시는 말씀을 행여 듣지 못할까 봐 금식하며 기도하기도 합니다. 하지만 앞에서도 이미 지적한 것처럼 성경에 나오는 한두 가지의 예를 함부로 보편화해서는 안 됩니다. 바나바와 바울이 활동한 시대는 복음이 처음으로 예루살렘과 유다를 떠나 이방 지역으로 활발히 전해지던 시기입니다. 이런 중요한 때이므로 하나님이 직접 개입하셔서 어느 지역으로 복음이 전해져야 하는지를 알려 주신 것입니다.

사도행전 16장 6절을 보면 성령이 아시아에 말씀을 전하지 못하게 하신다고 나와 있습니다. 8절은 바울이 무시아 앞에 이르러 비두니아로 가려고 애썼지만 예수의 영이 허락하지 않았다고 말합니다. 이처럼 하나님은 복음이 전해져야 하는 특별한 시기와 지역이 있으면 직접 말씀하십니다. 우리는 왜 하나님이 이러한 때와 지역으로 복음이 전파되게 하셨는지 그 이유를 알지 못합니다. 다만 하나님의 주권적인 뜻이기에 가장 옳은 것이고, 지금은 이해하지 못하지만 우리가 부활할 때는 알게 되리라고 생각합니다. 이처럼 하나님은 당신이 택한 모든 사람을 시대에 상관없이 사랑하시지만, 당신의 일을 이루시는 데 필요한 특별한 때가 있으면 직접 개입하셔서 특정한 사람에게 말씀하십니다. 물론 지금도 하나님의 복음이 전혀 전해지지 않았거나 짓눌리는 특별한 상황 같은 곳에서 하나님의 특별한 개입이 있을 수 있겠지만, 모든 경우에 특별함을 바라서는 안 됩니다.

또 성령께서는 아무나 지목하시지 않습니다. 바나바와 바울은 이미 전도자와 사도라는 특별한 직책을 받은 사람들이었고, 직책을 훌륭히 완수해 성도들에게 인정받은 자들입니다. 어느 날 갑자기 성령께서 아무나 지목하며 주의 선교사로 파송하라고 하신 것이 아니라 이미 검증된 자를 지목하신 것입니다. 또한 1절에서 말한 것처럼 안디옥 교회에는 바나바와 사울 이외에도 많은 교사들이 있었다는 것도 알아야 합니다. 성령께서는 바나바와 바울이 아니어도 안디옥 교회가 자체 힘만으로도 충분히 유지되는 것까지 고려하신 후에 바나바와 바울을 부르신 것입니다.

우리 민족과 함께 몇천 년을 내려온 굿 문화 때문에 우리나라 그리스도인들에게는 목사 안수를 내림굿 정도로 여기는 경향이 있습니다. 무속인에게 내리는 신병(神病)이라는 것이 있어서 무속인이 되어야 할 사람에게는 환청이 나타나고, 헛것이 보이며, 헛소리를 하고, 잠을 자지 못하며, 잘 낫지 않는 병에 시달리게 되는데 이러한 증상들은 그 사람이 무속인이 되는 내림굿을 받지 않으면 낫지를 않는다고 합니다.

두세 달 전부터 우리 교회에 나와 신앙 생활을 시작한 사십대 중반의 남자 분이 있습니다. 그분의 어머니께서는 몇십 년 동안 절에 다니며 점을 보고, 굿을 하기도 했습니다. 매년 일년 신수를 보는 것은 말할 것도 없고, 집안의 중대사를 결정할 때마다 점을 보았습니다. 그런데 몸이 아픈 경험을 하면서 점과 굿과 사주팔자가 소용없다는 것을 깨닫게 되어 교회에 나오게 되었습니다.

그런데 얼마 전에 이분이 건강할 때 자신에게 수영을 가르치던 코치를 만났다고 합니다. 그 사람은 목사가 되기 위해 신학교에 다니고 있는 중이었습니다. 하는 일마다 실패하고 아내와도 이혼하게 된 것은 원래 목사가 되어야 할 사람이 목사가 되지 않아서 생긴 일이라고 했다는 것입니다. 이런 이야기를 하고 나서 이 성도는 목사가 되는 것이 내림굿 같은 것이냐고 물었습니다. 만일 그렇다면 기독교와 무속이 무엇이 다르냐고 했습니다.

저는 초신자의 믿음이 흔들리지 않기를 바라며 다음과 같이 설명했습니다. 하나님은 목회자를 내적 소명과 외적 소명으로 부르시지, 신병 같은 비인격적인 방법으로 성도를 목회자로 부르시지 않는다고 말했습니다. 하나님은 어떤 사람에게 내림굿을 통해 목회자의 능력을 불어넣는 것이 아니라 그 사람의 전 인생을 통해 준비시킨다고 설명했습니다. 무엇보다 목회 일을 사모하는 마음을 주시고, 목회 일을 수행할 수 있는 은사를 미리 허락하시고 기르시게 한다고 설명했습니다. 그러자 그 성도는 자기도 그 사람이 하는 말이 미신 같고 내림굿처럼 들렸다면서 자신이 믿는 기독교가 이 수준밖에 되지 않나 싶어 물어 본 거라고 했습니다. 이렇게 초신자라도 조금 더 생각하면 알 수 있는 내용인데 그걸 모르고 오랫동안 교회를 다닌 사람들이 오히려 미신에 빠져 허우적거리고 있습니다.

만약 그 수영 코치라는 사람이 앞으로 목사가 된다고 가정해 봅시다. 어떤 형태로 목회를 하겠습니까? 이혼하고서도 그것을 반성하기보다 단지 목사가 되지 않아서 생긴 일이라고 생각하는 사람이 설교 때 무슨 말을 전하겠습니까? 내림굿으로 무속인이 된 사람처럼 단순히 현재를 살아가는 데 장애가 되는 것들을 해결하는 것이 목사가 해야 할 일이고, 종교가 해야 할 본연의 임무라고 여기지 않겠습니까?

안수에 대해서도 생각해 봅시다. 기독교의 안수는 결코 무속인의 내림굿처럼 이상한 능력을 부여받는 의식이 아닙니다. 잡신이 내려와 영험한 능력이 생기는 순간이 아닙니다. 앞의 성경 말씀에서 언급한 것처럼 안수는 이미 선교사로 부름받은 자를 대내외에 공포하는 의식입니다. 이미 내적 소명과 외적 소명을 통해 선교사가 되기에 부족하지 않은 자들로 검증된 이들을 이제부터 공식적으로 선교사로 임명한다고 공포하는 것입니다. 하나님이 더 큰 은혜를 주셔서 돌보고 인도하셔서 훌륭하게 직분을 수행하게 해 달라고 간구하는 것이고, 당사자는 하나님 앞에서 신실하게 맡은 직무를 수행하겠다고 다짐하는 것이며, 이런 영광스런 자리로 불러 주신 것에 감사를 드리는 것입니다.

자칭 하나님의 일꾼으로 세움을 받았다고 하는 자들을 종종 보게 됩니다. 다른 사람들은 그런 소리를 듣지 못했는데 자기만 들었다고 우기는 것입니다. 그런 사람들 치고 자격을 갖춘 사람은 드뭅니다. 주변으로부터 인정은커녕 손가락질받는 사람들이 스스로 세움을 받았다면서 자기들만 인정하는 권위를 주장합니다. 선교 단체나 신학교에서도 선교사와 신학생을 선발할 때, 지원 동기를 물을 때 '하나님이 불러서'라고 대답하는 사람들을 부담스러워한다는 것을 알아야 합니다. 선교 단체와 신학교가 몇십 년 동안 이들을 선발해 본 결과, 하나님이 자신을 따로 세워 주셨다고 말했던 지원자들이 많은 문제를 일으켰다는 사실을 알게 된 것입니다. 이들은 선교하고 공부할 자세는 준비되어 있지 않고 마음만 붕 떠서 신비한 현상만 추구하거나, 실제로 오랫동안 사역을 잘하지 못했기 때문입니다.

저를 비롯한 동료 목사님들이 열정만으로 목회의 길에 들어섰다면 목사직을 그만두었어도 벌써 그만두었을 거라고 말합니다. 내적 소명으로 목회에 대한 강한 소망을 확인하지 못했다거나, 외적 소명으로 목회 일을 수행하는 데 필요한 은사를 확인하지 못했다면 힘들

때마다 불 일듯 이는 그만두고 싶은 충동을 억제하지 못했을 거라고 입을 모읍니다.

개인적으로 저는 목회 일이 매우 열정적인 일이고 인생의 어느 일보다도 더 큰 사업이고 보람 있는 일이라고 생각합니다. 제가 해야 할 일들 중의 하나는 좋은 청년들을 목회자로 격려하고 준비시키는 일이라고 느낍니다. 하지만 그 분별 과정은 엄밀해야 합니다. 하나님의 말씀을 전하고 성도들을 격려하고 권면하는 영적인 일을 담당하는 일이기에 꼭 검증된 사람들만 해야 합니다. 아무나 한다면 목회 일이 천해질 뿐만 아니라 기독교라는 종교 자체가 천해지고, 끝내는 하나님마저도 누추해지실 것입니다.

하나님의 특별한 개입을 배제하지 않으면서, 무엇보다 내적 소명과 외적 소명으로 목회 일에 대한 하나님의 뜻을 분별해 재미있고 보람 있는 이 큰 사업에 동참하는 분들이 많기를 바랍니다.

:: 곰곰이 생각해 봅시다

1. 주변의 권유로 목회자가 된 분이 있습니까? 만약 있다면 그분의 목회는 어떻습니까?

2. 부모는 어린 자녀를 대신하여 서원해도 됩니까? 삼손과 세례 요한은 왜 나실인으로 바쳐졌습니까? 한나의 서원은 요즘 부모의 서원과 어떤 점에서 다릅니까?

3. 웨스트민스터 신앙고백 제22장은 합법적 맹세와 서원에 관해 다루고

있습니다(250-251쪽 참조). 그 부분을 읽고 나누어 보십시오. 7절도 주의 깊게 읽기 바랍니다.

4. 목회 일을 하는 데 필요한 인격과 성품과 실력을 외적 소명이라고 합니다. 외적 소명 없이 내적 소명만으로 목회자가 된 사람은 주변에 어떤 해를 끼친다고 생각합니까?

5. 바울이 디모데를 선교사로 채용한 기준은 무엇입니까? 바울이 에바브로디도를 빌립보 선교사로 파송한 이유는 무엇입니까?

합법적 맹세와 서원에 관하여*

1. 합법적 맹세는 종교적 예배의 한 부분으로,[1] 예배 중 정당한 경우에 엄숙하게 맹세하는 사람은 하나님을 초청하여 자기가 주장하고 약속한 것의 증인으로 삼는 것이고, 자기가 맹세한 것의 참과 거짓에 따라 스스로를 판단하도록 하는 것이다.[2]

2. 하나님의 이름만이 사람이 맹세할 때 사용되어야 하고, 그때 전적인 거룩한 두려움과 경외로 사용되어야 한다.[3] 그러므로 그 영광스럽고 두려운 이름으로 헛되이 맹세하거나, 혹은 다른 어떠한 이름으로 맹세하는 것은 죄악이고 증오시해야 한다.[4] 그러나 중요한 일에 관한 맹세가 구약뿐만이 아니라 신약에서도 하나님의 말씀에 따라 보장되기 때문에 합법적 권위에 의해 부과되는 합법적 맹세는 취해져야 한다.[5]

3. 맹세를 하는 자는 누구든지 엄숙한 맹세의 중요성을 올바로 숙고해야 하고, 맹세에 있어 스스로가 전적으로 옳다고 여겨지는 것에 대해서만 공언해야 한다. 어느 누구든 옳고 정당한 것에만, 옳고 정당하다고 믿는 바에만, 그리고 자기가 이행할 수 있고 이행하기로 결심한 일에만 맹세로서 스스로를 묶어야 한다. 합법적 권위에 의해 부과되어진, 옳고 정당한 일에 대하여 맹세를 거절하는 것은 죄이다.[6]

4. 맹세는 애매함이나 의중보류(意中保留) 없이 쉽고 평범한 말로 행해져야 한다.[7] 맹세가 죄를 짓게 하는 것은 아니지만, 죄가 아닌 것에 대해 행해진 맹세는 비록 자기 자신에게 해로울지라도 지켜야 한다.[8] 이단자들이나 불신자들에게 행했을지라도 깨뜨릴 수 없다.[9]

5. 서원은 약속한 맹세와 그 성격이 같다. 서원을 할 때 맹세와 같이 경건하게 주의해야 하고, 신실함으로 행해야 한다.[10]

6. 서원은 다른 어떠한 피조물에게 할 수 없고, 오직 하나님에게만 서원할 수 있다.[11] 서원은 자원하여 믿음과 책임감으로, 받은 자비나 우리가 원하는 것을 얻은 것에 대한 감사함으로 할 때 열납된다. 이로 인하여[12] 서원을 이루는 데 발생되는 필요한 의무와 다른 일들을 지키는 데 있어 우리는 더욱 엄격하게 자신을 구속한다.

7. 어떠한 사람도 하나님의 말씀에 금지된 것이나, 명령된 의무를 방해하는 것이나, 자기 자신의 능력을 벗어나는 것이나, 하나님으로부터 약속을 받지 않는 것을[13] 이행하겠다고 서원하지 말아야 한다. 이런 측면에서 평생 독신 생활과 가난과 규칙적 순종에 관한 가톨릭 수도원의 서원은 높은 차원의 완전함과는 매우 거리가 먼 것으로, 미신적이고 죄악된 올무여서 그리스도인은 빠져서는 안 된다.[14]

---

1) 신 10:20, 2) 고후 1:23; 대하 6:22, 23; 출 20:7, 3) 신 6:13, 4) 렘 5:7; 약 5:12; 마 5:37; 출 20:7, 5) 왕상 8:31; 스 10:5, 6) 신 10:20, 7) 시 24:4, 8) 시 15:4, 9) 겔 17:16, 18; 수 9:18, 19; 삼하 21:1, 10) 시 66:13, 14, 61:8; 신 23:21, 11) 시 76:11; 렘 44:25, 23, 12) 시 50:14, 132:2-5; 창 28:20-22; 삼하 1:11, 13) 민 30:5, 8, 12, 13, 14) 고전 7:2,9,23; 마 19:11, 12
* 이 인용문은 저자가 원문을 직접 번역한 것이다. —편집자

3
직업

하고 싶은 일을 즐겁게 열심히 하는 것

하나님은 직업에 관여하시는가

많은 그리스도인들은 직업과 관련해 하나님이 특정 직업으로 불러 주신다고 생각합니다. 스스로 판단해 갖는 직업은 하나님의 뜻에 어긋나는 일이므로 언제 불행한 일이 닥칠지 모른다고 불안해합니다. 성도들이 이런 생각을 갖는 이유는 다음과 같은 성경 구절들 때문입니다.

사사와 선지자로 부르신 경우

이제 내가 너를 바로에게 보내어 너로 내 백성 이스라엘 자손을 애굽에서 인도하여 내게 하리라 모세가 하나님께 고하되 내가 누구관대 바로에게 가며 이스라엘 자손을 애굽에서 인도하여 내리이까(출 3:10-11).

너는 또 님시의 아들 예후에게 기름을 부어 이스라엘 왕이 되게 하고 또 아벨므홀라 사밧의 아들 엘리사에게 기름을 부어 너를 대신하여 선지자가 되게 하라(왕상 19:16).

제사장으로 부르신 경우

너는 이스라엘 자손 중 네 형 아론과 그 아들들 곧 나답과 아비후와 엘르아살과 이다말을 그와 함께 네게로 나아오게 하여 나를 섬기는 제사장 직분을 행하게 하되 네 형 아론을 위하여 거룩한 옷을 지어서 영화롭고 아름답게 할지니(출 28:1-2).

왕으로 부르신 경우

사울의 오기 전 날에 여호와께서 사무엘에게 알게 하여 가라사대 내일 이맘 때에 내가 베냐민 땅에서 한 사람을 네게 보내리니 너는 그에게 기름을 부어 내 백성 이스라엘의 지도자를 삼으라 그가 내 백성을 블레셋 사람의 손에서 구원하리라 내 백성의 부르짖음이 내게 상달하였으므로 내가 그들을 돌아보았노라 하시더니 사무엘이 사울을 볼 때에 여호와께서 그에게 이르시되 보라 이는 내가 네게 말한 사람이니 이가 내 백성을 통할하리라 하시니(삼상 9:15-17).

성전 기구를 만드는 기술자로 부르신 경우

여호와께서 모세에게 일러 가라사대 내가 유다 지파 훌의 손자요 우리의 아들인 브살렐을 지명하여 부르고 하나님의 신을 그에게 충만하게 하여 지혜와 총명과 지식과 여러 가지 재주로 공교한 일을 연구하여 금과 은과 놋으로 만들게 하며 보석을 깎아 물리며 나무를 새겨서 여러 가지 일을 하게 하고 내가 또 단 지파 아히사막의 아들 오홀리압을 세워 그와 함께 하게 하며 무릇 지혜로운 마음이 있는 자에게 내가 지혜를 주어 그들로 내가 네게 명한 것을 다 만들게 할지니 곧 회막과 증거궤와 그 위의 속죄소와 회막의 모든 기구와(출 31:1-7).

예수님의 제자와 사도로 부르신 경우

또 산에 오르사 자기의 원하는 자들을 부르시니 나아온지라 이에 열둘을 세우셨으니 이는 자기와 함께 있게 하시고 또 보내사 전도도 하며 귀신을 내어쫓는 권세도 있게 하려 하심이러라(막 3:13-15).
하나님의 뜻을 따라 그리스도 예수의 사도로 부르심을 입은 바울과 및 형제 소스데네는(고전 1:1).

이상의 예들을 보면 하나님이 사람을 일일이 특정한 직업으로 부르시는 것처럼 보입니다. 하지만 앞에서도 이미 언급한 것처럼 성경에 나오는 몇 가지의 예를 가지고 함부로 보편화해서는 안 됩니다. 앞의 경우에서 부름을 받은 사사와 선지자와 제사장과 왕과 사도와 제자는 이스라엘 백성을 가르치고 인도하는 직분자라는 공통점이 있습니다. 다만 예외가 있다면 금과 은과 놋과 나무를 다루는 기술자입니다. 하지만 이 기술자들은 단순한 기술자들이 아니라 제사를 드리는 성막을 처음 만드는 일에 부름받은 기술자들입니다. 선지자와 제사장은 이스라엘 백성이 어떻게 제사를 지내야 하는지를 가르쳐야 하므로 중요하고, 이 기술자들은 성막을 잘 만들어야 하므로 중요한 사람들입니다. 그래서 하나님이 특별히 부르신 것입니다. 하나님은 이런 경우를 제외하고는 그 후에 특정 사람을 기술직으로 부르시지 않았습니다.

하나님은 아브라함을 통해 큰 민족을 이루시겠다면서 그를 가나안 땅으로 부르셨습니다. 그 후 하나님은 단지 그를 부르신 것으로 끝나지 않고, 그를 통해 태어난 아브라함의 후손들이 나라를 이루어 하나님 말씀에 따라 성장하도록 이끄셨습니다. 하나님은 그들을 이끄시되 사람을 통해 이끄셨는데, 그들이 바로 직분자입니다. 하나님은 그들에게 어떤 일을 해야 하는지를 가르치셨습니다. 하나님이 많은 사람들 중에서 아브라함이라는 특정인을 부르시듯, 그의 후손을 이끌어갈 직분자도 여러 사람들 중에서 특별히 택해 부르신 것입니다. 성막도 제사를 드리는 데 없어서는 안 될 중요한 것이기에 어떻게 만들어야 하는지 자세히 알려 주시고, 누가 이것을 하는 것이 좋은지 특별히 지명해 부르시고, 그에게 하나님에 대한 믿음을 충만하게 해 지혜와 총명과 지식 같은 여러 가지 재주를 주셨습니다.

한마디로 하나님은 아브라함을 불러 큰 믿음의 민족을 이루게 하실 때, 아브라함이 혼자서 할 수 없는 일이나 그가 특히 알아야 할 일은 특별한 방법으로 직접 자세히 알려 주셨습니다. 필요한 직책이 무엇이고 그 직책을 누가 감당하면 좋을지 특정인을 지목해 가르쳐 주신 것입니다. 그렇지 않은 일은 모두 하나님의 형상을 가진 아브라함과 그의 후손들이 직접 알아서 하도록 하셨습니다. 예수님의 제자들도 그러한 측면에서 예수님이 직접 지명하신 것으로, 하나님은 예수님 승천 이후에도 사도와 목사 같은 직분자들을 일일이 지명하시지 않았습니다.

모세는 하나님으로부터 애굽에서 종노릇 하는 이스라엘 민족을 이끌 사사로 지명되었습니다. 수백만 명이 넘는 이스라엘 백성 중에서 하나님으로부터 지목된 자는 모세 한 사람뿐이었습니다. 이미 모세 시대에 다른 직책을 갖고 있던 자들은 하나님이 일일이 지명하신 게 아니라 사람들이 알아서 임명했습니다. 다음의 성경 구절이 이것을 잘 설명해 줍니다.

그대는 또 온 백성 가운데서 재덕이 겸전한 자 곧 하나님을 두려워하며 진실무망하며 불의한 이를 미워하는 자를 빼서 백성 위에 세워 천부장과 백부장과 오십부장과 십부장을 삼아 그들로 때를 따라 백성을 재판하게 하라 무릇 큰 일이면 그대에게 베풀 것이고 무릇 작은 일이면 그들이 스스로 재판할 것이니 그리하면 그들이 그대와 함께 담당할 것인즉 일이 그대에게 쉬우리라 그대가 만일 이 일을 하고 하나님께서도 그대에게 인가하시면 그대가 이 일을 감당하고 이 모든 백성도 자기 곳으로 평안히 가리라 이에 모세가 자기 장인의 말을 듣고 그 모든 말대로 하여 이스라엘 무리 중에서 재덕이 겸전한 자를 빼서 그들로 백성의 두목 곧 천부장과 백부장과 오십부장과 십부장을 삼으매(출 18:21-25).

모세에게 재판을 받으려는 사람들이 너무 많아 하루 종일 긴 줄이 늘어서 있었습니다. 모세나 백성 모두 지쳐 있었습니다. 모세의 장인 이드로가 이것을 보고 앞의 성경 구절에 나와 있는 것처럼 조언을 했습니다. 그러자 모세는 장인의 말대로 천부장과 백부장 등을 세워 백성을 재판하게 했습니다. 이 과정을 보면 모세의 장인 이드로나 모세는 이 문제를 해결하는 방법으로 하나님께 신비한 방법을 간구하지 않았습니다. 장인 이드로는 자기의 인생 경험을 통해 말하고, 모세도 장인의 말을 들은 후에 스스로 생각해 결정을 내렸습니다. 물론 이드로나 모세는 하나님이 이 일을 인가하시는지 숙고했습니다.

그리고 모세는 천부장과 백부장 등을 세울 때 "재덕이 겸전한 자 곧 하나님을 두려워하며 진실무망하겨 불의한 이를 미워하는 자"라는 장인의 기준에 동의했습니다. 개인의 소질과 인격을 고려해 재판장으로 세운 것이지, 하나님이 일일이 불러 주셔서 한 것이 아닙니다. 앞에서 이미 살펴본 것처럼, 가룟 유다를 대신할 사도를 뽑을 때도 먼저 "요한의 세례로부터 우리 가운데서 올리워 가신 날까지 주 예수께서 우리 가운데 출입하실 때에 항상 우리와 함께 다니던 사람 중에 하나를 세워 우리로 더불어 예수의 부활하심을 증거할 사람이 되게 하여야 하리라"(행 1:21-22) 하고 객관적 기준을 말했습니다. 사도행전 6장은 사도들이 성령과 지혜가 충만해 칭찬받는 사람 일곱 명을 택해 그들에게 구제하는 일을 맡기라고 예루살렘 교회에 말했습니다. 역시 성령과 지혜의 충만이라고 하는 사람들의 평가를 기준으로 삼은 것입니다.

"감독은 책망할 것이 없으며 한 아내의 남편이 되며 절제하며 근신하며 아담하며 나그네를 대접하며 가르치기를 잘하며 술을 즐기지 아니하며 구타하지 아니하며"라는 디모데전서 3장 2절 이하의 말씀도 감독을 선임할 때 객관적 내용이 중요하다는 것을 말해 줍니다. "이와 같이 집사들도 단정하고 일구이언을 하지 아니하고 술에 인박이지 아니하고 더러운 이를 탐하지 아니하고 깨끗한 양심에 믿음의 비밀을 가진 자라야 할지니 이에 이 사람들을 먼저 시험하여 보고 그 후에 책망할 것이 없으면 집사의 직분을 하게 할 것이요"(딤전 3:8-10)라고 말해 집사도 교인들이 같이 생활하면서 알 수 있는 그 사람의 됨됨이를 기준으로 뽑은 것입니다. 사람들을 먼저 시험해 본 후 괜찮으면 집사의 직분을 감당하게 하라는 말씀은 우리들의 판단이 얼마나 중요한지를 알려 줍니다.

소명의 뜻

'부르다(calling)'라는 용어에 대해서도 바른 이해가 필요합니다. 성경에 나오는 '부르다'라는 말을 잘못 이해하면 소명에 대해서도 잘못 이해하게 됩니다. 많은 성도들이 하나님이 특정한 직업으로 부르시는 것을 소명으로 생각하는데 그렇지 않습니다. 실제로 성경에 나오는 '부르다'라는 말을 조사해 보면 어떤 사람에게 어떤 직무를 맡으라고 부르는 것으로 사용된 예는 극히 드뭅니다. 앞에서 살펴본 것과 같은 몇몇의 경우를 제외하고 대부분은 하나님이 자기 백성을 멸망 상태에서 구원의 세계로 초청하시고 이끄신다는 뜻으로 쓰입니다. 하나님을 모르고 죽어 가는 자들을 부르시어 회개와 믿음과 구원의 상태로 이끄시는 것입니다. 실제로 구약부터 신약까지 자세히 살펴보시기 바랍니다. 성경에 나오는 단어에 따라 성경 구절을 정리한 성구 사전을 보면 보다 쉽게 확인할 수 있습니다. 특정 사람을 특정 기능과 직업으로 부른 예를 찾기 힘들 것입니다.

우리는 소명 의식을 가져야 합니다. 다른 이들처럼 세상 풍속을 좇고 육체의 욕심에 따라 사는 본질상 진노의 자녀인 우리를 하나님이 빛과 진리의 세계로 부르셨다는 사실을 명확히 인식해야 합니다. 언제 어디서 무엇을 하든 항상 이러한 의식을 갖고 있어야 합니다. 예전에는 어두움이었지만 이제는 주 안에서 빛인 줄을 알고 빛의 자녀답게 살아야 합니다. 주를 기쁘게 할 것이 무엇인가 찾는 사람이 되어야 합니다.

올바른 소명 의식을 가진 사람은 자신이 어떤 직업을 가져야 하는지도 알 수 있습니다. 무엇보다 중요한 것은 어떤 직업을 갖든 빛의 자녀처럼 살 수 있는 직업을 가져야 한다는 것입니다. 에베소서 5장 9절을 보면 빛의 열매는 모든 착함과 의로움과 진실함이라고 말합니다. 직업이나 직장이 이러한 열매를 추구하는 삶을 부정하고 오히려 악을 조장하는 분위기라면, 아무리 높은 월급과 신분이 보장되더라도 그 직업을 선택해서는 안 됩니다.

이십대 중반인 우리 교회 성도 한 분은 교육을 많이 받았거나 고급 기술을 가진 분이 아닙니다. 자격증이라고는 흔한 운전면허증도 없는 분입니다. 그분은 다니던 직장이 불황 때문에 폐업을 하자 갑자기 직업을 잃게 되었습니다. 몇 달 동안 일자리를 구하지 못하다가 어느 날 명품을 판매하는 회사에 취직했습니다. 그리고 그곳에서 연수를 받으며 많은 것을 배우게 되었다고 좋아했습니다. 회사의 장래성도 좋고, 개인의 발전에도 좋고, 월급도 좋다고 했습니다. 그런

데 연수가 끝난 후 판매점에 배치되면서 문제가 생겼습니다. 주일에
도 근무를 해야 하는 것입니다. 판매직이라 주일에 가장 높은 매상
을 올릴 수 있으므로 매주 근무를 해야 했습니다. 오전에 일찍 예배
를 보고 조금 늦게 출근하는 것도 허용되지 않았습니다. 그 성도는
심각하게 고민하다가 저와 성도들에게 상담을 청했습니다. 그러고
는 직장을 그만두는 것으로 결정을 내렸습니다.

아무리 좋은 직장이라고 해도 주일을 어기면서까지 다닐 수는 없
습니다. 주일을 지키라는 말씀이 더 우선인 것입니다. 저를 비롯해
여러 성도들도 똑같은 조언을 했고, 그 성도는 그 말을 따랐습니다.
직장을 그만둔 그때부터 몇 달 동안 그 성도나 저나 교인들의 마음
은 편치 않았습니다. 그래서 우리는 하나님의 신실하심을 믿으며 기
도했습니다. 그리고 그는 마침내 직업을 구했고 지금 기쁘게 다니고
있습니다. 월급이나 다른 세속적인 것을 비교해 볼 때 지금 근무하
고 있는 직장이 더 좋다고는 말할 수 없지만, 주일을 지키라는 말씀
에 따라 직장을 선택한 것은 그 자체로 옳은 결정입니다. 주일날 하
나님께 예배를 드리고 하나님의 말씀을 듣고 성도들과 교제를 나누
는 일은 양보할 수 없는 것입니다.

주일을 지키기 위해 직업을 버려도 하나님은 또 다른 직장을 주시
고, 설령 새로운 직장이 아니더라도 우리가 생각지 못하는 특별한
방식으로 반드시 먹을 것과 입을 것을 주신다는 것을 믿어야 합니
다. 이것이 바로 소명 의식이고, 직장을 구할 때 명심해야 할 하나님
의 뜻입니다. 신비한 방법으로 거창한 계시가 내리기를 구할 것이
아니라 이미 충분히 계시된 성경 속에 있는 하나님의 뜻을 헤아리는

것이 옳습니다.

그런 전제하에 경험을 통해 분별하게 된 우리의 판단력으로 업무 가운데 도덕이나 법에 위배되는 일은 없는지, 자기 적성에는 맞는지, 경제적 대가는 어떠한지, 교회 생활을 하는 데 지장은 없는지, 직장 동료들이 같이 어울려 일할 수 있는 사람들인지, 직장 상사는 순종할 수 있는 사람인지 등을 판단해 결정하면 됩니다. 소명은 특정 직업으로 이끄시는 부름이 아니라 우리가 빛의 자녀가 되었다는 부름이므로, 소명 의식을 가진 상태에서 자유롭게 직장을 결정하면 됩니다.

하나님이 원하시는 직업

목회 일이 다른 직업들보다 더 거룩하고 보람 있다고 생각하는 분들이 있습니다. 이런 생각은 구약 시대만 간단히 살펴보아도 틀린 생각이라는 것을 알 수 있습니다. 열두 지파 중에서 제사에 관계된 직분으로 불린 지파는 오직 레위 지파뿐이었습니다. 다른 열한 지파는 다른 일을 해야 했습니다. 제사 직분만 거룩하고 중요하다면 다른 열한 지파는 어떻게 되는 것입니까? 그들은 열등한 직업을 갖고 평생 이류 인생을 사는 것입니까? 그렇지 않습니다. 나머지 열한 지파에서 선지자도 나오고 용감한 장수들도 나왔습니다. 이들이 없었다면 이스라엘은 유지될 수 없었습니다.

신약 시대에도 사도의 수가 열둘에 지나지 않았다는 것을 기억해야 합니다. 사도와 같이 모든 시간을 복음 전하는 일에만 쓴 사람들도 전체 성도의 수에 비하면 극히 적었습니다. 하지만 대부분의 성도들은 비록 사도와 전도자가 아니더라도 자기의 직업을 하나님이 주신 기쁜 일로 알고 열심히 살았습니다. 심지어 사도 바울도 시간이 나면 장막을 만드는 일을 해서 돈을 벌기도 했습니다. 다른 직업을 천하게 생각했다면 할 수 없었던 일입니다.

고린도전서 7장 20-22절은 "각 사람이 부르심을 받은 그 부르심 그대로 지내라 네가 종으로 있을 때에 부르심을 받았느냐 염려하지 말라 그러나 자유할 수 있거든 차라리 사용하라 주 안에서 부르심을 받은 자는 종이라도 주께 속한 자유자요 또 이와 같이 자유자로 있을 때에 부르심을 받은 자는 그리스도의 종이니라"고 말하고 있습니다. 종으로 부르심을 받았다고 하더라도 염려하지 말라고 합니다. 종의 신분에서 벗어나기 위해 적극적으로 노력하라는 말이 없습니다. 다만 자유로울 수 있는 기회가 생기면 벗어나라고 했을 뿐 종에서 벗어나는 일에 전 인생을 바치라고는 하지 않습니다. 더 중요한 것은 비록 종의 신분이라고 해도 주께 속한 자유인이라는 사실을 아는 것이라고 말합니다. 어떤 신분에 있든 신분을 벗어나는 것보다는 어떻게 사는 게 하나님의 뜻인지를 알라고 말하고 있습니다. 다음에 나오는 에베소서의 말씀도 이를 확증하고 있습니다.

종들아 두려워하고 떨며 성실한 마음으로 육체의 상전에게 순종하기를 그리스도께 하듯 하여 눈가림만 하여 사람을 기쁘게 하는 자처럼 하지 말고 그리스도의 종들처럼 마음으로 하나님의 뜻을 행하여 단 마음으로 섬기기를 주께 하듯 하고 사람들에게 하듯 하지 말라 이는 각 사람이 무슨 선을 행하든지 종이나 자유하는 자나 주에게 그대로 받을 줄을 앎이니라(엡 6:5-8).

성경은 종이라는 신분을 가진 사람들에게 조직을 만들고 세력을 규합해 해방을 쟁취하라고 하지 않습니다. 오히려 육체의 상전에게 순종하라고 말합니다. 눈가림만 하지 말고 주께 하듯 마음에서 우러나오는 충성을 하라고 요구합니다. 성경의 신적 권위를 믿지 않는 사람들은 이 구절들은 당시 상류층이 하층민을 쉽게 다스리기 위해 삽입한 구절이라고 주장하거나, 노예 신분이 있던 그 시대에나 맞는 내용이라고 말합니다. 하지만 성경이 말하려는 것은 노예 제도가 옳다 그르다가 아니라 노예나 자유인이나 자기가 하는 대로 주께 받는다고 하는 것입니다. 종의 신분을 벗어나는 것보다 더 중요한 것은 자기 신분하에서 행해야 하는 올바름입니다. 어느 직업이든 그 직업하에서 하나님의 뜻을 행하는 것입니다.

야고보서 2장을 보면 그때나 지금이나 외모로 사람을 취하는 것이 사람의 나쁜 본성인가 봅니다. 금가락지를 끼고 아름다운 옷을 입은 사람이 들어오면 서로 좋은 자리에 앉으라 하고, 더러운 옷을 입은 가난한 자가 들어오면 괄시하는 것입니다. 우리 성도들도 직업으로 교인들을 판단해서는 안 됩니다. 하나님이 "가난한 자를 택하사 믿음에 부요하게 하시고 약속하신 나라를 유업으로 받게 하시는"(약 2:5) 줄을 알아야 합니다. 아무리 돈 많고 사회적 신분이 높은 교인이라도 신앙 생활을 열심히 하지 않는다면 교회에서는 제일 낮은 사람입니다. 천국에서의 서열이 이 땅에서와는 전혀 다른 기준으로 이루어지듯, 교회도 사회와는 다른 기준으로 교인들을 평가해야 합니다. 교회 장로를 재산과 학벌과 권력으로 뽑아서도 안 됩니다. 오히려 이런 자들이 교회에서는 작은 자로 분류되어야만 교회의 진리가 살고, 이것을 지켜보는 자들의 신앙관이 올바로 섭니다.

사울의 경우를 살펴봅시다. 사울이 맨 처음 왕으로 지목되었을 때, 자기는 이스라엘에서 가장 작은 지파인 베냐민 사람이고 게다가 가족은 베냐민 가족 중 가장 미약한데 어찌 자기가 왕이 되겠느냐고 했습니다. 왕으로 지목되는 순간 겸손함과 수줍음이 있었던 것입니다. 그를 왕으로 인정하지 않으며 비난하는 자들에게 맞대응하지 않는 넉넉함과 기다림을 가진 사람이었습니다. 하지만 왕이 된 지 몇 년이 지나자 하나님의 법을 무시하고 자기 욕심과 혈기대로 행동하는 교만한 자가 되어 버렸습니다. 실제로 그의 겸손은 거짓이었고 얄팍함이었던 것입니다.

우리 주변에도 높은 자리에 오르지 말아야 할 사람이 그 자리에 올라 조직과 사회에 피해를 주는 경우가 많습니다. 한국 사회에는 완장 문화 의식이 짙게 깔려 있습니다. 그렇게 많은 사람들이 고시에 몰리는 것도 그런 이유 때문이고, 교육부에서 아무리 좋은 대학 입시 제도를 발표해도 그것을 왜곡하여 어떻게든 좋은 대학을 들어가는 방법으로 해석해 버리는 국민들의 학벌관도 그런 이유 때문입니다. 성도들도 이런 사회적 분위기 때문에 어떻게든 좋은 대학에 들어가고, 고시에 합격하고, 일류 직장에 들어가는 것을 하나님의 축복과 뜻으로 돌립니다. 하지만 사울이 왕이 된 후에 더욱 하나님의 말씀을 묵상하고 깊이 기도하며 하나님의 뜻대로 나라를 다스려야 했듯이, 성도들도 단순히 어떤 대학과 직장에 들어가느냐 하는 것보다 거기에서 어떤 자세로 사느냐 하는 것이 더 중요합니다. 업무 수행 능력도 떨어지지 않을 뿐만 아니라 직장 동료의 입장을 배려하며, 남이 보지 않아도 충성스럽게 일해야 합니다.

자신이 하고 싶은 일을 택하는 것도 중요하고, 그것을 목표로 학창 시절부터 착실히 실력을 쌓는 노력은 상당한 인내와 절제와 집중력을 요구하므로 칭찬받을 일이지만, 더욱 중요한 것은 항상 빛의 자녀로 사는 것입니다. 일이 잘 풀려 사회적 신분이 높아져도 더욱 겸손하고 순종적으로 신앙 생활을 하는 게 중요합니다. 일이 잘못되어 사회적 신분이 떨어져도 낙담하거나 체념하지 말고, 자신을 학대하지 말며, 여전히 하나님으로 인해 즐거워하며 기뻐할 줄 아는 것이 중요합니다.

만족을 아는 마음이 있으면 경건함은 큰 이익이 됩니다. 사람은 세상에 나올 때 맨손으로 왔듯이 갈 때도 맨손으로 갑니다. 그러므로 우리에게 먹을 것과 입을 것이 있으면 족한 줄 알아야 합니다. 부유해지고 싶어하는 자들은 시험과 올무와 여러 가지 어리석고 해로운 정욕에 떨어집니다. 조금 더 좋아 보이는 자리에 욕심을 부리면 그것을 얻을지 모르지만, 그 대신 너무 많은 것을 잃고 본질도 잃는다는 것을 명심해야 합니다. 이 땅에서의 직업에는 분명 다소간의 우열은 있을 것입니다. 하지만 지족(知足)하는 마음을 빼앗을 정도로 우열의 차이는 없습니다. 자기가 원하는 직업을 갖기 위해 절제하며 노력해야 하지만, 이때 반드시 지족하는 마음을 잃지 않으려고 노력해야 합니다.

∷ 곰곰이 생각해 봅시다

1. 직업이 있습니까? 왜 이 직업을 택했습니까? 이 직업이 하나님의 뜻이라고 생각합니까?

2. 모세 시대에 천부장과 백부장, 초대 교회의 일곱 집사, 바울이 말하는 장로와 집사를 세우는 기준은 무엇이었습니까?

3. 여러분이 속한 교회는 성도들을 세속 직업에 따라 판단하는 경향이 있습니까? 만약 있다면 이것을 극복하기 위해 어떤 일들을 할 수 있습니까?

4. 부족한 자가 높은 자리에 올라 해가 된 경우가 있습니까? 자신은 지금 자신이 있을 자리에 있다고 생각합니까?

5. 먹을 것과 입을 것이 있으면 족할 줄로 아는 지족의 마음이 자기에게 있다면 현재의 직업과 삶이 어떻게 달라지겠습니까?

4

그리스도인의 삶

하나님의 말씀을 먹고사는 삶

이 잔을 내게서 지나가게 하옵소서

예수님은 십자가에서 돌아가시기 일주일 전에 예루살렘에 입성하셨습니다. 그런데 예수님은 예루살렘에 도착하면 일주일 후 십자가에 돌아가실 것을 아셨겠습니까, 모르셨겠습니까? 그 답에 대해서는 다음의 성경이 잘 말해 주고 있습니다.

예수께서 예루살렘으로 올라가려 하실 때에 열두 제자를 따로 데리시고 길에서 이르시되 보라 우리가 예루살렘으로 올라가노니 인자가 대제사장들과 서기관들에게 넘기우매 저희가 죽이기로 결안하고 이방인들에게 넘겨주어 그를 능욕하며 채찍질하며 십자가에 못 박게 하리니 제 삼일에 살아나리라 그때에 세베대의 아들의 어미가 그 아들들을 데리고 예수께

와서 절하며 무엇을 구하니 예수께서 가라사대 무엇을 원하느뇨 가로되 이 나의 두 아들을 주의 나라에서 하나는 주의 우편에, 하나는 주의 좌편에 앉게 명하소서(마 20:17-21).

예수님은 예루살렘에 올라가면 죽게 된다는 것을 아셨습니다. 이것을 아시고 열두 제자를 따로 불러 대제사장들과 서기관들에게 자기가 어떻게 붙잡히는지, 어떤 고난을 받고 죽게 되는지 말씀하셨습니다. 예수님은 다른 일을 보시려고 예루살렘에 올라가셨다가 우연히 붙잡혀 죽은 게 아니라 오직 죽기 위해 일부러 올라가신 것입니다. 아무것도 모르는 상태에서 예루살렘에 올라가셨다가 어떻게 하다 보니 붙잡혀 죽는 것과 이 모든 사실을 세세히 아시면서도 그 하나하나를 이루기 위해 일부러 올라가 죽는 것은 전혀 다른 문제입니다. 몰랐다면 몰랐기 때문에 할 수도 있는 것이지만, 십자가에서 당할 고통과 치욕, 그리고 죽음에 대한 공포와 두려움을 알면서도 그대로 행한다는 것은 거의 불가능한 일입니다.

이런 모습이 극명하게 나타난 것이 죽기 전날 저녁에 겟세마네 동산에서 기도하실 때입니다. 베드로와 야고보와 요한을 데리고 가실 때 예수님은 심히 놀라고 슬픈(막 14:33) 상태였습니다. 당할 고통과 죽음 때문이었습니다. 예수님은 이들에게 "내 마음이 심히 고민하여 죽게 되었으니 너희는 여기 머물러 나와 함께 깨어 있으라" 하고 말씀하셨습니다. 얼마나 고민이 되고 압도되셨으면 죽을 정도라고 말씀하셨겠습니까? 예수님은 죽음에 대한 공포 없이 십자가의 죽음을 맞으신 게 아니라 극도의 긴장감 속에서 맞이하셨습니다.

이 말씀 후 땅에 엎드려 기도하시는 예수님은 "내 아버지여, 만일 할 만하시거든 이 잔을 내게서 지나가게 하옵소서"라고 말씀하셨습니다. 예수님이 얼마나 이 일을 피하고 싶어하셨는가를 알 수 있습니다. 할 수만 있다면 피하고 싶으셨던 것입니다. 예수님이 이 기도를 하실 때 얼마나 힘드셨는지 하늘에서 사자가 나타나 예수님을 도왔습니다. 예수님은 힘을 쓰고 애쓰시며 더욱 간절히 기도하셨는데, 땀이 핏방울처럼 땅에 떨어질 정도였습니다. 이렇게 기도하고 오신 예수님은 제자들이 자고 있는 것을 보시고, 시험에 들지 않게 깨어 기도하라고 하셨습니다. 그러고는 다시 나아가 기도하시는데 "내 아버지여, 만일 내가 마시지 않고는 이 잔이 내게서 지나갈 수 없거든 아버지의 원대로 되기를 원하나이다"라고 하셨습니다. 예수님은 이 잔을 마셔야만 한다면 마시겠다고 하신 것입니다. 그것이 아버지의 뜻이라면 따르겠다고 하신 것입니다.

예수님의 이러한 기도는 우리에게 하나님의 뜻에 대해 많은 것을 말해 줍니다. 많은 경우 하나님의 뜻은 자명합니다. 문제는 그것을 아는 그대로 실행하느냐 하지 않느냐에 있습니다. 하나님의 뜻에 관한 우리의 기도는 하나님의 뜻이 무엇인지 알려 달라고 하는 것이 아니라 그 뜻대로 살게 해 달라고 하는 것이어야 합니다. 예수님처럼 "나의 원대로 마옵시고 아버지의 원대로 하옵소서"라고 해야 되고, "아버지의 원대로 되기를 원하나이다"라고 해야 됩니다.

이러한 것을 모르는 자들이 "나의 두 아들을 주의 나라에서 하나는 주의 우편에, 하나는 주의 좌편에 앉게 명하소서"라고 기도합니다. 이 기도야말로 아버지의 원이 아니라 자기의 원대로 이루어지기를 바라는 대표적인 기도입니다. 그런데 우리는 바로 이런 기도를 하면서 이것이 하나님의 뜻이라고 착각합니다. 자기는 하나님의 뜻을 몰라서 하는 기도라고 변명할지 모르지만, 실은 알고 하는 기도입니다. 하나님의 뜻대로 하기에는 너무 큰 희생이 뒤따르기에 망설이는 것뿐입니다.

죽을 것을 각오하였노라

사도 바울도 예수님을 본받았습니다.

여러 날 있더니 한 선지자 아가보라 하는 이가 유대로부터 내려와 우리에게 와서 바울의 띠를 가져다가 자기 수족을 잡아매고 말하기를 성령이 말씀하시되 예루살렘에서 유대인들이 이같이 이 띠 임자를 결박하여 이방인의 손에 넘겨주리라 하거늘 우리가 그 말을 듣고 그곳 사람들로 더불어 바울에게 예루살렘으로 올라가지 말라 권하니 바울이 대답하되 너희가 어찌하여 울어 내 마음을 상하게 하느냐 나는 주 예수의 이름을 위하여 결박받을 뿐 아니라 예루살렘에서 죽을 것도 각오하였노라 하니 저가 권함을 받지 아니하므로 우리가 주의 뜻대로 이루어지이다 하고 그쳤노라(행 21:10-14).

바울도 예루살렘에 올라가면 어떤 일이 자기에게 벌어질지 잘 알고 있었습니다. 선지자 아가보는 바울의 띠로 자기 팔다리를 잡아매며 이 띠의 임자가 예루살렘에서 이렇게 된다고 성령이 말씀하셨다면서 몸으로 나타내 보여 주었습니다. 만일 이런 예언을 들었다면 우리는 예루살렘에 올라가지 않는 게 하나님의 뜻이라고 생각했을 것입니다. 성령이 이렇게 말씀하셨다니, 이것은 위험을 미리 알려 주어 피하게 하시려는 게 틀림없다고 믿었을 것입니다.

사람들이 예언의 능력을 가지고 싶어하는 것도 아가보처럼 위험을 미리 알아 대처하고 싶기 때문입니다. 하지만 앞일을 아는 것과 하나님의 뜻을 아는 것은 별개의 문제입니다. 아가보가 바울에게 일어날 일을 예언했을 때 주위 사람들은 울면서 가지 말라고 했습니다. 아직도 해야 할 일이 많고, 선교한 지역들을 한번 더 살펴야지 이렇게 죽으면 안 된다고 말렸을 것입니다.

하지만 바울은 다르게 해석했습니다. 바울은 아가보가 예언한 것은 자신에게 일어날 일을 말한 것으로, 사실은 자신에게 피하라고 가르쳐 준 것이 아니라 그것을 각오하고 올라가라고 말씀하신 것으로 여긴 것입니다. 바울은 결박당해 넘겨지는 것이 주 예수의 이름을 위한 것이라면 이를 기꺼이 받는 게 하나님의 뜻이라고 생각한 것입니다.

이렇듯 단순히 미래에 어떤 일이 일어날 것인가를 아는 것은 중요하지 않습니다. 거기에 담긴 의미가 무엇인지를 아는 것이 중요합니다. 그런데 대부분의 사람들은 '예언' 하면 아가보처럼 미래에 벌어질 일을 말하는 것으로만 생각합니다. 단순히 이렇게 믿는 것은 하나님이 신명기 18장 10절에서 금하신 "복술자나 길흉을 말하는 자나 요술하는 자나 무당이나 진언자나 신접자나 박수나 초혼자"와 같습니다.

예언의 능력은 단순히 무슨 일이 벌어질 것인가를 예측하는 것이 아니라 그것이 담긴 의미까지도 설명하고 선포할 수 있는 것이어야 합니다. 성경에 있는 하나님의 말씀을 해석해 가르칠 수 있는 능력까지 포함하고 있는 것이라야 참된 예언의 능력입니다. 마음과 정성을 다해 하나님을 사랑하고, 죽음을 각오하고 하나님의 뜻을 실천하려는 마음이 없다면 미래의 일을 미리 아는 것은 아무런 의미가 없다는 것을 명심해야 합니다.

하나님의 뜻을 행하려면

한 해를 마무리하며 새로운 한 해를 계획할 때 우리 교회는 하나님의 뜻에 대해 설교합니다. 이때 하는 설교의 결론은 다음과 같습니다.

"여러분을 향한 하나님의 뜻은 명백합니다. 새로운 한 해 동안에도 십계명으로 대표되는 하나님의 법을 잘 지키는 것입니다. 주일 성수하고, 교회를 열심히 섬기고, 매일 하나님의 말씀을 깊이 묵상하고 기도하는 것이 여러분에게 내리신 하나님의 뜻입니다. 이것만 알고 행하면 하나님의 뜻에 관해서는 충분합니다. 이것만 되어 있으면 어떠한 일이 닥쳐도 어떻게 하는 게 하나님의 뜻인지 알 수 있습니다."

바울은 결코 자기가 어떤 고난을 당할지 아는 것이 하나님의 뜻이라고 생각하지 않았습니다. 각 성도에게 가르친 하나님의 말씀이 바로 하나님의 뜻이라고 말했습니다. 여러분을 향한 하나님의 뜻도 마찬가지입니다. 어떤 동기를 가지고 이 책을 읽으셨는지 모르지만 이제 하나님의 뜻은 명백합니다. 지금 자기 앞에 닥친 중요한 일에 대해 알고 싶은 것이 있을지 모르지만 그것은 부차적인 것입니다. 먼저 성경에 있는 하나님의 뜻을 묵상해야 합니다.

예수님은 요한복음 7장 16절과 18절에서 "내 교훈은 내 것이 아니요 나를 보내신 이의 것이니라 사람이 하나님의 뜻을 행하려 하면 이 교훈이 하나님께로서 왔는지 내가 스스로 말함인지 알리라"고 말합니다. 하나님의 뜻은 갑자기 계시되는 것이 아닙니다. 양털 뭉치로 아는 것도 아니고 열린 문, 닫힌 문으로 간단히 구분하는 것도 아닙니다. 바로 자기 자신에게 달려 있습니다. 하나님의 뜻을 행하려고 하면 무엇보다 먼저 하나님이 주신 교훈에 관심을 가져야 하는데, 이것으로 자신과 미래를 살피기 때문에 무엇을 해야 할지 자연스럽게 알 수 있습니다.

그러므로 형제들아 내가 하나님의 모든 자비하심으로 너희를 권하노니 너희 몸을 하나님이 기뻐하시는 거룩한 산 제사로 드리라 이는 너희의 드릴 영적 예배니라 너희는 이 세대를 본받지 말고 오직 마음을 새롭게 함으로 변화를 받아 하나님의 선하시고 기뻐하시고 온전하신 뜻이 무엇인지 분별하도록 하라 내게 주신 은혜로 말미암아 너희 중 각 사람에게 말하노니 마땅히 생각할 그 이상의 생각을 품지 말고 오직 하나님께서 각 사람에게 나눠 주신 믿음의 분량대로 지혜롭게 생각하라(롬 12:1-3).

앞에 있는 로마서 말씀처럼 우리는 먼저 우리 몸을 하나님이 기뻐하시는 거룩한 산 제사로 드려야 합니다. 하나님의 뜻을 알려고 하기에 앞서, 먼저 이 시대를 본받지 말고 오직 마음을 새롭게 해 변화할 필요가 있습니다. 그 후에 하나님의 선하시고 기뻐하시고 온전하신 뜻이 무엇인지 분별해야 합니다.

이 순서가 뒤바뀌어서는 안 됩니다. 뒤바뀌면 이 세대를 본받아 육신의 정욕과 안목의 정욕과 이생의 자랑을 채우는 것을 하나님의 뜻으로 알게 됩니다. 먼저 마음을 새롭게 하고 변화를 받아야 합니다. 그러면 마땅히 생각할 그 이상의 생각을 품지 않게 됩니다. 하나님이 주신 것에 만족하고 기뻐할 줄 압니다. 높은 데 마음을 두지 않고 낮은 데 처하게 됩니다. 모든 사람 앞에서 선한 일을 도모하고, 할 수 있거든 모든 사람으로 더불어 평화롭게 됩니다(롬 12:16-18). 이 세상도, 그 정욕도 지나가되 오직 하나님의 뜻을 행하는 이는 영원히 거하는 줄을 알기 때문입니다(요일 2:16-17).

다음 성경에 나오는 '우리를 향하신 하나님의 뜻'에 관한 구절들을 살펴보면, 성경이 하나님의 뜻을 지금 우리의 깨달음과 변화로 말하고 있다는 것을 잘 알 수 있습니다. 거듭 언급하지만, 성경은 결코 하나님의 뜻을 미래의 일을 미리 아는 뜻으로 말하지 않습니다. 하나님의 존재와 속성에 맞는 것이 바로 하나님의 뜻이 되고, 성경은 바로 이것을 알라고 말하는 것입니다. 이 책을 읽는 모든 독자는 천지의 주재이신 하나님에게만 집중하여 오직 그분의 뜻을 이루기 위해 목숨까지도 바치는 자세를 확립하시기를 바랍니다.

종말로 형제들아 우리가 주 예수 안에서 너희에게 구하고 권면하노니 너희가 마땅히 어떻게 행하며 하나님께 기쁘시게 할 것을 우리에게 받았으니 곧 너희 행하는 바라 더욱 많이 힘쓰라 우리가 주 예수로 말미암아 너희에게 무슨 명령으로 준 것을 너희가 아느니라 하나님의 뜻은 이것이니 너희의 거룩함이라 곧 음란을 버리고 각각 거룩함과 존귀함으로 자기의 아내 취할 줄을 알고 하나님을 모르는 이방인과 같이 색욕을 좇지 말고 이 일에 분수를 넘어서 형제를 해하지 말라 이는 우리가 너희에게 미리 말하고 증거한 것과 같이 이 모든 일에 주께서 신원하여 주심이니라(살전 4:1-6).

너희가 전에는 어두움이더니 이제는 주 안에서 빛이라 빛의 자녀들처럼 행하라 빛의 열매는 모든 착함과 의로움과 진실함에 있느니라 주께 기쁘시게 할 것이 무엇인가 시험하여 보라 너희는 열매 없는 어두움의 일에 참예하지 말고 도리어 책망하라 저희의 은밀히 행하는 것들은 말하기도 부끄러움이라(엡 5:8-12).

그런즉 너희가 어떻게 행할 것을 자세히 주의하여 지혜 없는 자같이 말고 오직 지혜 있는 자같이 하여 세월을 아끼라 때가 악하니라 그러므로 어리석은 자가 되지 말고 오직 주의 뜻이 무엇인가 이해하라 술 취하지 말라 이는 방탕한 것이니 오직 성령의 충만을 받으라(엡 5:15-18).

내가 예수 그리스도의 심장으로 너희 무리를 어떻게 사모하는지 하나님이 내 증인이시니라 내가 기도하노라 너희 사랑을 지식과 모든 총명으로 점점 더 풍성하게 하사 너희로 지극히 선한 것을 분별하며 또 진실하여 허물없이 그리스도의 날까지 이르고 예수 그리스도로 말미암아 의의 열매가 가득하여 하나님의 영광과 찬송이 되게 하시기를 구하노라(빌

1:8-11).

그러므로 나의 사랑하는 자들아 너희가 나 있을 때뿐 아니라 더욱 지금 나 없을 때에도 항상 복종하여 두렵고 떨림으로 너희 구원을 이루라 너희 안에서 행하시는 이는 하나님이시니 자기의 기쁘신 뜻을 위하여 너희로 소원을 두고 행하게 하시나니 모든 일을 원망과 시비가 없이 하라 이는 너희가 흠이 없고 순전하여 어그러지고 거스리는 세대 가운데서 하나님의 흠 없는 자녀로 세상에서 그들 가운데 빛들로 나타내며 생명의 말씀을 밝혀 나의 달음질도 헛되지 아니하고 수고도 헛되지 아니함으로 그리스도의 날에 나로 자랑할 것이 있게 하려 함이라(빌 2:12-16).

이로써 우리도 듣던 날부터 너희를 위하여 기도하기를 그치지 아니하고 구하노니 너희로 하여금 모든 신령한 지혜와 총명에 하나님의 뜻을 아는 것으로 채우게 하시고 주께 합당히 행하여 범사에 기쁘시게 하고 모든 선한 일에 열매를 맺게 하시며 하나님을 아는 것에 자라게 하시고 그 영광의 힘을 좇아 모든 능력으로 능하게 하시며 기쁨으로 모든 견딤과 오래 참음에 이르게 하시고 우리로 하여금 빛 가운데서 성도의 기업의 부분을 얻기에 합당하게 하신 아버지께 감사하게 하시기를 원하노라(골 1:9-12).

선한 양심을 가지라 이는 그리스도 안에 있는 너희의 선행을 욕하는 자들로 그 비방하는 일에 부끄러움을 당하게 하려 함이라 선을 행함으로 고난받는 것이 하나님의 뜻일진대 악을 행함으로 고난받는 것보다 나으니라(벧전 3:16-17).

그리스도께서 이미 육체의 고난을 받으셨으니 너희도 같은 마음으로 갑옷을 삼으라 이는 육체의 고난을 받은 자가 죄를 그쳤음이니 그 후로는 다시 사람의 정욕을 좇지 않고 오직 하나님의 뜻을 좇아 육체의 남은 때를 살게 하려 함이라 너희가 음란과 정욕과 술 취함과 방탕과 연락과 무법한 우상 숭배를 하여 이방인의 뜻을 좇아 행한 것이 지나간 때가 족하도다(벧전 4:1-3).

선택의 일회성

선택에는 분명 일회성이 있습니다. 한번 선택한 건 물릴 수 없습니다. 한 가지를 선택한다는 건 다른 것들은 버린다는 아쉬움이 있습니다. 선택이 일회성이 아니라면 우리가 그렇게 최상의 선택을 하려고 노심초사하지도, 망설이지도, 주저하지도 않을 것입니다. 사람은 흐르는 시간을 멈추게 할 수도 없고, 그 흐름의 방향을 예측할 수도 없다는 것에 대해 한번 더 고찰하려고 합니다.

흥선 대원군을 아실 겁니다. 흥선 대원군 하면 쇄국 정책, 고종의 아버지, 민비의 정적 같은 단어들이 떠오를 것입니다. 이 흥선 대원군은 뜻하지 않은 한 가지 선택 때문에 말년이 달라졌습니다.

"흥선 대원군은 외척의 횡포 속에서 살아 남기 위하여 시정배와 어울리면서 서민층의 고통을 체험한 야심 만만하고 과단성 있는 인물이었다."

고등학교 국사 교과서에 실려 있는 흥선 대원군 이하응에 대한 평입니다. 안동 김씨 일족은 외척으로 삼 대째 영화를 누려 왔습니다. 강화 도령으로 유명한 철종은 후사가 없어서 다음 왕은 왕족 중에서 결정되었습니다. 안동 김씨 일족은 자기들에게 반항적이거나, 기상이 꿋꿋한 왕족이 왕이 되면 자기들을 멸할까 봐 두려워서 그들에게 누명을 씌워 죽음으로 몰았습니다. 이것을 오래 전부터 예견한 흥선 대원군은 강화 도령이 왕에 오르자 미련 없이 도총관이란 직위를 버리고, 술과 노름과 기생과 더불어 시간을 보냈습니다. 간사한 미소와 비굴한 태도로 김씨 일가의 잔칫집에서 구걸하며 별별 희롱을 다 감수했습니다. 그는 십오 년 동안 '타락한 왕족' '난봉꾼 이하응' '쓸개도 없는 자'를 훌륭히 연기해 의심 많은 김씨 일가의 칼을 피했습니다.

하지만 그가 도총관으로 있던 시절에는 뜰의 먼지 하나, 추녀 끝의 거미줄 하나 그의 눈을 벗어나지 못했다고 합니다. 본시 좋은 미소와 명랑한 태도, 넘치는 위엄을 가진 그가 목숨을 부지하기 위해 그런 행동을 했을 때, 그의 마음속은 얼마나 울분과 복수심에 치를 떨어야 했을까요? 그럼에도 불구하고 그는 미래에 대한 기대와 자신이 있었기에 이 모든 치욕을 묵묵히 견딜 수 있었습니다.

실제로 그는 망나니 행세를 하는 와중에도 철종이 임종할 때, 다음 왕위 결정권을 가진 조(趙) 대왕대비마마에게 접근해 자기의 참모습을 드러내며, 오직 자기만이 외척의 세력을 물리칠 적임자라는 것을 인식시켰습니다. 조 대왕대비마마가 그의 둘째아들을 왕으로 지명하도록 그 와중에도 작업을 벌였고, 실제로 철종이 죽은 후 모든 일이 그의 예측과 준비한 대로 진행되어 그의 아들은 고종이 되었습니다.

그런데 그토록 철두철미한 그가 인생 최대의 실수를 하게 됩니다.

그것은 바로 자기 아들이 어릴 적에 정혼해 둔 김병문의 딸 대신 민씨를 며느리로 택한 일입니다. 도대체 무엇 때문에 흥선 대원군은 오래 전에 한 혼약까지 취소하며 민씨를 택했을까요? 바로 민비가 천애 고아여서 가까운 친척이라야 육촌, 칠촌밖에 없다는 사실 때문이었습니다. 조선의 큰 폐단 중 하나가 바로 외척의 방자한 정치 개입이라는 현실을 진저리 나게 체득한 그는 '가까운 일가가 없는 양반집 딸'이라는 이유 하나로 민비를 택한 것입니다.

하지만 민비는 훗날 시아버지 흥선 대원군의 세력을 꺾기 위해 동성동본은 모두 일가라고 하면서 민씨 성을 가진 사람들을 마구 끌어들였습니다. 결국 흥선 대원군은 자신이 택한 한 여인 때문에 오히려 고꾸라지고 말았습니다. 십오 년 후의 일을 예측해 모든 멸시와 천대를 견디며 미래를 준비해 온 그였지만, 단 한 번의 잘못된 선택으로 천추의 한을 남기게 된 것입니다.

우리에게 민비로 알려져 있는 명성황후가 흥선 대원군의 판단과 달리 강한 세력이 되어 오히려 억누를 때, 그의 심정은 어땠을까요? 민비를 며느리로 선택한 일이 최악의 잘못으로 드러나자 그때부터는 스스로의 판단에 자신이 없어졌을 것입니다. 저는 이것을 '흥선 대원군 콤플렉스'라고 부르고 싶습니다. 당시의 상황과 정보를 가지고 최선의 선택을 했는데도 나중에 예기치 않은 변수가 나타났을 때 의외의 결과가 나타날지도 모른다는 미래에 대한 두려움을 이렇게 말합니다.

우리가 앞에서 살펴본 솔로몬도 여로보암을 감독관으로 삼은 이후 이런 콤플렉스에 시달리지 않았습니까? 이 책 맨 처음에 나오는

SK의 전 감독은 어떠했습니까? 우리들에게도 이런 콤플렉스가 있을 겁니다. 우리도 두 가지 중 하나를 선택해야 할 때, 선택하지 않은 쪽이 더 좋은 결과로 드러나는 것을 몇 번 경험했을 겁니다.

지금의 결혼 생활이 바로 그렇다고 생각하는 분도 있을 것입니다. 그때 그 사람과 결혼했더라면 지금보다 행복했을 거라고 생각하는 것입니다. 그 회사를 택했더라면 지금과 같은 괴팍한 상사 밑에서 근무하지 않았을 거라고 아쉬워할지도 모릅니다. 아니면 힘들더라도 취업하지 말고 유학을 떠났다면 지금쯤 적성에 맞는 일을 하고 있을 거라고 후회할지도 모릅니다. 비슷하게 보이는 두 가지 가운데 한두 번쯤 잘못된 선택을 해서 큰 낭패를 본 적이 있는 사람이라면, 선택의 일회성과 택하지 않은 것에 대한 아쉬움 때문에 또 다른 선택을 하게 될 때 더욱 두려워하고 망설일 것입니다.

문제는 우리가 무언가를 선택할 때 대상에 대해서만 관심을 기울이기 쉽다는 것입니다. 대상에 대해서만 관심을 갖지 말고 그 전에 우리 자신에 대해 관심을 기울여야 합니다. 명인이 명품을 알아본다고, 아무리 대상을 잘 살펴봐도 안목이 별수없으면 제대로 고를 수가 없습니다. 사람은 자기가 아는 만큼 고릅니다. 친구를 보면 그 사람을 알 수 있고, 배우자를 보면 그 사람을 알 수 있다는 말이 괜한 말이겠습니까? 자신이 아는 만큼 선택하지 자신을 넘어 선택하지 못합니다. 그러므로 분별력을 기르는 훈련, 즉 안목을 기르는 훈련을 먼저 해야 하는 것입니다.

선택은 분명 일회적이기는 하지만, 그렇다고 해서 한번 선택한 것은 무슨 일이 있어도 수정되지 않는 것은 아닙니다. 롯의 경우가 그렇습니다. 아브라함 일행과 롯 일행이 소유가 많아져 서로 동거할 수 없게 되자 이들은 동과 서로 갈라섰습니다. 선택의 우선권을 잡은 롯은 물이 넉넉하고 애굽 땅과 같은 요단 들을 택해 동쪽으로 갔습니다. 가축을 먹일 물이 넉넉한 동쪽을 택한 롯은 나중에 적에게 사로잡히고 재물까지 빼앗겼습니다. 이런 그를 구해 준 것은 결국 롯보다 나중에 서쪽을 택한 아브라함이었습니다. 아브라함이 집에서 훈련시킨 318명을 데리고 와 롯을 구해 준 것입니다. 선택권을 양보한 아브라함이 크게 성공한 것입니다.

롯은 이때라도 소돔에 거하는 것이 얼마나 잘못된 것인가를 깨닫고 당장 다른 곳으로 가야 했습니다. 하나님의 말씀을 좇은 아브라함이 번성한 것을 보고 깨달아야 했고, 소돔과 고모라의 패역함에서 깨달아야 했습니다. 하지만 지금까지 살아 온 삶의 관성을 깨뜨리고 역류하기에 그의 신앙은 너무나 약했습니다. 그래서 계속 그곳에 머물렀고, 소돔과 고모라가 멸망할 때 빈손으로 나오게 되었으며, 끝내는 그의 아내가 뒤를 돌아보아 소금 기둥이 되고 마는 불행을 겪게 되었습니다.

늦었다고 생각할 때가 가장 빠른 때라는 말도 있습니다. 깨닫는 그 순간에 돌아서야 합니다. 이런 면에서는 선택에는 가역성(可逆性)도 있습니다. 흥선 대원군의 선택도 그렇습니다. 분명 그가 민비를 택하기는 했지만, 그 선택만으로 민비가 자기를 적대하게 된 것은 아닙니다. 민비를 며느리로 받아들인 후에 민비와 어떤 관계를 설정했느냐가 또한 중요합니다. 흥선 대원군에게는 민비와 화해해 더 좋은 정치를 할 수 있는 기회가 그 후로 많이 있었던 것입니다. 천애의 고아라는 이유로 민비를 선택한 그 순간 흥선 대원군과 민비의 관계가 이미 다 결정된 게 아니라, 흥선 대원군의 됨됨이도 그렇게 되는 데 큰 영향을 끼친 것입니다.

부족한 사람들은 선택 자체에 관심을 두고, 된 사람들은 선택 이후에 무엇을 어떻게 할 것인가에 관심을 둡니다. 전자는 선택을 로또 복권 번호 여섯 개를 결정하는 것처럼 생각해 선택하는 순간 최선을 다하고, 후자는 성실을 중요하게 생각해 선택한 이후를 생각합니다. 선택의 결과는 선택하는 그 순간 결정되는 게 아니라 선택 이후의 행동에 달려 있습니다. 흥선 대원군 콤플렉스는 선택 자체에 관심을 갖는 자에게 자주 일어납니다. 선택 자체가 아니라 선택 이후를 준비하는 사람은 이것을 피해 갑니다.

로또 복권이 나온 이후 가장 많은 조회수를 기록하는 인터넷 검색어가 로또 복권입니다. 지금도 로또 복권은 매주 수백억 원어치씩 꾸준히 팔리고 있습니다. 그런데 로또 복권을 구입하는 사람들 중 상당수가 흥선 대원군 콤플렉스에 시달리고 있다는 것을 아십니까? 숫자 여섯 개를 기입하고 한 장을 샀는데, 갑자기 지난주에 기입한 숫자가 이번에 꼭 일등이 될 것 같습니다. 돈 일이천 원이 아까워 구입하지 않았다가 이번 주 당첨 번호가 지난주에 기입한 그 번호들이라면 몇십억 원이 날아가는 것입니다. 그런 생각에 빠져 또 한 장을 구입하게 되고, 그러다 어젯밤에 생각해 둔 번호가 될 것 같아 또 한 장을 구입하게 되고, 한 장이 열 장 되고, 열 장이 스무 장이 되는 것입니다.

그런데 우리나라보다 오래 전에 로또 복권을 도입한 미국의 통계를 보면 복권 당첨자들의 삶이 당첨되기 전보다 불행한 경우가 무려 80퍼센트나 된다고 합니다. 돈이 없을 때는 아무 문제가 되지 않던 것들이 큰 문제가 되고, 돈 분배를 놓고 가족과 친척 사이에 의가 상하고, 생각보다 빨리 당첨금을 써 버리게 된다는 것입니다. 이 모든 일이 복권을 사면서 당첨된 이후의 계획을 준비하지 않았기 때문입니다. 그러므로 로또 복권에 당첨되기를 바라면 미리 돈에 대한 절제력을 기르고, 바람직한 가치관을 형성해 둬야 합니다.

로또 복권을 사는 것은 하나님의 뜻입니까, 아닙니까? 로또 복권에 일등으로 당첨되는 것은 하나님의 뜻입니까, 아닙니까? 이에 대한 정확한 답은 인생은 돈으로 살 수 있는 게 아니라는 것을 아는 것입니다. 일등으로 당첨되어도 너무 흥분하지 말고, 갑자기 삶의 가치를 바꾸지 말고, 주변 사람을 깔보거나 무시하지 말아야 합니다. 여전히 똑같은 가치로 하나님을 사랑하고 이웃을 사랑할 수 있는 사람은 로또 복권을 사도 되고, 일등에 당첨되어도 됩니다. 이런 준비가 되어 있지 않은 사람은 큰 불행을 막기 위해서라도 당첨되지 않는 게 오히려 하나님의 뜻일 수 있습니다.

우리들 가운데 내일 일을 아는 자가 없습니다. 알고 있는 모든 정보를 다 동원해 계획한다 하더라도 여호와께서 그 걸음을 인도하시지 않으면 아무 소용이 없습니다. 우리들 중 염려함으로 그 키를 한 자라도 더할 자가 없습니다. 내일 일을 염려하는 것은 우리에게 사치고 우리 능력 밖의 일입니다. 내일 일에 대한 염려 대신 오늘 하나님의 말씀을 묵상해야 합니다.

우리는 말씀을 먹고살 줄 알아야 합니다. 말씀에 의해 선택한 것이면 그 자체로 이미 승리한 것입니다. 일희일비하는 사람은 아직 하나님을 모르는 사람입니다. 역사의 주관자가 하나님이신 것을 모르고 단지 눈앞에 좋은 일이 있으면 기뻐하고 좋지 않은 일이 있으면 슬퍼하는 사람은 하나님의 말씀을 먹고사는 자가 아니라 상황과 결과를 먹고사는 자입니다. 말씀에 의한 결정이 승리임을 알고, 말씀 자체를 기뻐할 줄 알면 결과에 연연해하지 않습니다.

내가 오늘날 명하는 모든 명령을 너희는 지켜 행하라 그리하면 너희가 살고 번성하고 여호와께서 너희의 열조에게 맹세하신 땅에 들어가서 그것을 얻으리라 네 하나님 여호와께서 이 사십 년 안에 너로 광야의 길을 걷게 하신 것을 기억하라 이는 너를 낮추시며 너를 시험하사 네 마음이 어떠한지 그 명령을 지키는지 아니 지키는지 알려 하심이라 너를 낮추시며 너로 주리게 하시며 또 너도 알지 못하며 네 열조도 알지 못하던 만나를 네게 먹이신 것은 사람이 떡으로만 사는 것이 아니요 여호와의 입에서 나오는 모든 말씀으로 사는 줄을 너로 알게 하려 하심이니라 이 사십 년 동안에 네 의복이 해어지지 아니하였고 네 발이 부르트지 아니하였느니라 너는 사람이 그 아들을 징계함같이 네 하나님 여호와께서 너를 징계하시는 줄 마음에 생각하고 네 하나님 여호와의 명령을 지켜 그 도를 행하며 그를 경외할지니라(신 8:1-6).

앞의 말씀은 우리가 인생을 사는 목적이 하나님의 말씀을 먹고사는 것임을 아는 데 있다고 말하고 있습니다. 우리는 인생을 살며 여러 가지를 경험하는데, 경험 자체가 목적이 아니라 경험을 통해 인생에서 무엇이 가장 귀한지를 깨닫는 데 있습니다. 온갖 희로애락(喜怒哀樂)을 느끼며 사는 인생에서 어찌 보면 희(喜)와 낙(樂)이 인생의 목적 같지만, 이것마저도 사람은 하나님의 말씀을 먹고사는 것임을 깨닫는 데 일조할 뿐입니다. 이스라엘 백성은 광야 사십 년 동안 주리는 낮은 삶을 살았고, 어느 때는 자기들의 조상도 경험하지 못했던 하늘에서 내려오는 만나를 먹기도 했습니다. 광야의 길은 낮은 고통의 삶과 이적을 체험하는 삶이 공존했습니다.

사람에게 희(喜)와 낙(樂)만 존재하지 않는 것은 그것들만 있으면 교만해지고 깊이가 없어 마냥 평안해하며 진지하게 인생의 깊이와 목적에 대해 생각조차 하지 않기 때문입니다. 노(怒)와 애(哀)만 존재하지 않는 것도 이것들만 있으면 사람이 자포자기의 삶을 살게 되거나 너무 거칠고 메마른 상태가 되어 역시 진리에 눈을 돌리지 않기 때문입니다. 하나님은 사람들에게 적절히 희로애락을 주셔서 사람이 인생에서 무엇을 추구해야 하는지를 알게 하십니다.

말씀을 항상 마음속에 새기지 않으면 우리 앞에 펼쳐지는 일들에 현혹당합니다. 희로애락에 빠져 이것을 목표로 우리의 삶을 소진하기 쉽습니다. 사람은 자기 감정과 욕구에 얼마나 쉽게 휩쓸리는지 모릅니다. 말씀을 읽는 자만이 그러한 속성을 역류할 수 있지, 적당한 노력으로는 불가능합니다. 하나님의 말씀을 주야로 묵상하는 자만이 사람의 궤술과 간사한 유혹에 빠져 모든 교훈의 풍조에 밀려 요동하는 일 없이 이 세상의 풍속을 역류하며 올바른 판단을 내릴 수 있습니다. 또 그런 자만이 결과와 현상에 상관없이 자기를 희생하며 하나님의 뜻을 행동으로 옮깁니다.

이제 여러분도 책을 내려놓고, 지금 결정을 기다리는 일이 있다면 직시하여야 합니다. 인생을 사는 참된 목적이 무엇이고, 자기가 믿는 하나님이 어떠하신 분인지를 알고 판단하면 됩니다. 하나님을 증인으로 삼아 부끄럼 없는 판단을 할 수 있기를 바랍니다. 모든 사람을 속여도 하나님만은 속일 수 없습니다. 자기의 깊은 내면을 읽고, 그럼으로써 자기를 향한 하나님의 마음이 어떠하신지도 깨닫는 여러분이 되시기를 바랍니다.

∷ 곰곰이 생각해 봅시다

1. 〈패션 어브 크라이스트(Passion of Christ)〉란 영화를 보았습니까? 이러한 고통의 죽음을 아셨던 예수님의 생애를 묵상해 봅시다.
2. 단순히 미래에 발생할 일을 안다고 해서 하나님의 뜻을 안다고 할 수 있습니까?
3. 하나님이 기뻐하시는 거룩한 산 제사와 영적 예배는 무엇입니까?
4. 흥선 대원군 콤플렉스가 있습니까? 선택의 일회성을 어떻게 극복할 수 있습니까?
5. 이 책을 읽고 나서 하나님의 뜻을 분별하는 데 발생한 변화가 있다면 나누어 보십시오.

내 뜻인가, 하나님 뜻인가
Is It God's Will or Mine?

지은이 정요석
펴낸곳 주식회사 홍성사
펴낸이 정애주
국효숙 김경석 김의연 김준표 박혜란 오민택
오형탁 임영주 주예경 차길환 허은

2004. 12. 20 초판 발행   2021. 1. 20. 11쇄 발행

등록번호 제1-499호 1977. 8. 1.
주소 (04084) 서울시 마포구 양화진4길 3   전화 02) 333-5161   팩스 02) 333-5165
홈페이지 hongsungsa.com   이메일 hsbooks@hongsungsa.com   페이스북 facebook.com/hongsungsa
양화진책방 02) 333-5163

ⓒ 정요석, 2004

• 잘못된 책은 바꿔 드립니다. • 책값은 뒤표지에 있습니다.
• 이 책은 POD(Printing On Demand) 방식으로 제작했습니다.

ISBN 978-89-365-0220-1 (03230)